普通高等教育新能源及智能汽车系列教材

智能网联汽车技术概论

武志斐 主　编
范政武　杨甜甜 副主编

北京理工大学出版社
BEIJING INSTITUTE OF TECHNOLOGY PRESS

内 容 简 介

本书全面介绍智能网联汽车主要涉及的环境感知技术、导航定位技术、决策技术、执行控制技术、网联通信技术和网联车系统平台等相关知识。其中环境感知技术包括视觉感知技术、多种雷达感知技术以及多传感器融合技术；导航定位技术包括导航定位的定义、方法与精度要求、卫星定位技术、惯性导航定位技术、基站定位技术、即时定位与地图构建技术以及电子地图技术；决策技术包括决策控制器原理、策略、路径规划技术与决策算法；执行控制技术包括线控转向技术、线控制动技术和运动控制模型与系统；网联通信技术包括车联网组成、车载网络技术和车路协同技术；智能网联车系统平台包括机器人操作系统（ROS）、Autoware 和 Apollo 等。

本书适合高等院校车辆工程、交通工程专业的学生使用，同时也可供从事智能汽车技术研究的有关工程技术人员参考。

版权专有　侵权必究

图书在版编目（CIP）数据

智能网联汽车技术概论 / 武志斐主编. -- 北京：北京理工大学出版社，2022.7（2022.8 重印）
ISBN 978-7-5763-1486-1

Ⅰ．①智… Ⅱ．①武… Ⅲ．①汽车-智能通信网-概论 Ⅳ．①U463.67

中国版本图书馆 CIP 数据核字（2022）第 122017 号

出版发行 /	北京理工大学出版社有限责任公司
社　　址 /	北京市海淀区中关村南大街 5 号
邮　　编 /	100081
电　　话 /	（010）68914775（总编室）
	（010）82562903（教材售后服务热线）
	（010）68944723（其他图书服务热线）
网　　址 /	http：//www.bitpress.com.cn
经　　销 /	全国各地新华书店
印　　刷 /	涿州市新华印刷有限公司
开　　本 /	787 毫米 × 1092 毫米　1/16
印　　张 /	15
字　　数 /	323 千字
版　　次 /	2022 年 7 月第 1 版　2022 年 8 月第 2 次印刷
定　　价 /	45.00 元

责任编辑 / 徐艳君
文案编辑 / 徐艳君
责任校对 / 刘亚男
责任印制 / 李志强

图书出现印装质量问题，请拨打售后服务热线，本社负责调换

前言

随着汽车工业的信息技术和人工智能技术的发展，在汽车智能化、网联化浪潮的冲击下，我国制定的《中国制造2025》《汽车产业中长期发展规划》和《智能网联汽车创新发展战略》，都明确提出以智能网联汽车为突破口，通过加快推进智能网联汽车的创新与发展，实现汽车产业的转型升级。但是智能网联汽车对应的知识与传统汽车有较大差别，因此必须对智能网联汽车涉及的相关知识体系进行重新构建。

本书全面介绍智能网联汽车主要涉及的环境感知技术、导航定位技术、决策技术、执行控制技术、网联通信技术和网联车系统平台等相关知识。其中环境感知技术包括视觉感知技术、多种雷达感知技术以及多传感器融合技术；导航定位技术包括导航定位的定义、方法与精度要求、卫星定位技术、惯性导航定位技术、通信基站定位技术、即时定位与地图构建技术以及电子地图技术；决策技术包括决策控制器原理、策略、路径规划技术与决策算法；执行控制技术包括线控转向技术、线控制动技术和运动控制模型与系统；网联通信技术包括车联网组成、车载网络技术和车路协同技术；智能网联车系统平台包括机器人操作系统（ROS）、Autoware 和 Apollo 等。

本书适合高等院校车辆工程、交通工程专业的学生使用，同时也可供从事智能汽车技术研究的有关工程技术人员参考。通过本书的学习，学生可以掌握智能网联汽车所涉及的新知识和新技术，为从事智能网联汽车的相关工作奠定基础。

本书由太原理工大学车辆工程系武志斐担任主编，范政武、杨甜甜担任副主编，研究生王增荣、李守彪、郝慧敏、裴佳豪、吴鑫、康双元在资料收集和整理过程中了做了大量工作。同时在本书成稿过程中，借鉴了参考文献作者的部分观点，也引用了参考文献中的部分内容以及一些网上资料和图片，并有幸得到了智能网联汽车相关从业人员提供的建议与意见，在此向所有对本书的出版提供帮助的人表示深切的谢意。

由于笔者学识有限，书中不足之处在所难免，恳盼读者给予指正。

编 者

目 录

第1章 绪论 ... 1
1.1 智能网联汽车定义及分级 ... 2
1.1.1 智能网联汽车定义 ... 2
1.1.2 智能网联汽车分级 ... 6
1.2 智能网联汽车发展历史及现状 ... 12
1.2.1 智能网联汽车发展历史 ... 12
1.2.2 智能网联汽车发展现状 ... 13
1.3 智能网联汽车的关键技术 ... 19
1.3.1 智能网联汽车感知 ... 19
1.3.2 智能网联汽车决策 ... 20
1.3.3 智能网联汽车控制 ... 29
1.3.4 智能网联汽车网联 ... 30

第2章 智能网联汽车环境感知技术 ... 33
2.1 环境感知技术定义 ... 33
2.2 基于视觉的环境感知技术 ... 34
2.2.1 视觉传感器 ... 34
2.2.2 基于视觉的感知技术应用 ... 42
2.3 基于雷达的环境感知技术 ... 46
2.3.1 超声波雷达 ... 46
2.3.2 毫米波雷达 ... 48
2.3.3 激光雷达 ... 51
2.3.4 基于雷达的感知技术应用 ... 56
2.4 传感器融合技术 ... 57
2.4.1 传感器融合技术介绍 ... 57
2.4.2 传感器融合技术原理 ... 57
2.4.3 传感器融合技术方案 ... 58

第3章 智能网联汽车导航定位技术 60
3.1 导航定位技术概述 60
3.1.1 导航定位技术定义 60
3.1.2 导航定位技术方法 61
3.2 传统定位技术 61
3.2.1 卫星定位技术 61
3.2.2 惯性导航技术 66
3.2.3 基站定位技术 69
3.3 同步定位与地图构建技术 71
3.3.1 SLAM 的典型应用领域 71
3.3.2 SLAM 框架 73
3.3.3 视觉 SLAM 技术 73
3.3.4 激光 SLAM 技术 75
3.4 电子地图技术 78

第4章 智能网联汽车决策技术 82
4.1 智能网联汽车决策控制器 82
4.1.1 智能网联汽车决策的控制器介绍 82
4.1.2 智能网联汽车决策的控制器原理 86
4.2 智能网联汽车决策的策略 87
4.2.1 智能网联汽车决策的策略介绍 87
4.2.2 路径规划技术 91
4.2.3 智能网联汽车决策算法 109

第5章 智能网联汽车执行控制技术 121
5.1 汽车线控转向技术 122
5.1.1 汽车线控转向技术定义 122
5.1.2 汽车线控转向系统组成 122
5.1.3 汽车线控转向技术原理 125
5.2 汽车线控制动技术 125
5.2.1 汽车线控制动技术组成 125
5.2.2 汽车线控制动技术原理 127
5.3 汽车运动控制技术 129
5.3.1 汽车运动学模型 129
5.3.2 汽车动力学模型 131
5.3.3 汽车运动控制模块 134
5.3.4 汽车运动控制系统 138

第6章 智能网联汽车网联技术 ··· 143
6.1 智能网联汽车网联技术介绍 ··· 143
6.1.1 车联网技术 ··· 144
6.1.2 无线通信技术 ··· 146
6.2 车载网络技术 ··· 172
6.2.1 车载网络技术定义 ··· 172
6.2.2 常用车载网络 ··· 173
6.3 V2X 通信技术 ··· 190
6.4 车路协同技术 ··· 203
6.4.1 车路协同技术定义 ··· 203
6.4.2 车路协同架构 ··· 205
6.4.3 车路协同技术典型应用 ··· 207

第7章 智能网联汽车系统集成平台 ··· 210
7.1 智能网联汽车系统介绍 ··· 210
7.2 ROS ··· 214
7.2.1 ROS 的特点 ··· 214
7.2.2 ROS 系统架构 ··· 216
7.3 Autoware ··· 218
7.4 Apollo ··· 221

参考文献 ··· 229

第1章 绪 论

【学习目标】

通过本章的学习,学生应该掌握智能网联汽车的基本概念和技术分级,熟悉其发展历史及现状,并初步了解智能网联汽车的关键技术。

【案例引入】

截止到2021年,我国汽车保有量已达到3.9亿辆。随着汽车保有量的增加,能源短缺、环境污染、交通拥堵、事故频发等现象日益突出,成为汽车产业可持续健康发展的限制因素。交通拥堵已经成为城市迫切需要解决的难题之一(如图1-1所示),而智能网联汽车被公认是解决这些问题的有效方案,代表着汽车工业未来的发展方向。

请带着以下几个问题来进行本章的学习:

1. 什么是智能网联汽车?
2. 智能网联汽车如何进行技术分级?
3. 智能网联汽车有哪些关键技术?

图1-1 城市交通拥堵

1.1 智能网联汽车定义及分级

1.1.1 智能网联汽车定义

智能网联汽车（Intelligent Connected Vehicle，ICV）是一个跨技术、跨产业领域的新兴体系，从不同角度、不同背景对它的理解是有差异的，各国对智能网联汽车的定义不同，叫法也不尽相同，但终极目标是一样的，即可上路安全行驶的无人驾驶汽车。

我国工信部在 2017 年发布的《国家车联网产业体系建设指南（智能网联汽车）》中明确规定，智能网联汽车是指搭载先进的车载传感器、控制器、执行器等装置，并融合现代通信与网络技术，实现车与 X（车、路、行人、云端等）智能信息交换、共享，具备复杂环境感知、智能决策、协同控制等功能，可实现车辆"安全、高效、舒适、节能"行驶，并最终可实现替代人来操作的新一代汽车。下面从 3 个维度对智能网联汽车进行剖析，即"智能""网联""汽车"。

"智能"是指搭载先进的车载传感器、控制器、执行器等装置和车载系统模块，具备复杂环境感知、智能化决策与控制等功能。

"网联"主要指信息互联共享能力，即通过通信与网络技术，实现车内、车与车、车与环境间的信息交互。

"汽车"是智能终端载体的形态，可以是燃油汽车，也可以是新能源汽车，未来是以新能源汽车为主。从更为广义的角度来看，智能网联汽车已不是特指某类或单个车辆，而是以车辆为主体和主要节点，由车辆、道路基础设施、通信设备与交通控制系统，以及数据存储与处理系统等共同构成的综合协调系统，是未来智能交通系统下车联网环境中发挥着重要作用的智能终端，最终实现车辆"安全、高效、舒适、节能"行驶的新一代多车辆系统（如图 1-2 所示）。

图 1-2 智能网联汽车

智能网联汽车发展的终极目标是无人驾驶汽车。智能网联汽车在无人驾驶汽车基础上配合云计算，如图1-3所示。

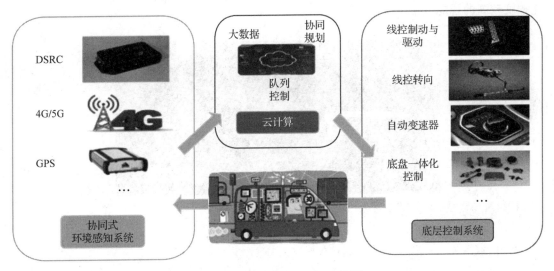

图1-3　智能网联汽车与云计算

1. 智能汽车

智能汽车是在一般汽车上增加雷达和摄像头等先进传感器、控制器、执行器等装置，通过车载环境感知系统和信息终端实现与车、路、人等的信息交换，使车辆具备智能环境感知能力，能够自动分析车辆行驶的安全及危险状态，并使车辆按照人的意愿到达目的地，最终实现替代人来操作的目的（如图1-4所示）。

图1-4　智能汽车

目前典型的智能汽车是具有先进驾驶辅助系统（Advanced Driving Assistance System，ADAS）的车辆，如前向碰撞预警系统、车道偏离预警系统、盲区监测系统、驾驶员疲劳预警系统、车道保持辅助系统、自动制动辅助系统、自适应巡航控制系统、自动泊车辅助系统、自适应前照明系统、夜视辅助系统、平视显示系统、全景泊车系统等。ADAS在汽车上的配置越多，其智能化程度越高，其终极目标是无人驾驶汽车。

图 1-5 所示的一款智能汽车，配置了盲区监测系统、车道偏离预警系统、车道保持辅助系统、驾驶员疲劳预警系统、自适应巡航控制系统、自动泊车辅助系统等，属于智能化程度较高的智能汽车。

图 1-5　智能汽车

2. 网联汽车

网联汽车是指基于通信互联建立车与车之间的连接、车与网络中心和智能交通系统等服务中心的连接，甚至是车与住宅、办公室以及一些公共基础设施的连接，也就是可以实现车内网络与车外网络之间的信息交互，全面解决人—车—外部环境之间的信息交流问题。网联汽车的初级阶段是以车载信息技术（Telematics）为代表。所谓车载信息技术，是远距离通信技术与信息科学技术的合成词，指通过内置在汽车上的计算机网络技术，借助无线通信技术、卫星导航技术，实现文字、图像、语音信息交换的综合信息服务。现阶段网联汽车的核心车载信息技术是全球定位系统（Global Positioning System，GPS）技术、地理信息系统（Geographic Information System，GIS）技术、智能交通系统（Intelligent Traffic System，ITS）技术和无线通信技术，主要应用于卫星定位导航、交通信息预报、娱乐信息播放、道路救援、车辆应急预警、车辆自检测与维护等（如图 1-6 所示）。

图 1-6　网联汽车的应用

3. 自动驾驶汽车

自动驾驶汽车是指汽车至少在某些具有关键安全性的控制功能方面（如转向、油门或制动）无需驾驶员直接操作即可自动完成控制动作的车辆。自动驾驶汽车一般使用车载传感器、GPS 和其他通信设备获得信息，针对安全状况进行决策规划，在某种程度上恰当地实施控制。自动驾驶汽车至少包括自适应巡航控制系统、车道保持辅助系统、自动制动辅助系统、自动泊车辅助系统，比较高级的车型还配备交通拥堵辅助系统（如图 1-7 所示）。

图 1-7　某款 L2 级自动驾驶汽车

自动驾驶汽车的终极目标是无人驾驶汽车。

4. 无人驾驶汽车

无人驾驶汽车是通过车载环境感知系统感知道路环境，自动规划和识别行车路线并控制车辆到达预定目标的智能汽车。它利用环境感知系统来感知车辆周围环境，并根据感知所获得的道路状况、车辆位置和障碍物信息等，控制车辆的行驶方向和速度，从而使车辆能够安全、可靠地在道路上行驶。无人驾驶汽车能够在限定的环境乃至全部环境下完成全部的驾驶任务。图 1-8 所示为谷歌公司开发的无人驾驶汽车。

图 1-8　谷歌无人驾驶汽车

与智能汽车相比，无人驾驶汽车需要具有更先进的环境感知系统、中央决策系统以及底层控制系统。无人驾驶汽车能够实现完全自动的控制，全程检测交通环境，能够实现所有的驾驶目标。驾驶员只需提供目的地或输入导航信息，在任何时候均不需要对车辆进行操控。无人驾驶汽车是汽车智能化、网联化的终极发展目标。无人驾驶汽车是未来汽车发展的方向,人类在不久的将来会用上智能型无人驾驶汽车,那是一种将检测、识别、判断、决策、优化、执行、反馈、纠控功能融为一体,集微电脑、微电机、绿色环保动力系统、新型结构材料等顶尖科技成果为一体的智慧型汽车。总体来看,我国无人驾驶汽车的发展还需要多方面共同努力。汽车供应商对于各种车辆驾驶辅助功能的研究是无人驾驶汽车技术不断向前发展的原动力;网络信息与安全技术的发展是无人驾驶汽车技术进一步飞跃的保证;政策与法律的制定与实施,又是无人驾驶汽车真正上路的前提。

1.1.2 智能网联汽车分级

1. 美国对智能网联汽车的分级

在智能化层面,美国汽车工程师学会(Society of Automotive Engineers,SAE)在J3016—2014文件中提出的五级自动驾驶分级方案是当前被普遍采用的标准,2018年SAE对汽车自动驾驶的分级重新进行了修订,如表1-1所示。

表1-1 SAE对汽车自动驾驶的分级

分级		L0	L1	L2	L3	L4	L5
名称		无自动驾驶	驾驶辅助	部分自动驾驶	有条件自动驾驶	高度自动驾驶	完全自动驾驶
定义		由驾驶员全权驾驶汽车,在行驶过程中可以得到警告	通过驾驶环境对转向盘和加减速中的一项操作提供支持,其余由驾驶员操作	通过驾驶环境对转向盘和加减速中的多项操作提供支持,其余由驾驶员操作	由无人驾驶系统完成所有的驾驶操作,根据系统要求,驾驶员提供适当的应答	由无人驾驶系统完成所有的驾驶操作,根据系统要求,驾驶员不一定提供所有的应答;限定道路和环境条件	由无人驾驶系统完成所有的驾驶操作,可能的情况下,驾驶员接管;不限定道路和环境条件
主体	驾驶操作	驾驶员	驾驶员/系统	系统	系统	系统	系统
	周边监控	驾驶员	驾驶员	驾驶员	驾驶员	系统	系统
	支援	驾驶员	驾驶员	驾驶员	驾驶员	系统	系统
	系统作用域	无	部分	部分	部分	部分	全域

L0，无自动驾驶。完全由驾驶员进行车辆的加速、转向、刹车、挡位等控制，系统只负责执行命令并不进行驾驶干预。但系统可以提供预警和少量保护辅助功能，以便驾驶员进行决策和控制，例如车道偏离预警（Lane Departure Warning，LDW）、盲区监测（Blind Spot Detection，BSD）、行人检测（Pedestrian Detection，PD）、交通标志识别（Traffic Sign Recognition，TSR）、夜视（Night Vision，NV）等。

L1，驾驶辅助。系统根据实际情况负责执行转向或加减速的一项操作，系统不能同时执行多项操作，其他操作均由驾驶员执行，驾驶员必须做到"手、脚、眼不离路"。L1级别常见的辅助功能有车道保持驾驶辅助（Lane Keeping Assistance，LKA）、自适应巡航驾驶辅助功能（Adaptive Cruise Control，ACC）、盲区监测、自动紧急制动（Autonomous Emergency Braking，AEB）。

L2，部分自动驾驶。系统可以执行转向和加减速的多项融合操作，系统可以自主完成某些驾驶任务，但仍需驾驶员时刻监视并随时准备接管。L2级别适用于行驶环境简单、车道无变化的高速公路。目前大部分车企生产的汽车可以达到L2级别的自动驾驶技术，并且实现量产。

L3，有条件自动驾驶。系统可以独立完成所有驾驶操作，特殊情况下，驾驶员需按照系统要求对车辆进行监管，以便解决人工智能不能应对的情况。L3级别适用于高速公路或无变化的市区的全路段下的正常行驶。

L4，高度自动驾驶。与L3级别不同的是，驾驶员对L4级别的驾驶系统提出的响应请求可以不进行响应，L4级别比L3级别对车辆功能的释放程度更高，驾驶员可以有更多的时间进行休息、娱乐。L4级别适用于封闭的小区、景区或特定的市区道路。

L5，完全自动驾驶。这是自动驾驶的最高级别，真正意义上的无人驾驶，不受驾驶环境的影响，适用于全区域、全功能工况。高级驾驶辅助功能目前已逐渐成为中高端品牌车型的标准配置。由中国汽车技术研究中心有限公司主导的中国新车评价规程（C-NCAP）目前已经把主动安全功能纳入新车的考评体系。C-NCAP自2006年正式实施以来，经历了四次改版，项目评价难度逐步提升。2018年7月1日开始正式实施新规，其中，最大的变化之一就是把车辆的主动安全纳入测评体系。汽车电子稳定控制系统（ESC）作为车辆新型的主动安全系统也被纳入主动安全部分，并且增加对紧急制动刹车（AEB）的试验评价，其中，AEB的测试项目主要包括前车静止（Car to Car Stationary，CCRs）、前车慢行（Car to Car Moving，CCRm）、前车刹车（Car to Car Braking，CCRb）三种追尾测试工况。随着时间的推进，未来在对新车所获星级的最低得分率要求中，主动安全部分的最低得分率会逐年提高。同样地，自2013年开始，欧盟新车安全评鉴协会（E-NCAP）已经将更多的驾驶辅助功能纳入评分体系。可见，未来汽车的高级驾驶辅助功能成为汽车必备的功能。

2. 中国对智能网联汽车的分级

中国对智能网联汽车的分级分为智能化分级和网联化分级。

在智能化层面，中国把智能网联汽车智能化划分为5个等级，1级为驾驶辅助（DA），2级为部分自动驾驶（PA），3级为有条件自动驾驶（CA），4级为高度自动驾驶（HA），

5级为完全自动驾驶（FA），如表1-2所示。

表1-2 智能网联汽车智能化等级

智能化等级	等级名称	等级定义	控制	监视	失效应对	典型工况
		人监控驾驶环境				
1	驾驶辅助（DA）	系统根据环境信息对行驶方向和加减速中的一项操作提供支援，其他驾驶操作都由驾驶员完成	驾驶员与系统	驾驶员	驾驶员	车道内正常行驶工况，高速公路无车道干涉路段，停车工况
2	部分自动驾驶（PA）	系统根据环境信息对行驶方向和加减速中的多项操作提供支援，其他驾驶操作都由驾驶员完成	驾驶员与系统	驾驶员	驾驶员	高速公路及市区无车道干涉路段，换道、环岛绕行、拥堵时跟车等工况
		自动驾驶系统监控驾驶环境				
3	有条件自动驾驶（CA）	由自动驾驶系统完成所有驾驶操作，根据系统请求，驾驶员需要提供适当的干预	系统	系统	驾驶员	高速公路正常行驶工况，市区无车道干涉路段
4	高度自动驾驶（HA）	由自动驾驶系统完成所有驾驶操作，特定环境下系统会向驾驶员提出响应请求，驾驶员可以对系统请求不进行响应	系统	系统	系统	高速公路全部工况及市区有车道干涉路段
5	完全自动驾驶（FA）	自动驾驶系统可以完成驾驶员能够完成的所有道路环境下的操作，不需要驾驶员介入	系统	系统	系统	所有行驶工况

1级，驾驶辅助：包括自适应巡航控制、车道偏离预警、车道保持、盲区监测、自动制动、辅助泊车等。

2级，部分自动驾驶：包括车道内自动驾驶、换道辅助、全自动泊车等。

3级，有条件自动驾驶：包括高速公路自动驾驶、城郊公路自动驾驶、协同式队列行驶、交叉口通行辅助等。

4级，高度自动驾驶：有堵车辅助系统、高速公路自动驾驶系统和泊车引导系统等。目前，高度自动驾驶的技术尚未应用在量产车型上，在未来几年时间，部分技术的量产车型将会实现。

5级，完全自动驾驶：它的实现将意味着自动驾驶汽车真正驶入了人们的生活，也将使驾驶员从根本上得到解放。驾驶员可以在车上从事其他活动，如上网、办公、娱乐和休息等。目前，完全自动驾驶汽车还要受到政策、法律等相关条件的制约，真正量产还任重而道远。

我国智能网联汽车智能化的 1~5 级和美国的 L1~L5 级基本是对应的，但也有一些差异，主要体现在第 2 级。我国的 2 级（部分自动驾驶）的控制是驾驶员与系统；SAE 的 L2 级（部分自动驾驶）的控制是系统，也就是说，SAE 的 L2 级比我国的 2 级要求高。近年来，汽车企业及科技企业纷纷加快推出智能网联汽车产品，稳步推进自动驾驶技术的商业化。汽车企业如通用、丰田、戴姆勒、长安等已经开始在量产车型上规模化装配 L1 级和 L2 级自动驾驶系统，并开始了 L3 级、L4 级自动驾驶系统的研发与测试；科技企业如特斯拉、蔚来汽车、小鹏汽车等均计划量产 L3 级和 L4 级别的自动驾驶汽车。

无论智能化怎样分级，从驾驶员对车辆的控制权来看，可以分为驾驶员拥有车辆全部控制权、驾驶员拥有车辆部分控制权、驾驶员不拥有车辆控制权 3 种形式，如图 1-9 所示。

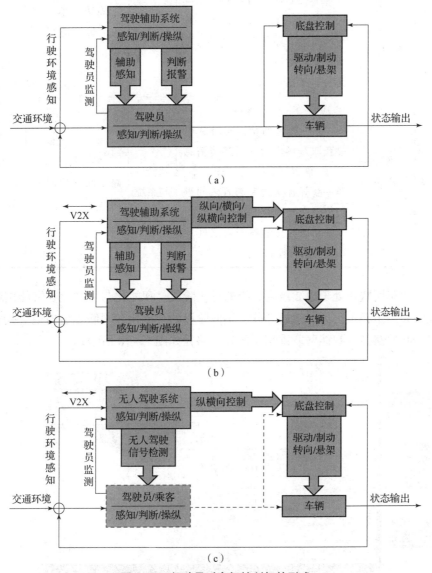

图 1-9 驾驶员对车辆控制权的形式
（a）驾驶员拥有车辆全部控制权；（b）驾驶员拥有车辆部分控制权；（c）驾驶员不拥有车辆控制权

在网联化层面，按照网联通信内容的不同，我国将智能网联汽车划分为3个等级，1级是网联辅助信息交互，2级是网联协同感知，3级是网联协同决策与控制（如表1-3所示）。

表1-3 智能网联汽车网联化等级

网联化等级	等级名称	等级定义	控制	典型信息	传输需求
1	网联辅助信息交互	基于车—路、车—后台通信，实现导航等辅助信息的获取以及车辆行驶数据与驾驶员操作等数据的上传	驾驶员	图、交通流量、交通标志、油耗、里程、驾驶习惯等	传输实时性、可靠性要求较低
2	网联协同感知	基于车—车、车—路、车—人、车—后台通信，实时获取车辆周边交通环境信息，与车载传感器的感知信息融合，作为自车决策与控制系统的输入	驾驶员与系统	周边车辆、行人，非机动车位置、信号灯相位、道路预警等信息	传输实时性、可靠性要求较高
3	网联协同决策与控制	基于车—车、车—路、车—人、车—后台通信，实时并可靠获取车辆周边交通环境信息及车辆决策信息，车—车、车—路等各交通参与者之间进行信息交互融合，形成车—车、车—路等各交通参与者之间的协同决策与控制	驾驶员与系统	车—车、车—路之间的协同控制信息	传输实时性、可靠性要求最高

目前，汽车网联化处于由2级到3级的过渡阶段。智能化与网联化在智能网联汽车发展的过程中充当了必不可少的组成部分，不同阶段的智能化和网联化走向融合是智能网联汽车发展的必然路径。智能网联乘用车的发展路径如图1-10所示。

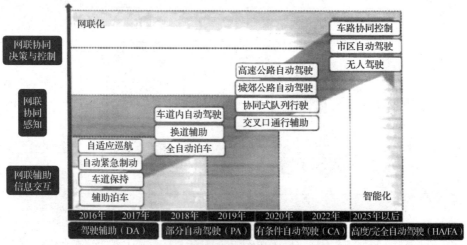

图1-10 智能网联乘用车的发展路径

智能网联商用车的发展路径如图1-11所示。

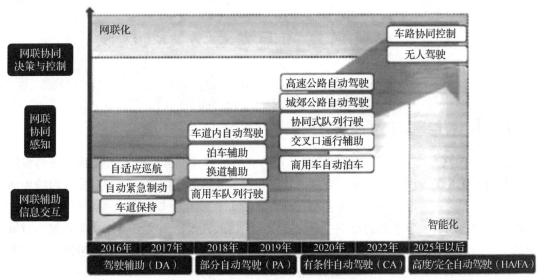

图1-11 智能网联商用车的发展路径

智能网联汽车的发展大致可以分为自主式驾驶辅助、网联式驾驶辅助、人机共驾、高度自动/无人驾驶4个阶段。

(1) 自主式驾驶辅助

自主式驾驶辅助系统是指依靠车载传感器进行环境感知并对驾驶员进行驾驶操作辅助的系统，目前已经开始大规模产业化，如前向碰撞预警系统、车道偏离预警系统、盲区监测系统、车道保持辅助系统、自适应巡航控制系统、自动泊车辅助系统等。

(2) 网联式驾驶辅助

网联式驾驶辅助系统是指依靠信息通信技术对车辆周边环境进行感知，并可对周围车辆未来运动进行预测，进而对驾驶员进行驾驶操作辅助的系统。通过现代通信与网络技术，汽车、道路、行人等交通参与者将成为智能交通系统中的信息节点。网联式驾驶辅助已经进入大规模测试和产业化前期准备阶段，如车道内自动驾驶、换道辅助、全自动泊车等。

(3) 人机共驾

人机共驾是指驾驶员和车辆智能系统同时共存，分享车辆控制权，人机一体化协同完成驾驶任务。人机共驾技术还处于研发和小规模测试阶段，如高速公路自动驾驶、城郊公路自动驾驶、协同式列队行驶、交叉口通行辅助等。

(4) 高度自动/无人驾驶

处于高度自动/无人驾驶阶段的智能汽车，驾驶员不需要介入车辆操作，车辆将会自动完成所有工况下的自动驾驶。在高度自动驾驶阶段，车辆在遇到无法处理的驾驶工况时，会提示驾驶员是否接管，如果驾驶员不接管，则车辆会采取如靠边停车等保守处理模式，保证安全。在无人驾驶阶段，车辆中没有驾驶员，无人驾驶系统需要处理所有驾驶工况，并保证安全。高度自动/无人驾驶也还处于研发和小规模测试阶段。

1.2 智能网联汽车发展历史及现状

1.2.1 智能网联汽车发展历史

19世纪末汽车的发明从根本上改变了人们的出行方式，也加速了人类城市化的布局和形式的变化。随着汽车的发展，智能网联汽车相关技术的应用将会一举颠覆我们的生活方式，能源、金融、电力运输甚至各行各业的产业结构及社会规范都会受到极大的影响。正如前百度自动驾驶事业部总经理王劲所言：无人驾驶汽车比人类更遵守交通规则，对城市的交通拥堵会有较大的缓解，交通系统效率会提高，无人驾驶技术给城市带来显著的改变也将深刻影响智能交通、智能城市建设。

20世纪80年代，美国电视剧《霹雳游侠》中的KITT自动驾驶汽车曾经风靡世界。后来，基于庞蒂亚克小型多用途车改造的无人驾驶汽车进入"机器人名人堂"。20世纪90年代后期的另一项开创性工作来自意大利帕尔玛大学的视觉实验室——Vislab，他们使用由双目摄像头组成的立体视觉系统，在公路上进行2 000 km的长途测试，无人驾驶里程占94%，时速达到112 km。如今，无人驾驶领域的巨头Waymo采用了菲亚特克莱斯勒的小型货车"帕西菲卡"作为其无人驾驶汽车平台，达到平均约16 000 km才需要一次人工接管的高度自动驾驶水平。日本、德国和美国的汽车制造商几乎同时开始自动驾驶汽车的研发。日本筑波工程研究实验室、德国慕尼黑国防大学和梅赛德斯联合小组、美国国防高级研究计划局（DARPA）和卡内基梅隆大学分别以摄像头和激光雷达为基础，开发了不同的自动驾驶汽车原型，并在路试中取得了一定的突破。特别是1995年，卡内基梅隆大学的导航实验室完成了从匹兹堡到圣地亚哥的"无人驾驶"之旅，其中98.2%的里程是由无人驾驶完成的，尽管车辆速度不快，却也体现了自动驾驶技术水平的显著提升。我国第一辆自动驾驶汽车是20世纪90年代初由北京理工大学、南京理工大学、国防科技大学、清华大学和浙江大学联合研制的ATB-1，这些学校已成为我国无人驾驶人才培养的摇篮。之后研制的ATB-2，与ATB-1相比，速度增加了3~4倍。同样在20世纪90年代，中国科学院自动化研究所开始在美国研究无人驾驶车辆。2003年，国防科技大学与一汽合作的红旗CA7460实现了高速公路自动驾驶示范，最高时速170 km，可以实现自动超车。2004年发生了无人驾驶领域的一项重大事件，即在美国国防部的支持下，史上第一届DARPA无人车挑战赛成功举办。第二次海湾战争开始后，美国国防部注意到在沙漠行动中士兵的伤亡，于是希望用无人驾驶来解决这个问题，便通过无人驾驶汽车比赛的方式支持相关技术的研发，并设置了巨额奖金。在这场竞赛中，许多参赛的车辆采用了激光雷达、高精度地理信息系统和惯性导航系统，至今，这仍然是许多无人驾驶汽车技术的标准配置。早期用于无人驾驶汽车比赛的改装车辆如图1-12所示，它们为智能网联汽车的崛起奠定了坚实的基础。连续多届的 DARPA 赛事，从最初的沙漠赛到遵守交通规则的城市赛，为自动驾驶的技术探索、市场化探索以及人才培养都做出了贡献。

图 1-12　早期用于无人驾驶汽车比赛的改装车辆

DARPA 的无人车挑战赛激发了中国同行的积极性。2009 年，在国家自然科学基金视听觉信息的认知计算重大研究计划的支持下，首届中国"智能汽车未来挑战赛"在西安举行，揭开了中国系列无人车挑战赛的序幕。2011 年 7 月，国防科技大学自主研发的红旗 HQ3 无人驾驶汽车首次完成了长沙至武汉 286 km 的高速全程无人驾驶试验，其中人工驾驶里程小于 1%。较上一代 CA7460，在硬件小型化、控制精度和稳定性方面取得了显著的进步。这辆无人驾驶汽车也为国防科技大学赢得了"智能汽车未来挑战赛"系列赛的冠军。2015 年 12 月，百度和宝马的无人驾驶汽车在 G7 "五环高速—奥林匹克森林公园"路段上来回行驶，吸引了无数眼球。2015 年年底，特斯拉通过 OTA 的方式使其部分车辆获取了名为 AutoPilot 的辅助驾驶功能，揭开了自动驾驶产业化的序幕。2015 年下半年至 2016 年间，大量初创公司、互联网企业、汽车企业纷纷投入智能网联汽车产业化的洪流中。

1.2.2　智能网联汽车发展现状

研究表明，先进的智能驾驶辅助技术可以减少 30% 左右的交通事故，提高 10% 的交通效率，降低 5% 的燃油消耗和排放。如果进入智能网联汽车的全自动驾驶状态，极有可能将交通效率提高 30% 以上，并几乎避免交通事故，帮助人类摆脱烦躁的驾驶任务以及交通事故带来的困扰。

美国、欧洲、日本等发达国家或地区，认识到自动驾驶技术是未来交通发展的重要方向，在技术研发、道路测试、标准法规和政策等方面，为智能网联汽车的发展提供了条件。为了加快自动驾驶商业化，在相关政策支持下，我国在以上方面的研究也很活跃，为自动驾驶技术的开发和测试创造了坚实的基础。

1. 美国自动驾驶汽车技术发展现状

早在 2013 年，美国国家高速公路交通安全管理局（National Highway Traffic Safety Administration，NHTSA）就发布了《关于自动驾驶仪车辆控制政策的初步意见》，并制定了支持自动驾驶技术发展和推广的自动驾驶考核标准。2016 年 9 月，为有效利用技术变化并提供指导，美国交通部发布了《联邦自动驾驶汽车政策》，为自动驾驶安全部署提供政策监管框架。2017年9月，美国发布了一项车辆升级与驾驶政策《自动驾驶系统：安全愿景2.0》，该政策不仅被业界视为自动驾驶汽车发展的指导方针，而且代表了美国联邦政府对自动驾驶的态度。

2017年9月，美国众议院一致通过了《自动驾驶法案》（SELF DRIVE ACT, H. R. 3388），为美国自主车辆的成功开发、技术创新、技术测试和安全部署提供了重要支持。该法案要求自动驾驶汽车制造商或系统供应商向监管机构提交安全评估证书，以证明其自动驾驶汽车在数据、产品和功能方面采取了充分的安全措施。同时，该法案还要求制订隐私保护计划，其中包括收集、存储和使用车辆和乘客信息的保护措施，列出了需要考虑的12个优先安全设计要素，包括车辆网络安全、人机界面、防撞性、消费者教育和培训，以及碰撞后自动驾驶系统的响应等。

2018年10月发布的《未来交通准备：自动驾驶3.0》表明美国交通部将努力消除妨碍自动驾驶车辆发展的政策和法规，并支持将自动驾驶车辆纳入整个交通系统。

美国的一些州政府也有自己的政策法案，允许自动驾驶车辆的公开道路测试。加利福尼亚州是世界上第一个通过无人驾驶汽车公开道路测试官方法规的地区，也是美国国家高速公路交通安全管理局的总部所在地，开放、宽容和权威使加州成为全球无人驾驶汽车测试的主要基地。2011年，内华达州率先通过了自动驾驶汽车立法，解决了州公路上自动驾驶汽车的路试问题。2012年9月，加州出台了更加宽松的汽车驾驶法规，确立了"促进和保障无人驾驶汽车安全"的立法理念，努力为自动驾驶技术的发展扫清道路。随后，美国包括佛罗里达州、哥伦比亚特区和密歇根州在内的数十个州颁布了数十项自主车辆交通政策和法规，以促进美国自动驾驶和人工智能产业的发展。2018年2月底，加州再次放宽了允许无人驾驶政策，过去监管机构要求无人驾驶汽车在公共道路上进行测试时，需要有安全员负责车辆行驶与控制监管，现在这一要求得到放宽，并于2018年4月2日起开始施行。图1-13为公开道路测试中的Waymo无人驾驶汽车。

图1-13　公开道路测试中的Waymo无人驾驶汽车

2. 德国自动驾驶汽车技术发展现状

欧盟于2012年颁布法规，要求所有商用车在2013年11月之前安装自动紧急制动系统。自 2014 年起,在欧盟市场销售的所有新车都必须配备自动紧急制动系统,没有该系统的车辆将很难获得 E-NCAP 五星级安全认证。沃尔沃的城市安全系统、本田的 CMBS 和梅赛德斯-奔驰的 Pre-Safe 都属于这类系统。

戴姆勒的梅赛德斯-奔驰 S 系列汽车、奥迪 A8,由于配备了激光雷达,可以在遇到交通堵塞时自动跟踪前方汽车,提供缓解交通拥堵功能。

数据显示,从 2010 年 1 月到 2017 年 7 月,全世界共有 5 839 项与自动驾驶汽车相关的技术专利。在专利数量最多的 10 家公司中,6 家是德国公司,3 家是美国公司。德国的博世拥有 958 项专利,远远高于排名第二的奥迪。

自德国加入的《维也纳道路交通公约》要求驾驶人始终控制车辆以来,德国的自动驾驶汽车道路试验已在海外开展。截至 2016 年 3 月,联合国修订并签署了《维也纳道路交通公约》,补充了第 8 条,允许"自动驾驶系统根据需要控制车辆,驾驶人可以随时接管"。在德国,只有德国汽车公司才能具备自动驾驶本土化测试条件。2017 年 6 月,德国颁布了世界上第一部自动驾驶法,即《道路交通法修订案》,该修订案允许自动驾驶系统在特定条件下取代人类驾驶车辆,极大地促进了德国道路的自动驾驶技术测试条件与自动驾驶技术的发展。为此,德国率先开放了 A9 高速公路的部分路段用于自动驾驶技术测试。此外,德国还公布了世界上第一个针对自动驾驶的道德准则,为自动驾驶系统设计和伦理道德研究提供了强有力的支持。该准则将允许自动车辆优先处理事故,并将其纳入系统的自我学习。

自动驾驶道德准则的部分内容有:
①自动驾驶系统必须始终确保事故比人类驾驶者少。
②人类安全必须始终优先于动物或其他财产。
③当自动驾驶汽车发生不可避免的事故时,不允许基于年龄、性别、种族、身体特征或任何其他区别因素做出歧视性判断。
④在任何驾驶情况下,无论驾驶者是人还是自动驾驶系统,责任方必须遵守既定的道路法规。
⑤为了确定事故责任方,自动驾驶车辆必须配备"黑匣子",随时记录和存储驾驶数据。
⑥自动驾驶车辆将保留车辆记录数据的唯一所有权,该所有权可决定数据是否由第三方保存或转发。
⑦尽管车辆在紧急情况下可能会自动反应,但在道德模糊情况下,人类应该重新控制车辆。

与美国企业探索无人驾驶的市场应用并从中析出低级驾驶辅助技术的发展路线不同,德国的自动驾驶采取了一种由低级的驾驶辅助逐渐向最高等级驾驶升级的渐进式发展路线,以上两种路线是目前无人驾驶领域典型的研究和市场策略。

3. 英国自动驾驶汽车技术发展现状

英国政府设立了 2 亿英镑的特别基金,以促进英国自动驾驶技术的研究、开发和部署。自2015年以来的三年里，该基金在英国四个城市（米尔顿凯恩斯、格林尼治、布里斯托尔、南格洛斯特郡）推广了三个自动驾驶示范项目——AutoDrive、Gateway和Venturer，解决了自动驾驶技术、商业模式、法律、保险和工业应用等问题。

2017年2月，英国政府颁布了《汽车技术与航空法》，从保险法规的角度保护人民的安全，减轻汽车制造商和软件开发商的压力，加快智能汽车技术的发展。

2017年8月，英国交通部和国家基础设施保护中心发布了《联网和自主车辆网络安全的关键原则》，涵盖了个人数据安全、远程车辆控制等技术的基本原则，以确保智能车的设计、开发和制造过程中的网络安全和信息安全。

4. 法国自动驾驶汽车技术发展现状

早在2014年，法国就公布了自动驾驶汽车的路线图，政府将在未来三年投资1亿欧元测试自动驾驶汽车。

2016年8月，法国通过了一项法令，允许对自动驾驶汽车进行道路试验，但对试验路段和试验等级有明确要求。随后，法国将自动启动"人工智能发展计划"和"促进增长和企业变革行动计划"，推动自动驾驶技术的发展。

5. 日本自动驾驶汽车技术发展现状

日本是重视人工智能应用和发展汽车工业的国家之一，它把自动驾驶作为一项重要的发展战略。在2017年的官民智能交通系统（ITS）构想及路线图中，日本明确了自动驾驶技术的推广计划：到2025年，将实现高速公路上的L4级自动驾驶。

2018年3月，日本政府在"未来投资会议"上提出了《自动驾驶相关制度整备大纲》，明确了L3级汽车驾驶事故责任的定义。同年9月，日本国土交通省正式发布《自动驾驶汽车安全技术指南》，规定了L3和L4级自动驾驶汽车必须满足的安全条件。

6. 我国智能网联汽车的发展现状

我国高度重视智能网联汽车的发展。2015年，我国将智能网联汽车列为未来十年国家智能制造发展的重要领域；2016年，发布了《节能与新能源汽车技术路线图》，明确了我国智能网联汽车技术路线图，以指导汽车制造商的发展和未来的产业发展；2017年，《新一代人工智能发展规划》进一步明确了自动驾驶技术自主应用的战略目标。

2018年1月，国家发改委发布了《智能汽车创新发展战略（征求意见稿）》，其中提到我国汽车市场新型智能汽车比例将达到50%的时间节点，中高端智能汽车将以市场为导向；智能交通系统建设取得积极进展，大城市和公路LTE-V2X无线通信网络覆盖率约为90%。

2018年4月，工信部、公安部、交通运输部联合发布了《智能网联汽车道路测试管理规范（试行）》，批准了全国20个智能网联汽车测试示范区（如表1-4所示）。《智能网联汽车道路测试管理规范（试行）》是指导智能网联汽车测试的指导性文件，到目前为止，在北京、上海、重庆、无锡等地已经建立了16个自动驾驶汽车试验场地。我国智能网联汽车的推进，可分为四个阶段：自动驾驶辅助、网联驾驶辅助、人机共驾和高度自动化/无人驾驶（如表1-5所示）。

表1-4 全国智能网联汽车测试示范区

区域	数量	示范区名称
北京	1个	国家智能汽车与智慧交通（京冀）示范区
吉林	1个	国家智能网联汽车应用（北方）示范区（长春）
辽宁	1个	北汽盘锦无人驾驶汽车运营项目
江苏	2个	国家智能交通综合测试基地（无锡）
		常熟中国智能车综合技术研发与测试中心
上海	1个	国家智能网联汽车（上海）A NICE CITY 示范区
浙江	3个	杭州云栖小镇 LTE-V 车联网示范区
		桐乡乌镇示范区
		嘉善产业新城智能网联汽车测试场
福建	2个	平潭无人驾驶汽车测试基地
		漳州无人驾驶汽车社会实验室（厦门）
广东	2个	深圳无人驾驶示范区
		广州智联汽车与智慧交通应用示范区
四川	2个	德阳 Dicity 智能网联汽车测试与示范运营基地
		成都中德智能网联汽车四川试验基地
重庆	2个	重庆 i-VISTA 智能汽车集成系统试验区
		重庆中国汽研智能网联汽车试验基地
武汉	2个	武汉"智慧小镇"示范区
		武汉雷诺自动驾驶示范区
湖南	1个	湘江新区智能系统测试区

表1-5 我国智能网联汽车的四个阶段

阶段	技术实现	不同阶段功能及技术状态说明
1	自动驾驶辅助	自动驾驶辅助系统是指以车辆环境传感系统为依托，辅助驾驶操作系统有两种类型：预警系统和控制系统。其中，预警系统包括正面碰撞预警（FCW）系统、车道偏离预警（LDW）系统、盲区预警（BSW）系统、驾驶人疲劳预警（DFM）系统、全景观测（MVC）系统、胎压监测系统（TPMS）等，控制系统包括车道保持（LKA）系统、自动停车辅助（PLA）系统、自动紧急制动（AEB）系统、自适应巡航（ACC）系统等。

续表

阶段	技术实现	不同阶段功能及技术状态说明
1	自动驾驶辅助	美国、日本、欧洲等发达国家和地区已开始将自动驾驶辅助系统引入相应的新车评价系统中。从 2011 年开始，美国新车评估引入了测试条例，自 2013 年以来，将 FCW 系统作为评价指标之一。欧洲新车评估法规引入了 LDW/LKA 和 AEB 系统评估、2016 年的新行人 AEB 测试以及 2018 年的自动避碰 AEB 系统测试。 目前，自动驾驶辅助系统的核心技术和产品仍然掌握在国外公司手中，特别是在基础车辆传感器和执行器领域。博世、德尔福、天合、法雷奥等公司垄断了我国国内大部分市场。近年来，我国也出现了一批自动驾驶辅助系统领域的独立公司，例如深圳前向启创、苏州智华、南京创来科技、上海纵目科技、武汉极目科技、腾讯神眼、中天安驰、径卫视觉等，在某些方面与国外品牌有一定的竞争力，但仍存在较大差距
2	网联驾驶辅助	网联驾驶辅助系统是一种依靠信息和通信技术来感知车辆周围环境并预测周围车辆未来运动来帮助驾驶人驾驶的系统。通过现代通信和网络技术，汽车、道路、行人等交通参与者不再孤立，所有参与者都成为智能交通系统中的信息节点。在美国、欧洲、日本等发达国家和地区，基于车辆—道路通信/车辆—车辆通信的网联驾驶辅助系统正在进行实用技术开发和大规模的现场测试。 我国清华大学、同济大学等高校和长安汽车等企业也开展了车路协同技术应用研究与示范试验。2015 年以来，在工信部的支持下，上海、北京、重庆等地开始积极建设智能网联汽车测试示范区。我国华为公司和大唐公司推出的 LTE–V 系统具有兼容蜂窝网络和顺利过渡到 5G 系统的优点，在国际市场上与 DSRC（专用短程通信技术）形成了竞争优势。但是，国内相关产业也存在一些问题，缺乏美国、日本、欧洲国家大型项目的支持，企业之间没有协同效应。因此，网联驾驶辅助系统的发展相对缓慢
3	人机共驾	人机共驾是指驾驶人与智能系统同时共享对车辆的控制，人机结合完成驾驶任务。与普通驾驶辅助系统中驾驶人人工控制的优先级高于智能系统相比，人机共驾中人工控制与智能系统具有同等的优先级，将智能化水平提升到更高的等级，人机同时具备独立完成驾驶任务的能力。 人机共驾包括三个层次：感知层、决策层和控制层。 感知层主要利用特定的超声波雷达、摄像机、红外热电等传感器为驾驶人提供环境信息，增强驾驶人的感知能力，提高车辆的安全性。 决策层的主要技术包括驾驶人决策意图识别、驾驶决策辅助和轨迹引导。例如，采用多层压缩方法，根据实际道路建立驾驶人换道意图的预测模型，有效预测驾驶人在实际换道行为发生前 3s 换道的意图。针对交通控制和物理避障的约束条件，结合车辆的非线性动力学特性，得到一种基于模型预测控制方法的预测轨迹制导模型，以辅助驾驶人决策，并利用人机交互进行轨迹制导。 控制层中人机控制状态的转换是相互协同、相互制约的，要求智能系统具有更高的并行智力程度。该系统不仅能识别驾驶人的意图，而且能达到相同的驾驶决策速度，提高车辆的感知、决策、控制水平，降低驾驶人的操作负荷

续表

阶段	技术实现	不同阶段功能及技术状态说明
4	高度自动化/无人驾驶	驾驶人不需要参与车辆操作,车辆将在所有条件下自动完成驾驶。其中,L4级自动驾驶遇到无法控制的驾驶条件时,车辆将提示驾驶人接管。如果驾驶人不接管,车辆将采用保守的方式,如侧边停车,以确保安全。在L4级自动驾驶阶段,车辆没有驾驶人,理应在所有驾驶条件下自动驾驶并确保安全。目前,以百度为代表的L4级自动驾驶系统已经开始投入试产

目前,我国汽车技术正朝着电动化、智能化、网联化、共享化的"四化"方向发展,为汽车工业的发展带来了巨大的挑战和机遇。信息技术、网络技术等先进技术的运用将全面升级传统汽车产业,并与互联网产业深度融合。智能网联技术被认为是汽车诞生一百多年来最具革命性的技术变革,在世界新一轮技术革命的影响下,未来汽车工业必将经历一次突破性的创新。智能网联汽车是人工智能与传统汽车相结合的创新产品,是汽车工业发展的必然趋势。网联技术是实现车辆与外界信息共享和控制协调、实现自动驾驶的重要手段。我国正在加快下一代5G通信网络部署,推进智能化城市道路基础设施等交通建设,满足网联功能测试需求,促进车路协同发展。智能网联汽车既是技术创新,又是社会创新,无论面对法律、法规和政策的争论,还是面对道德和伦理方面的争论,我们都必须有勇气和耐心去推动智能网联汽车产业的稳定、持续和健康发展。

1.3 智能网联汽车的关键技术

智能网联汽车关键技术包含智能网联汽车感知、智能网联汽车决策、智能网联汽车控制、智能网联汽车网联等。

1.3.1 智能网联汽车感知

环境感知是智能网联汽车其他技术的数据基础,为智能决策和控制执行提供依据,是智能网联汽车实施自动驾驶的第一步。

环境感知技术通过安装在智能网联汽车上的智能传感器获取车辆周围环境的信息,从而对道路、车辆、行人、交通标志等环境信息进行检测和识别,主要应用于先进驾驶辅助系统和自动驾驶系统(如图1-14所示)。

环境感知包括车辆本身状态感知、道路感知、行人感知、交通信号感知、交通标志感知、交通状况感知、周围车辆感知等。

①车辆本身状态感知:包括行驶速度、行驶方向、行驶状态、车辆位置等。

图 1-14 环境感知技术

②道路感知：包括道路类型检测、道路标线识别、道路状况判断、是否偏离行驶轨迹等。

③行人感知：主要判断车辆行驶前方是否有行人，包括白天行人识别、夜晚行人识别、被障碍物遮挡的行人识别等。

④交通信号感知：主要是自动识别交叉路口的信号灯，如何高效通过交叉路口等。

⑤交通标志感知：主要是识别道路两侧的各种交通标志，如限速、弯道等，及时提醒驾驶员注意。

⑥交通状况感知：主要是检测道路交通拥堵情况、是否发生交通事故等，以便车辆选择通畅的路线行驶。

⑦周围车辆感知：主要检测车辆前方、后方、侧方的车辆情况，避免发生碰撞，也包括交叉路口被障碍物遮挡的车辆。

在复杂的路况交通环境下，单一传感器无法完成环境感知的全部，必须整合各种类型的传感器，利用传感器融合技术，使其为智能网联汽车提供更加真实可靠的路况环境信息。

环境感知层的主要功能是通过车载环境感知技术（如视觉、雷达、高精度定位与导航等）、车内网技术、4G/5G 及 V2X 无线通信技术等，实现对车内与车外（如道路、车辆和行人等）静、动态信息的提取和收集，并向智能决策层输送信息，这是智能网联汽车各类功能实现的前提。

1.3.2 智能网联汽车决策

智能网联汽车是集感知、决策和控制等功能于一体的自主交通工具。其中，智能决策是依据感知信息来进行决策判断。智能决策的主要功能是接收环境感知层的信息并进行分析、处理，制定相对控制策略，替代人类驾驶员做出自动驾驶行为决策。智能决策可以根据识别到的道路、车辆、行人、交通标志和交通信号等去理解驾驶环境，分析和判断车辆需要采取的驾驶模式和决策将要执行的操作，并向车辆控制输送指令。智能决策是智能网联汽车各项功能得以实现的核心。

决策模块相当于无人驾驶系统的大脑,保障无人汽车的行车安全,同时也要理解和遵守交通规则。为了实现这样的功能,决策模块为无人汽车提供了各种限制信息,包括:

①路径的长度以及左右边界限制;

②路径上的速度限制;

③时间上的位置限制。

此外,决策模块几乎利用了所有和无人驾驶相关的环境信息,包括:道路信息;道路结构,比如当前车道、相邻车道、汇入车道和路口等信息;交通信号和标志,比如红绿灯、人行横道和停止标志等;障碍物状态信息,比如障碍物类型、大小和速度;障碍物预测信息,比如障碍物未来可能的运动轨迹。正是因为决策模块处理了所有上层业务逻辑信息,并输出了抽象的限制信息,因此保证了下游路径和速度优化的抽象性,并完全和上层的地图、感知与预测解耦。决策功能模块可以再进行细分,分为参考路径、交规决策、路径决策、速度决策以及决策场景的分类和调度。

1. 参考路径

参考路径(Reference Line)在 Apollo 决策中起着非常重要和关键的作用。首先,参考路径是在没有障碍物路况下的默认行车路径。其次,后续的交规决策、路径决策和速度决策都是基于参考路径或者参考路径下的 Frenet 坐标系完成的。最后,参考路径也用于表达换道的需求。一般换道时会有两条参考路径,分别有不同的优先级,其中,优先级高的路径表示目标路径,优先级低的路径为当前路径(如图 1-15 所示)。参考路径的获取可以有多种方式。参考路径的计算是:根据路径决策找到相应的高精地图中的道路中心线,然后对道路中心线进行平滑。

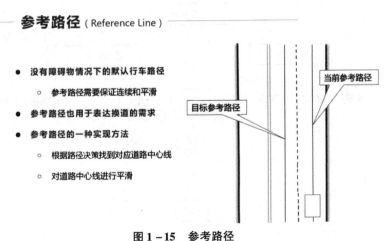

图 1-15 参考路径

2. 交规决策

有了参考路径之后,自动驾驶车辆会沿着该路径找到所有在该路径上的交通标志和交通信号灯,并根据一系列的交通规则来决定是否需要停止在交通标志或者交通信号灯的停止线前。如果需要停止,决策模块会在停止线上生成一道虚拟的墙,虚拟墙会影响后续的路径及速度决策。

如图1-16所示,在无人车的参考路径(虚线)上有交通灯,根据交通灯的状态,如果是红灯,决策模块会在交通灯的停止线上生成一道虚拟的墙;如果是绿灯,不生成任何虚拟墙。这样就完成了绿灯行红灯停的交通规则。其他的交通规则也采取类似的方法,根据规则决定是否在相应的地方放置虚拟墙。

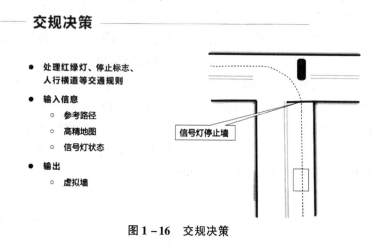

图1-16 交规决策

3. 路径决策

有了根据交通标志和交通信号灯产生的虚拟墙,再加上从感知模块得到的障碍物信息,就可以开始进行路径决策。路径决策的过程类似于图1-17中的决策树。

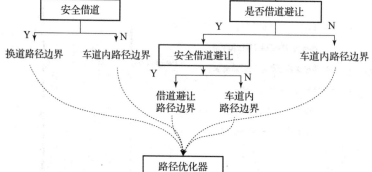

图1-17 路径决策

首先自动驾驶车辆需判断是否需要进行换道(Lane Change)。如果有多条参考路径并且当前车辆不在优先级最高的参考路径上,则表明需要进行换道,否则不需要换道。在明确换道的情况下,需要判断当前路况是否可以进行安全换道。如果安全,路径决策会产生换道的路径边界,否则产生车道内的路径边界。如果确定当前没有换道需求,路径决策会继续确定是否需要借道避让(Side Pass)。

判断条件主要有两个：当前车道的可行驶宽度不够；前方障碍物为静止状态且不是由于车流原因静止，比如路边卸货车辆。如果确定需要借道避让，路径决策会判断是否可以安全借道。

如果可以安全借道，路径决策会产生借道避让路径边界，否则产生车道内路径边界。如果确定没有借道避让的需求，路径决策会产生如图1-18所示的车道内路径边界。

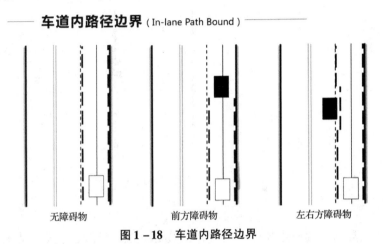

图1-18　车道内路径边界

车道内路径边界的决策有图1-18中所示的三种情况：车道内无障碍物（左）、车道前方有障碍物（中）、车道左右方有障碍物（右）。实际路况中会是其中的一种情况或者多种情况的组合。在无障碍物的情况下，路径边界依据车道边界或者道路边界来生成，并留有一定距离的缓冲（图1-18中的粗虚线）。在前方有障碍物的情况下，路径边界会被截止在第一个障碍物的后方。如果车道左右方有障碍物，路径边界的产生会依据车道线和障碍物的边界。图1-18中的细实线是车辆的参考路径，路径边界的生成是在参考路径下完成的。

借道避让路径边界的产生，是在确认可以安全借道之后完成的。而是否可以安全借道的决策，目前是根据一系列的规则做出的，这个决策也可以依据ST图或者数据模型来生成。如图1-19所示，路径边界依据本车道和需要借用车道的边界来生成，同时也需要考虑周围的障碍物。

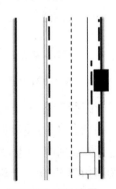

图1-19　借道避让路径边界

换道路径边界的产生和借道避让路径边界的产生相似（如图 1-20 所示），主要的区别是参考路径在换道时是在目标车道上，而借道避让时是在本车车道上。另外需要强调的是，在做路径决策时，只考虑静止障碍物，动态障碍物则在速度规划时考虑。

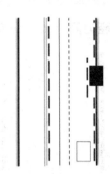

图 1-20　换道路径边界

4. 速度决策

有了路径边界后，调用路径优化器（Path Optimizer）得到在边界限制内的平滑路径。得到平滑路径后，就可以在路径上进行速度决策（如图 1-21 所示）。

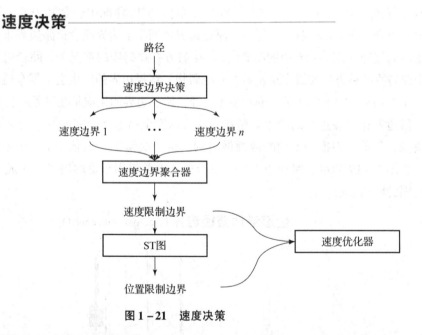

图 1-21　速度决策

首先对一整条路径或者部分路径产生一个或者多个速度边界（Speed Bounds），然后对多个速度边界进行集成，得到路径上的速度限制边界（Speed Bound Over s）。得到速度限制边界之后，再利用 ST 图来得到时间上的位置限制边界（Position Bound Over t）。最后把速度限制边界和位置限制边界传给速度优化器（Speed Optimizer），得到平滑的速度规划。

在很多情况下，出于行车安全或者遵守交规的原因，需要对车辆的速度进行限制（如图 1-22 所示）。比如，当路径旁边有行人时，要减速慢行；当要借道避让时，也要减速慢行。这样的速度限制可能是对整条路径，比如道路限速，也有可能是对路径中的一小段，比如减速带。图 1-22 中沿路径（s）有三种不同的速度限制：道路限速，减速带，和行人。为了得到整条路径的综合限速，把这几种限速集成到一起（如图 1-23 所示）。

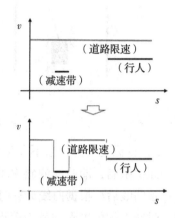

图 1-22　速度限制决策

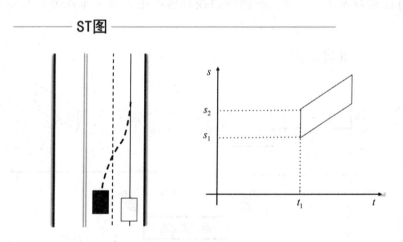

图 1-23　综合限速

得到了路径上的速度边界后，就可以利用 ST 图来求解时间上的位置边界。图 1-23（右）是一个简单的 ST 图的例子，用这个例子来简单解释为什么需要 ST 图以及如何从 ST 图上得到时间上的位置边界。图 1-23（左）是一个简单的驾驶场景，右侧灰色方框代表自动驾驶主车，细实线是主车的路径；左侧黑色方框代表障碍车，粗虚线是障碍车的预测行驶轨迹，t_1 为障碍车预测轨迹和主车路径的交汇时间；s_1，s_2 为交汇时障碍车在主车路径上的位置；s_1 代表车尾位置，s_2 代表车头位置。把障碍车预测轨迹和主车路径的交汇关系在 ST 图中表示出来，如图 1-24 所示。

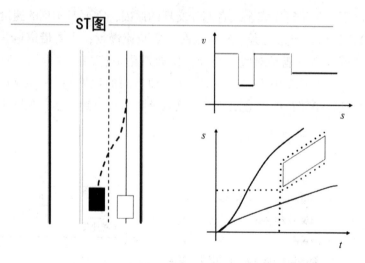

图 1-24　ST 图

在 ST 图中，目标是找到一条不和障碍物碰撞的曲线。同时，曲线还需要满足之前计算的路径上的速度限制，即曲线的斜率不能超过速度限制边界，如图 1-24（右）所示。找到最优的一条曲线后，根据曲线计算时间上的位置限制边界。例如，如果找到上侧曲线为最优曲线，时间上的位置限制就为菱形上侧虚线段。在 x，y 平面中，就表现为主车在障碍车换道前进行超车。反之，下侧的曲线和虚线段表示主车在障碍车换道后，进行跟随。

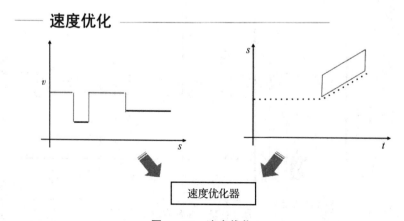

图 1-25　速度优化

有了路径上的速度限制，及时间上的位置限制之后，就可以把这两个决策传递给速度优化器得到平滑的速度规划，即在路径上每个点的时间（如图 1-25 所示）。生成速度规划后，自动驾驶车辆就可以结合路径和速度生成最终规划的轨迹。

5. 决策场景的分类和调度

一个场景（如图 1-26 所示）既可以是地图中的一个静态路段，比如十字路口；也可以是无人车想要完成的一个动态目标，比如借道避让。依据场景来做决策和规划有以下两个优点：

①场景之间互不干扰，有利于并行开发和独立调参。

②在一个场景里可以实现一系列的有时序或者依赖关系的复杂任务。这样的场景架构也有利于开发者贡献自己的特有场景，并不影响其他开发者需要的功能。

── **什么是场景** ──

- 场景可以是地图中**有一定特征的路段**，比如路口，也可以是无人车想要完成的**一系列复杂的动作**，比如借道避让
- 场景的优点
  - 场景之间互不干扰，可以进行并行开发和调参
  - 在一个场景里可以实现一系列的有时序或依赖关系的复杂任务
- 场景的缺点/难点
  - 每个场景都需要处理一些基本路况，可能会带来代码的冗余
  - 场景之间无覆盖划分非常困难
  - 需要额外的逻辑来进行场景识别以及处理场景之间的转换

图 1-26　什么是场景

场景的分类其实没有特别严格的规定，同时这也取决于自动驾驶的应用场景，比如送货小车和高速卡车在场景的划分上肯定不太一样。如图 1-27 所示，场景主要有两大类：跟车和换道。跟车场景下主车沿一条车道驾驶，该车道前方一定距离内没有其他车道与其交汇或者穿越，并且主车也没有切换到其他车道的意图。非跟车的其他场景被归类为换道。在换道下，又细分为三个小类：

①交叉路口包括了所有的路口场景；

②主动超车包括了所有临时借道的场景；

③车道转换包括了所有换道的场景（包括车道合并）。

── **场景的分类** ──

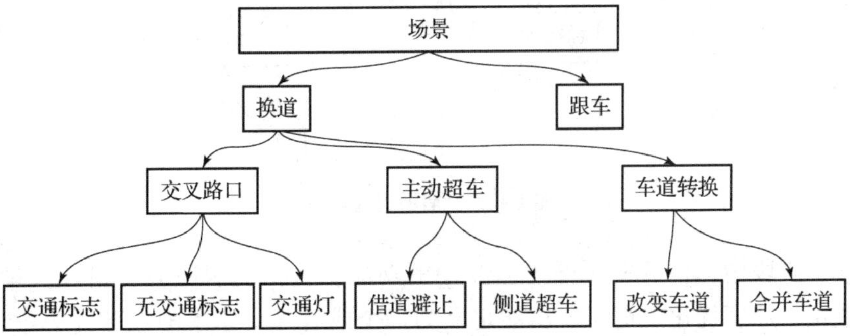

图 1-27　场景的分类

有了场景的分类之后，就可以对场景进行识别和转换（如图 1-28 所示）。对于选择哪个场景，采用了两层识别机制。每一个场景会根据本车当前的环境信息，确定是否属于

本车的场景，并返回该信息给场景管理器，场景管理器再统一进行选择，以保证场景的选择最优。场景的退出也由每个场景自己决定，比如场景运行完成或者内部出错。一旦进入一个场景，该场景会有较高优先级来完成。

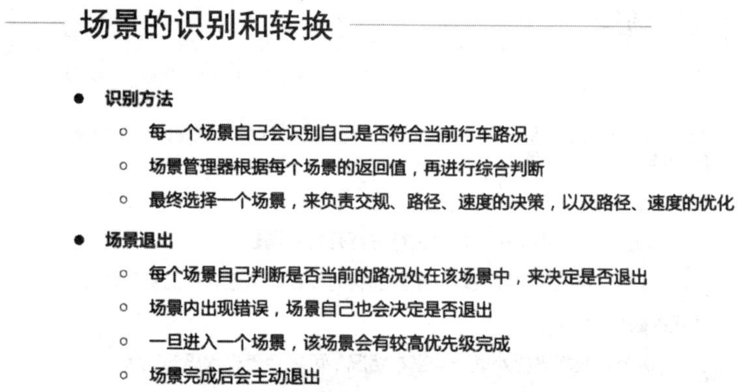
场景的识别和转换
识别方法
每一个场景自己会识别自己是否符合当前行车路况
场景管理器根据每个场景的返回值，再进行综合判断
最终选择一个场景，来负责交规、路径、速度的决策，以及路径、速度的优化
场景退出
每个场景自己判断是否当前的路况处在该场景中，来决定是否退出
场景内出现错误，场景自己也会决定是否退出
一旦进入一个场景，该场景会有较高优先级完成
场景完成后会主动退出

图 1－28　决策场景的分类和调度

下面以借道避让场景来说明场景是如何实现的（如图 1－29 所示）。在这个场景中，有 6 个阶段（Stage），每个阶段完成借道避让的一个步骤，类似于有限状态机（Finite－State Machine，FSM）中的一个状态。主要步骤/状态有一定的时序依赖关系，如果在一个阶段中发现环境变化了，或者出现错误，会出现阶段之间的跳转或者退出该场景。

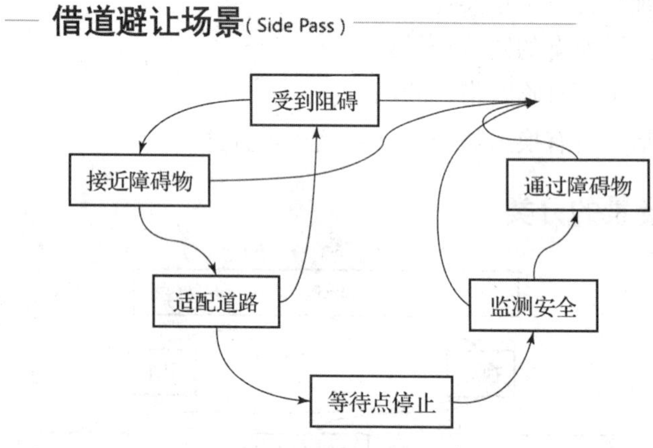
借道避让场景(Side Pass)
受到阻碍
接近障碍物
通过障碍物
适配道路
监测安全
等待点停止

图 1－29　借道避让场景

在每一个阶段中，都要实现图 1－30 中的功能，包括交规决策、路径决策、路径优化、速度决策、速度优化。把每个功能定义为一个或者几个基本的任务（Task），每个阶段或者直接调用（使用默认参数），或者修改参数，或者修改输入值，这样可以极大地提高场景之间的代码复用。

场景的Stage

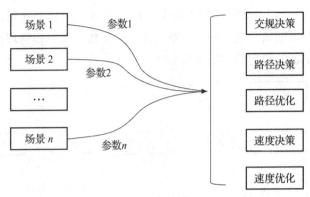

图1-30 场景的阶段

1.3.3 智能网联汽车控制

汽车控制的主要功能是根据智能决策的指令操作和控制车辆,并通过交互系统向驾乘人员提供道路交通信息、安全信息、娱乐信息、救援信息、商务办公、在线消费等信息与服务,提供安全驾驶、舒适驾乘和智能交互等功能。

无人驾驶框架的基本结构如图1-31所示,可以看到控制的输入主要来源于规划模块以及反馈阶段信息(如Localization和HD-Map);控制的输出是控制指令,与Canbus进行交互(Canbus车辆交互标准);控制模块也会从底层车辆得到反馈信号(车辆本身的速度信息、四轮转速信息、车辆健康状况信息、底盘是否报错信息、危险信息);在车辆的运动学和动力学模型中,控制模块如果是基于模型的控制算法,首先需要对车辆建模,同时仿真中需要车辆在环。

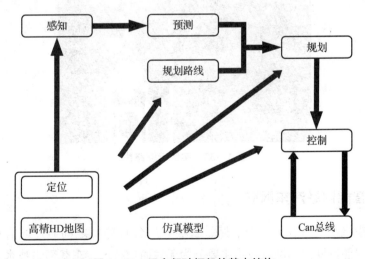

图1-31 无人驾驶框架的基本结构

控制信号处理（如图1-32所示）可以分为预处理、控制器以及后处理。预处理是对输入信号的检查，对不正常信号的过滤，做一些紧急处理以及滤波操作；控制器是建立模型，系统识别分析；后处理是将信号发送给执行器。因为油门、刹车、转向这种执行器本身有上下限、滞后（回滞曲线），所以需要对信号进行一些相关处理，目的是在车辆允许的条件下让车辆尽可能按照规划的技术路径走，弥补数学模型和物理世界执行之间的不一致性，从而满足车辆的稳定性和安全性。

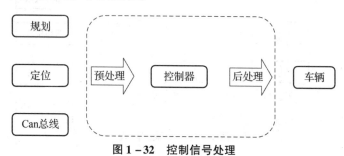

图1-32 控制信号处理

整个控制过程包括遵循尽可能的生成路径，路径是一系列航路点，每个航路点包含位置（x, y）、偏航角（φ）和速度（v）。控制器的目的是为车辆生成指令，例如方向盘角度或加速度水平，同时考虑实际约束（道路、风、车轮滑移等），从而产生实际行驶路线（如图1-33所示）。

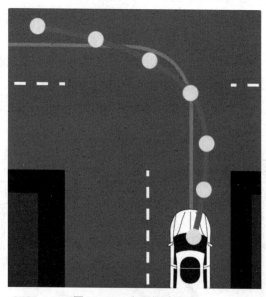

图1-33 实际行驶路线

1.3.4 智能网联汽车网联

网联化是指汽车与X［人、车、路、云端（后台）等］之间通过通信和网络技术进行信息交换。智能网联汽车网联技术主要分为无线通信技术、车载网络技术、V2X通信技术和车路协同技术等。

1. 无线通信技术

长距离无线通信技术用于提供即时的互联网接入，主要采用 4G/5G 技术，特别是 5G 技术，有望成为车载长距离无线通信专用技术。短距离通信技术有专用短程通信技术、蓝牙技术、Wi-Fi 技术等，其中专用短程通信技术重要性高且亟须发展，它可以实现在特定区域内对高速运动下移动目标的识别和双向通信，例如 V2V、V2I 双向通信，实时传输图像、语音和数据信息等。

2. 车载网络技术

目前汽车上广泛应用的网络有 CAN、LIN 和 MOST 总线等，它们的特点是传输速率小，带宽窄。随着越来越多的高清视频应用进入汽车，如 ADAS、360°全景泊车系统和蓝光 DVD 播放系统等，它们的传输速率和带宽已无法满足需要。以太网最有可能进入智能网联汽车环境下工作，它采用星形连接架构，每一个设备或每一条链路都可以专享 100 M 带宽，且传输速率达到万兆级。同时以太网还可以顺应未来汽车行业的发展趋势，即开放性兼容性原则，从而可以很容易地将现有的应用嵌入新的系统中。

3. V2X 通信技术

V2X 通信技术是将车辆与一切事物相连接的新一代信息通信技术。其中，V 代表车辆；X 代表任何与车交互信息的对象，当前 X 主要包含车、人、路侧基础设施和网络。通过与周边车辆、道路、基础设施进行通信，从时间、空间维度上扩大车辆对交通与环境的感知范围，能够提前获知周边车辆操作信息、交通控制信息、拥堵预测信息、视觉盲区等周边环境信息。可见，V2X 通信技术的应用能够增强环境感知能力，降低车载传感器成本，促进多车信息融合决策。

4. 车路协同技术

智能车路协同系统（Intelligent Vehicle Infrastructure Cooperative Systems，IVICS），简称车路协同系统，是智能交通系统的最新发展方向。该系统采用先进的无线通信和新一代互联网等技术，全方位实施车车、车路动态的实时信息交互，并在全时空动态交通信息采集与融合的基础上开展车辆主动安全控制和道路协同管理，充分实现人车路的有效协同，保证交通安全，提高通行效率，从而形成安全、高效和环保的道路交通系统。

【扩展阅读】

智能网联汽车的发展愿景是实现汽车强国伟大目标，使汽车社会朝着有利于文明进步、可持续轨道发展，满足人民对美好生活无限向往的需要。它体现在安全、效率、节能减排、舒适、便捷和人性化等方面。

到 2035 年，中国方案智能网联汽车技术和产业体系全面建成，产业生态健全完善，整车智能化水平显著提升，网联式高度自动驾驶智能网联汽车大规模应用。由于采用智能化和网联化技术，驾乘安全性和舒适性显著提高，交通事故和人员伤亡数量大幅降低，交通出行和物流运输效率显著提升，道路交通能源消耗和污染排放有效降低。中国方案智能网联汽车关键核心技术处于国际领先水平,有效助推汽车产业转型升级、新兴产业经济重构和安全、高效、绿色的汽车社会文明形成,促进建设世界汽车强国的战略目标实现。

【知识小结】

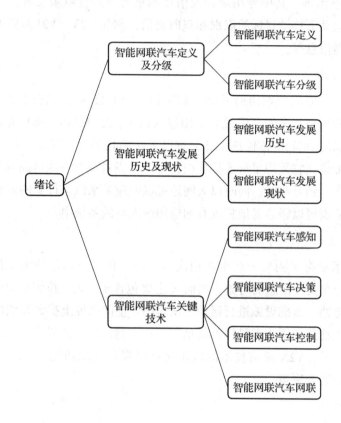

【复习题】

1. 简述智能网联汽车的定义。
2. 如何划分智能网联汽车的等级。
3. 谈谈智能网联汽车的发展现状。
4. 简述智能网联汽车的关键技术。

第2章 智能网联汽车环境感知技术

【学习目标】

通过本章的学习，学生应该掌握智能网联汽车环境感知技术的定义和各种传感器的基础知识，熟悉基于视觉和基于雷达的环境感知技术，并初步了解传感器融合技术。

【案例引入】

2021年，小鹏汽车发布其"超长续航智能轿跑"小鹏P7，搭载的XPILOT 3.0系统为国内用户提供适合中国道路场景的智能网联汽车自动驾驶解决方案，其汽车环境感知技术由14个摄像头、5个毫米波雷达和12个超声波传感器组成。

请带着以下几个问题来进行本章的学习：

1. 摄像头的作用。
2. 毫米波雷达和超声波传感器的作用及原理。

2.1 环境感知技术定义

环境感知、智能决策和控制执行是智能网联汽车的关键技术。图2-1所示为智能网联汽车的"三横两纵"技术架构，可以看出，环境感知是智能网联汽车其他技术的数据基础，为智能决策和控制执行提供依据，是智能网联汽车实施自动驾驶的第一步。

环境感知技术是通过安装在智能网联汽车上的传感器获取车辆周围环境的信息，从而对道路、车辆、行人、交通标志等环境信息进行检测和识别，主要应用于先进驾驶辅助系统和自动驾驶系统。

传感器主要有视觉传感器、超声波雷达、毫米波雷达和激光雷达。视觉传感器通过摄像头采集外部信息并根据视觉算法进行图像识别；超声波雷达通过发射和接收超声波、分

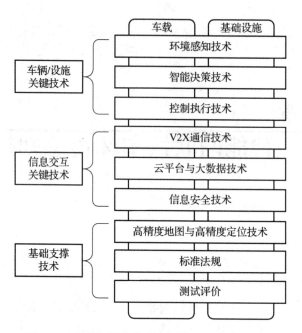

图 2-1 智能网联汽车的"三横两纵"技术架构

析折返时间测算距离;毫米波雷达通过发射和接收毫米波、分析折返时间测算距离;激光雷达通过发射和接收激光、分析折返时间测算距离。视觉传感器、超声波雷达和毫米波雷达采集的信息主要用于先进驾驶辅助系统,如前向碰撞预警系统、车道偏离预警系统、盲区监测系统、驾驶员疲劳预警系统、车道保持辅助系统、自动紧急制动辅助系统、自适应巡航控制系统和自动泊车辅助系统等;激光雷达采集的信息主要用于自动驾驶的精准定位和可行空间检测。

2.2 基于视觉的环境感知技术

2.2.1 视觉传感器

1. 视觉传感器的定义

视觉传感器主要由光源、镜头、图像传感器、模数转换器、图像处理器、图像存储器等组成(如图 2-2 所示),其主要功能是获取足够的机器视觉系统要处理的原始图像。把光源、摄像机、图像处理器、标准的控制与通信接口等集成一体的视觉传感器,常被称为一个智能图像采集与处理单元。内部程序存储器可存储图像处理算法,能使用计算机编制各种算法并下载到视觉传感器的程序存储器中。视觉传感器将计算机的灵活性、PLC 的可靠性、分布式网络技术结合在一起，用这样的视觉传感器和PLC可以更容易地构成机器视觉系统。

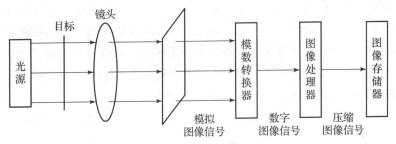

图 2-2　视觉传感器的组成

2. 视觉传感器的特点

①视觉图像的信息量极为丰富，尤其是彩色图像，包含视野内物体的颜色、纹理、深度和形状等信息。

②在视野范围内可同时实现道路检测、车辆检测、行人检测、交通标志检测、交通信号灯检测等，信息获取面积大。当多辆智能网联汽车同时工作时，不会出现相互干扰的现象。

③视觉信息获取的是实时的场景图像，提供的信息不依赖于先验知识，比如GPS导航，有较强的环境适应能力。

④视觉传感器应用广泛，在智能网联汽车中可以前视、后视、侧视、内视、环视等。以前视为例，车道偏离预警、碰撞预警、交通标志识别等要求视觉系统在各种天气、路况条件下，能够清晰识别车道线、车辆、障碍物、交通标志等。

3. 视觉传感器的类型

视觉传感器在智能网联汽车上的应用是以摄像头方式出现的，主要用于车道偏离预警系统、车道保持辅助系统、盲区监测系统、自动紧急制动辅助系统中的障碍物检测和道路检测等。摄像头一般分为单目、双目、多目、红外等类型。

①单目摄像头（如图2-3所示）。一般安装在前挡风玻璃上部，用于探测车辆前方环境，识别道路、车辆、行人等。单目摄像头的优点是成本低廉，能够识别具体障碍物的种类，且识别准确；缺点是由于其识别原理导致其无法识别没有明显轮廓的障碍物，工作准确率与外部光线条件有关，并且受限于数据库，没有自学习功能。

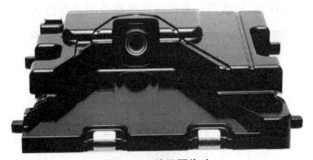

图 2-3　单目摄像头

②双目摄像头（如图2-4所示）。双目摄像头通过对两幅图像视差的计算，直接对前方景物（图像所拍摄到的范围）进行距离测量，而无须判断前方出现的是什么类型的障碍物。依靠两个平行布置的摄像头产生的视差，找到同一个物体所有的点，依赖精确的三角测距，就能够算出摄像头与前方障碍物的距离，实现更高的识别精度和更远的探测范围。采用双目摄像头这种方法，需要两个摄像头有较高的同步率和采样率，因此技术难点在于双目标定位及双目定位。相比单目摄像头，双目摄像头没有识别率的限制，无须先识别，可直接进行测量；直接利用视差计算距离精度更高；无须维护样本数据库。但因为检测原理上的差异，双目视觉方法在距离测算上相比单目视觉方法，硬件成本和计算量级都大幅增加。

图2-4 双目摄像头

③多目摄像头（如图2-5所示）。在汽车智能驾驶中，通过不同焦距和不同仰角的多个单目摄像头，可以获得不同位置的交通标志、交通信号灯和各种道路标志的检测和识别能力。例如，在长焦摄像头的成像中，100 m处的交通信号灯足够大，100 m处的交通标志上的数字也清晰可见。而在短焦距摄像头的成像中，100 m处的交通标志上的数字是完全不清楚的。因此多个单目视觉传感器的组合方案在智能网联汽车领域也得到了广泛的应用。汽车驾驶的动态环境是不断变化的，正确而充分地理解环境是智能网联汽车感知系统面临的重要挑战。图2-5中，由三个单目摄像头构成的三目摄像头被划分为不同的视场角，如25°视场、50°视场和150°视场。其中，25°视场探测距离远，用于检测前车道线、交通信号灯；50°视场探测距离和范围均衡，用于一般的道路状况监测；150°视场探测范围广，用于检测平行车道、行人和非机动车行驶的状况。三目摄像头可以获得覆盖范围更大的视场角，可以有效获得道路状况、行人和交通信号灯等信息。随着智能驾驶水平的提高，其对车上传感器的数量和要求也会增加。单就视觉而言，仅仅通过环视或二维视觉很难满足复杂环境感知的需求，对多维立体视觉的需求会越来越突出，如何通过各类传感器的组合实现对环境变化的适应和感知，是视觉传感器及图像算法领域面临的挑战。

图2-5 多目摄像头

④红外摄像头（如图2-6所示）。红外摄像头是视觉传感器一个独特的分支，图像处理算法在处理远红外夜视图像过程中依然能够发挥作用，因此红外夜视系统能够像可见光摄像头一样，获取环境中的目标大小和距离等信息，在光照不足条件下是对基于可见光的视觉传感器的一种有效补充。

图2-6 红外摄像头

4. 视觉传感器的原理

视觉传感器的感知核心是电荷耦合元件（Charge Coupled Device，CCD），是一种半导体器件，能够把光学影像转化为数字信号。CCD上植入的微小光敏物质称为像素（Pixel）。一块CCD上包含的像素数越多，其提供的画面分辨率也就越高。CCD的作用就像胶片一样，但它是把光信号转换成电荷信号的。CCD上有许多排列整齐的光电二极管，能感应光线，并将光信号转换成电信号，经外部采样放大及模数转换电路转换成数字图像信号。CCD作为一种新型的光电转换器，现已被广泛应用于摄像、图像采集、扫描仪以及工业测量等领域。CCD图像传感器可分为两类：一类用于获取线阵图像，称为线阵CCD；另一类用于获取表面图像，称为面阵CCD。对于线阵CCD，它可以直接接收一维光学信息，但是不能直接将二维图像转换成一维电信号输出，为了获得整个二维图像的输出，必须采用线扫描方法来实现。面阵CCD的感光单元以二维矩阵排列，可以检测二维平面图像。

单目摄像头、双目立体摄像头、红外摄像头是目前在汽车上应用比较广泛的视觉传感器，它们的检测原理、处理算法及特点各有不同，下面分别介绍这几种典型的车载视觉传感器。

①单目传感器的工作原理是先识别后测距，首先通过图像匹配对图像进行识别，然后根据图像的大小和高度进一步估计障碍物和车辆移动时间。在算法设计过程中，需要将标记有待识别目标的图片建立成为样本数据库，并由算法去学习这些图片中的特征，在实际应用时，就可以根据已经学习到的特征，识别出待识别目标。要识别各种车型，需要建立车型数据库；要识别动物就需要建立动物数据库；要识别人类或者自行车等交通参与者，也需要建立相应的模型数据库。样本数据库容量越大，通过学习得到的计算机视觉算法就可以越准确地识别目标，同时避免误识别。

②双目视觉传感器的工作原理是先对物体与本车距离进行测量，然后再对物体进行识别。在距离测量阶段，先利用视差直接测量物体与汽车之间的距离，原理与人眼相似。当

两只眼睛注视同一物体时,会有视差,分别闭上左、右眼看物体时,会发现感觉位移,这种位移大小可以用来测量目标物体的距离。在目标识别阶段,双目摄像头仍然使用与单目视觉相同的特征提取和机器学习算法来进一步识别目标。双目摄像头利用仿生学原理,通过校准后的双目摄像头获得同步曝光图像,然后计算得到二维图像像素的三维深度信息。利用视觉计算原理,可以计算出拍摄场景中物体的三维空间位置信息。在此基础上,可以实现环境感知、体感、建模和行为识别等多种应用。与单目摄像头相比,双目摄像头更适用于获取单目摄像头无法准确识别的信息。双目摄像头由于自身的测距原理,会要求两个镜头之间的误差越小越好。如果两个镜头的误差都大于5%,那么识别过程中调整的算法难度就会大得多,不能保证测距确定性。双目摄像头可以在不识别目标的情况下获得距离数据。双目摄像头输出深度图不能直接用于自动紧急制动系统等功能,与单目摄像头一样,也需要对目标做出识别,此时仍然要利用单目摄像头一样的特征提取和自学习等图像处理算法。双目摄像头本身的安装要求很高,例如,摄像头之间的距离在10~20 cm,这个距离需要非常精确,因为它直接关系到测距的精度。由于汽车所处的环境复杂多变,工作环境温度要求在−40 ℃~85 ℃,另外,传统器材必然存在热胀冷缩问题,这将影响两个摄像头透镜之间的距离。由于目标距离越远、视差越小,双目摄像头在20 m内测距精度较高,随着距离增加,可以通过高像素摄像头和更优秀的算法来提升测距性能。双目镜头间距对测距精度也有较大影响,镜头间距越小,检测距离越近;镜头间距越大,检测距离越远,同时标定和安装难度越大。考虑车载设备安装布置和标定等因素,镜头间距也不能过大,因此双目摄像头的测距能力也受到了约束。

③红外夜视视觉传感器的原理:由于夜间可见光成像的信噪比较低,从而导致基于可见光的视觉传感器夜间成像的难度增大,而远红外系统在这个时候就能发挥自身独特的优势。自然界中一切温度高于绝对零度的物体,每时每刻都会向外辐射红外线。红外线辐射的物理本质是热辐射,也是一种电磁波。红外线是从物质内部发射出来的,产生红外线的根源是物质内部分子热运动。红外线通常指波长从0.78~1 000 μm的电磁波,红外波段的短波端与可见光的红光部分相邻,长波端与微波相接(如图2-7所示)。

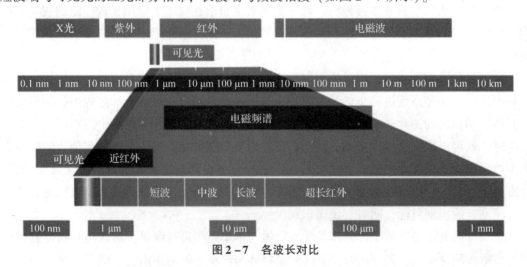

图2-7 各波长对比

红外线与电磁频谱的可见光一样，以光速传播，遵守同样的反射、折射、衍射和偏振等定律，因此其成像的原理与前面介绍的视觉传感器完全一样。基于红外热成像原理，通过能够透过红外线的红外光学系统，将视场内景物的红外线聚焦到红外探测器上，红外探测器再将强弱不等的辐射信号转换成相应的电信号，然后经过放大和视频处理，形成可供人眼观察的视频图像。红外夜视可以分为主动和被动两种类型。被动红外夜视技术，利用目标发出的红外线形成环境的热图像；主动红外夜视技术，通过主动向外发射强红外线，再由反射光学系统的物镜组接收，在红外成像管的光电阴极表面形成被测目标的红外图像。红外夜视系统是视觉传感器一个独特的分支，图像处理算法在处理远红外夜视图像过程中依然能够发挥作用，因此红外夜视系统能够像可见光摄像头一样，获取环境中的目标大小和距离等信息，在光照不足条件下是对基于可见光的视觉传感器的一种有效补充。

5. 视觉传感器的技术参数

（1）图像传感器的技术指标

图像传感器的技术指标主要有像素、帧率、靶面尺寸、感光度和信噪比等。

① 像素是图像传感器的最小感光单位，即构成影像的最小单位。一帧影像画面由许多密集的亮暗、色彩不同的点组成，这些小点称为像素。像素的多少由CCD/CMOS上的光敏元件数目决定，一个光敏元件就对应一个像素。因此，像素越大，意味着光敏元件越多，相应的成本就越大。像素用两个数字来表示，如720×480，720表示在图像长度方向上所含的像素点数，480表示在图像宽度方向上所含的像素点数，二者的乘积就是该相机的像素数。

② 帧率代表单位时间内记录或播放的图片的数量，连续播放一系列图片就会产生动画效果。根据人的视觉系统，当图片的播放速度大于15帧/s的时候，人眼就基本看不出来图片的跳跃了；在达到24~30帧/s时就已经基本觉察不到闪烁现象了。每秒的帧数或者帧率表示图像传感器在工作时每秒能够更新的次数。高的帧率可以得到更流畅、更逼真的视觉体验。

③ 靶面尺寸也就是图像传感器感光部分的大小，一般用英寸（in）来表示。通常这个数据指的是这个图像传感器的对角线长度，如常见的有1/3 in。靶面越大，意味着通光量越好；而靶面越小，则比较容易获得更大的景深。例如，1/2 in可以有较大的通光量，而1/4 in可以比较容易获得较大的景深。

④ 感光度代表通过CCD或CMOS以及相关的电子线路感应入射光线的强弱。感光度越高，感光面对光的敏感度就越强，快门速度就越高，这在拍摄运动车辆、夜间监控的时候显得尤其重要。

⑤ 信噪比是指信号电压对于噪声电压的比值，单位为dB。一般摄像机给出的信噪比值均是AGC（自动增益控制）关闭时的值。当AGC接通时，会对小信号进行提升，使得噪声电平也相应提高。信噪比的典型值为45~55 dB。若为50 dB，则图像有少量噪声，但图像质量良好；若为60 dB，则图像质量优良，不出现噪声。信噪比越大，说明对噪声的控制越好。

（2）相机的内部参数

相机的内部参数是与相机自身特性相关的参数，主要有焦距、光学中心、图像尺寸和畸变系数等。

①焦距是指镜头的光学中心到图像传感器的距离，相机的焦距如图2-8所示。

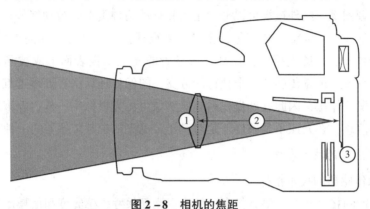

图2-8 相机的焦距
①—光学中心；②—焦距；③—图像传感器

焦距与水平视角、图像大小密切相关。焦距越小，光学中心就越靠近图像传感器，水平视角越大，拍摄到的图像越大；焦距越大，光学中心就越远离图像传感器，水平视角越小，拍摄到的图像越小。因此，焦距与水平视角成反比。焦距与水平视角的关系如图2-9所示。智能网联汽车或无人驾驶汽车通过不同焦距和水平视角的摄像头，可以获得不同位置的交通标志、交通信号灯和各种道路标志的检测和识别能力。

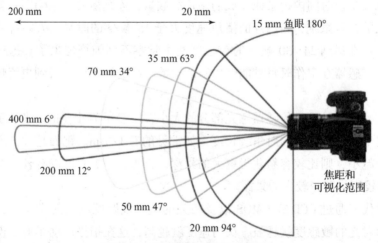

图2-9 焦距与水平视角的关系

②光学中心。相机的镜头是由多个镜片构成的复杂光学系统。相机镜头及其光学系统如图2-10所示。

光学系统的功能等价于一个薄透镜，实际上薄透镜是不存在的，光学中心是这一等价透镜的中心（如图2-11所示）。不同结构的镜头，其光学中心位置也不一样，大部分在镜头内的某一位置，但也有在镜头前方或镜头后方的。

图 2-10 相机镜头及其光学系统

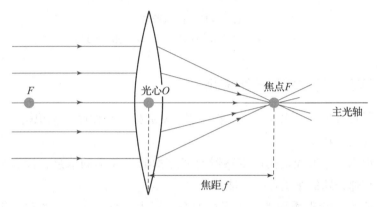

图 2-11 光学系统

③图像尺寸是指构成图像的长度和宽度,可以用像素作为单位,也可以用厘米作为单位。图像尺寸与分辨率有关。分辨率是指单位长度中所表达或截取的像素数目,即表示每英寸图像内的像素点数,单位是像素/英寸。图像分辨率越高,像素的点密度越高,图像越清晰。

图像的像素、尺寸和分辨率具有以下关系:

a. 像素相同的情况下,图像尺寸越小,单位面积内像素点越多,分辨率越大,画面看起来越清晰。这也就是为什么同一张图片,尺寸越大,画面越模糊。

b. 图像的分辨率越高,画面看起来越清晰。

c. 图像的分辨率取决于图像的像素和尺寸,像素高且尺寸小的图片分辨率大,画面看起来清晰。

d. 图像的像素越高,并不意味着画面越清晰,但是在同等分辨率的情况下能够显示更大尺寸的图片。如果把英寸改为厘米,需要进行换算。72 像素/英寸 = 28.346 像素/厘米,300 像素/英寸 = 118.11 像素/厘米,1 厘米 = 0.393 7 英寸,1 英寸 = 2.54 厘米。

④畸变系数。畸变系数分为径向畸变系数和切向畸变系数。径向畸变发生在相机坐标系转向物理坐标系的过程中;切向畸变产生的原因是透镜不完全平行于图像。径向畸变就是沿着透镜半径方向分布的畸变,产生原因是光线在远离透镜中心的地方比靠近中心的地方更加弯曲,这种畸变在普通廉价的镜头中表现得更加明显。径向畸变主要包括枕形畸变和桶形畸变两种,如图 2-12 所示。

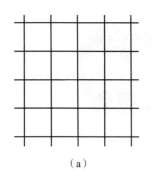 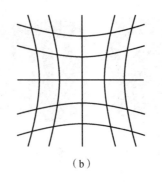 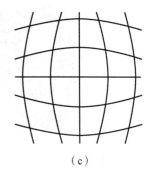

图 2-12 图像畸变

(a) 正常图像；(b) 枕形畸变；(c) 桶形畸变

2.2.2 基于视觉的感知技术应用

视觉传感器具有车道线识别、障碍物检测、交通标志和地面标志识别、交通信号灯识别和可行空间检测等功能。

①车道线识别。车道线是视觉传感器能够感知的最基本的信息，拥有车道线识别功能，即可实现高速公路的车道保持功能。

②障碍物检测。障碍物种类很多，如汽车、行人、自行车、动物等，有了障碍物信息，无人驾驶汽车即可完成车道内的跟车行驶。

③交通标志和地面标志识别。交通标志和地面标志可作为道路特征与高精度地图匹配后辅助定位，也可以基于这些感知结果进行地图的更新。

④交通信号灯识别。交通信号灯状态的感知能力对于城区行驶的无人驾驶汽车十分重要。

⑤可通行空间检测。可通行空间表示无人驾驶汽车可以正常行驶的区域。

自动驾驶视觉感知系统主要以摄像头作为传感器输入，经过一系列的计算和处理，对自车周围的环境信息精确感知，目的在于为融合模块提供准确丰富的信息，包括被检测物体的类别、距离信息、速度信息、朝向信息，同时也能够给出抽象层面的语义信息。如图2-13 所示，自动驾驶的视觉感知功能主要包括动态目标检测（车辆、行人和非机动车）、静态物体识别（交通标志和交通信号灯）、可行驶区域的分割（道路区域和车道线）三个主要方面。

摄像头传感器相较于雷达传感器能获得更丰富的环境色彩信息，而且摄像头传感器相对成本较低，这使得视觉感知系统成为自动驾驶汽车环境感知不可或缺的一部分。近年来随着人工智能的迅速发展，基于深度学习的自动驾驶视觉感知技术逐步替代基于传统特征的自动驾驶感知技术，促进了视觉感知算法的进一步长远发展。下面主要从车道线识别、行人识别、车辆识别和交通标志识别这几个方向进行介绍，阐述各自的技术所面临的挑战和困难。

第2章 智能网联汽车环境感知技术

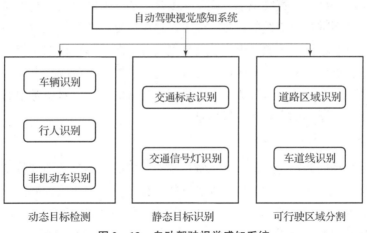

图2-13 自动驾驶视觉感知系统

1. 车道线识别

车道线识别可以通过识别车道线来确定车辆在当前车道中的位置，为后续的辅助驾驶甚至是自动驾驶系统实现车辆横向运动的主动安全功能和控制功能提供定位。如图2-14所示，车道线的识别可以确定当前车辆与车道的位置关系，进而实现车道偏离预警、车道保持辅助、车道居中辅助、自动变道辅助甚至是无人驾驶等功能。

图2-14 车道线识别

车道线有着其细长的独特结构，而且容易被车辆遮挡，在复杂的光线条件下车道线的识别也是一个难点。车道线的识别面临的主要挑战在于：

①车道线线型种类多，不规则路面检测车道线难度大，地面积水、无效标识、修补路面、阴影和夜晚情况下的车道线容易被误检、漏检。

②在上下坡、颠簸路面，车辆起停时，车道线识别容易拟合出梯形、倒梯形的车道线。

③当面对弯曲的车道线、远端的车道线、环岛的车道线时，车道线识别算法的拟合车道线难度较大，检测结果易闪烁。

随着深度学习的快速发展和车载处理器性能的提升，基于深度学习的车道线识别逐步取代基于传统图像处理的车道线识别。基于深度学习的车道线识别是利用深度学习来自动学习图像的特征从而进行车道线的检测,能更好地应对复杂的具有挑战性的自动驾驶环境工况,例如车道线被遮挡、车道线模糊、复杂光线等工况,与传统方法相比基于深度学习的提取特征方法检测精度更高、鲁棒性更好。现阶段主要的车道线感知算法是利用深度卷积神经网络的语义分割算法,这种算法能够进行端到端的学习,对图像中的像素点进行分类,可较好地提取车道线的类别和位置信息。

2. 行人识别

行人识别是采用安装在车辆前方的视觉传感器采集前方场景的图像信息,通过算法分析处理这些图像,实现对行人的识别并确定人的位置。行人识别是智能汽车先进驾驶辅助系统的重要组成部分。行人的行为具有非常大的随意性,再加上驾驶人在车内视野变窄以及长时间驾驶导致的视觉疲劳,使得行人在交通事故中很容易受到伤害。如图2-15所示,行人识别的目的是能够及时准确地检测出车辆前方的行人,并根据不同危险级别提供不同的预警提示,如距离车辆越近的行人危险级别越高,提示音也应越急促,以保证驾驶人有足够的反应时间,从而能够极大地降低甚至避免撞人事故的发生。

图2-15 行人识别

因为人体具有相当的柔性,因此会有各种姿态和形状,其外观受穿着、姿态、视角等影响非常大,另外还面临着遮挡、光照等因素的影响,这使得行人识别成为计算机视觉领域中一个极具挑战性的课题。行人识别要解决的主要难题是:

①行人外观差异大。这包括视角、姿态、服饰和附着物、光照、成像距离等。从不同的角度和距离看过去,行人的外观是不一样的;处于不同姿态的行人,外观差异也很大;由于人穿的衣服不同,以及打伞、戴帽子、戴围巾、提行李等附着物的影响,外观差异也非常大;光照的差异也导致了一些困难。

②遮挡问题。在很多应用场景中,行人非常密集,存在严重的遮挡,车辆摄像头只能看到人体的一部分,这给检测算法带来了严重的挑战。

③背景复杂。无论是室内还是室外,行人识别一般面临的背景都非常复杂,有些物体的外观和形状、颜色、纹理很像人体,导致算法无法准确区分。

行人识别在图像上可以用矩形框和置信度找出图像或者视频中的所有行人，可以与行人跟踪、行人重识别等技术结合应用于无人驾驶汽车，而且不局限于自动驾驶技术，也可以应用于人体行为分析、客流统计和智能交通等系统，具有广泛的用途。

3. 车辆识别

车辆识别（如图 2-16 所示）是计算机视觉领域的热点研究问题。其目标是通过综合运用图像处理、模式识别、机器学习、人工智能等技术，从静态或动态视频中快速检测出车辆目标及其相关特征信息，在智能交通、车辆跟踪、无人驾驶等领域具有极其广泛的应用需求和重要的研究价值。

图 2-16　车辆识别

当前，车辆识别遇到的主要挑战仍然是检测算法的精度、速度与实际需求之间的差距。实际应用中，车辆识别的高准确性需求要求将车辆检测算法的错误率降到最低，而实时性需要则要求车辆检测算法能够在可接受的计算能力、内存和存储条件下以足够高的帧速运行，做到实时检测。针对以上两点，车辆识别技术存在以下几点挑战：

①现实场景中，图像将受到光照变化、天气条件、成像仪器的路面阴影以及车辆被遮挡等因素的影响，导致车辆语义信息丢失，检测难度增大。

②现有标准数据集中所考虑的车辆对象类别数量远远小于现实世界中获取的图像中所包含的对象类别，当被检测图像中出现没有训练过的车辆对象时将大大降低检测的准确性。

③目前的图像数量呈现指数级别上升趋势，而智能交通系统、无人驾驶系统中设备有限的计算能力和存储空间无法做到实时检测。

④未来的难点在于分割图像中所有的对象类别，甚至是预测图像中将要出现的对象。

4. 交通标志识别

交通标志识别是智能交通系统的一个重要研究方向，也是未来无人驾驶发展的关键一环。特别是针对光照、遮挡等外部因素影响下，急需一个准确性高、鲁棒性强的交通标志识别系统，可以有效地减少交通事故的发生，保障人身安全和社会财产。如图 2-17 所示，交通标志识别属于静态的目标检测，不同于行人的识别，交通标志的位置一般不会改变。其面临的主要挑战和难点主要包括以下几个方面：

①交通标志识别属于小物体检测，在图像中所占的像素比极少，尤其远距离的路口，识别难度更大，在强光照的情况下，人眼都难以辨别。而且停在路口斑马线前的汽车，需要对红绿灯进行正确的识别后才能做下一步的判断。

②交通标志种类众多，采集到的数据易出现数量不均匀的情况。

③交通标志识别易受光照的影响，在不同光照条件下颜色难以区分，特别是在夜晚时，易造成误检。

图2-17　交通标志识别

2.3　基于雷达的环境感知技术

2.3.1　超声波雷达

1. 超声波传感器的定义

声音以波的形式传播称为声波。按频率分类，频率低于20 Hz的声波称为次声波；频率为20 Hz~20 kHz的声波称为可听波，即人耳能分辨的声波；频率大于20 kHz的声波称为超声波。超声波传感器也称超声波雷达，它是利用超声波的特性研制而成的传感器，是在超声频率范围内将交变的电信号转换成声信号或者将外界声场中的声信号转换为电信号的能量转换器件。超声波雷达如图2-18所示。

2. 超声波雷达的组成

超声波雷达由发射头（器）、接收头（器）、数据线和拨码开关组成（如图2-19所示）。发射头和接收头安装在同一面上，在有效的检测距离内，发射头发射特定频率的超声

图2-18　超声波雷达

波,遇到检测面反射部分超声波;接收头接收返回的超声波,由芯片记录声波的往返时间,并计算出距离值;数据线将数据传输给控制单元。不同用途的超声波雷达,内部结构是有一定差异的。

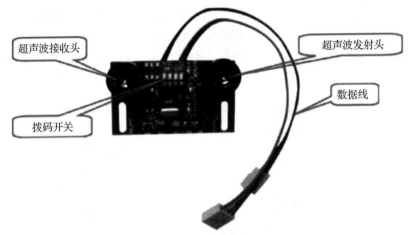

图 2-19 超声波雷达组成

3. 超声波传感器的特点

(1) 超声波雷达的优点

①超声波传感器有效探测距离一般在 5~10 m,但会有一个最小探测盲区,一般在几十毫米。

②超声波对色彩、光照度不敏感,可适用于识别透明、半透明及漫反射差的物体。

③超声波对外界光线和电磁场不敏感,可用于黑暗、有灰尘或烟雾、电磁干扰强、有毒等恶劣环境中。

④超声波传感器结构简单,体积小,成本低,信息处理简单可靠,易于小型化与集成化,并且可以进行实时控制。

⑤超声波雷达的频率都相对固定。例如,汽车上用的超声波雷达频率为 40 kHz。

(2) 超声波雷达的缺点

①超声波雷达适合于低速,在速度很高的情况下测量距离具有一定的局限性。这是因为超声波的传输速度容易受天气情况的影响,在不同的天气情况下,超声波的传输速度不同,而且传播速度较慢。当汽车高速行驶时,使用超声波测距无法跟上汽车车距的实时变化,误差较大。

②超声波有一定的扩散角,只能测量距离,不可以测量方位,所以只能在低速(如泊车)时使用,而且必须在汽车的前、后保险杠不同方位上安装多个超声波雷达。

③对于低矮、圆锥、过细的障碍物或者沟坎,超声波雷达不容易探测到。

④超声波的发射信号和余振信号都会对回波信号造成覆盖或者干扰,因此在低于某一距离后就会丧失探测功能,这就是普通超声波雷达的探测有盲区的原因之一,若在盲区内,则系统无法探测到障碍物。因此,比较好的解决办法是在安装超声波雷达的同时安装摄像头。

4. 超声波雷达的原理

超声波雷达的测距原理如图 2-20 所示。超声波发射头发出的超声波脉冲经媒质（空气）传到反射物表面，反射后通过媒质（空气）传到接收头，测出超声波脉冲从发射到接收所需的时间，根据媒质中的声速得出超声波到反射物表面之间的距离。设超声波到反射物表面的距离为 L，超声在空气中的传播速度为 v（约为 340 m/s），从发射到接收所需的传播时间为 t，当发射头和接收头之间的距离远小于超声波到反射物之间的距离时，则有 $L = vt/2$。只要能测出传播时间，即可求出测量距离。

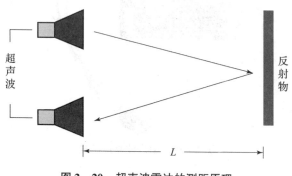

图 2-20 超声波雷达的测距原理

5. 超声波传感器的类型

常见的超声波传感器有两种：第一种是安装在汽车前后保险杠上的，也就是用于探测汽车前后障碍物的传感器，探测距离一般在 15~250 cm，称为停车距离控制传感器（PDA），也称为驻车辅助传感器（UPA）；第二种是安装在汽车侧面的，是用于测量停车位长度的超声波传感器，探测距离一般在 30~500 cm，称为自动泊车辅助传感器（PLA），也称为泊车辅助传感器（APA）。

2.3.2 毫米波雷达

1. 毫米波雷达的定义

毫米波雷达是工作在毫米波频段的雷达。毫米波是指波长为 1~10 mm 的电磁波，对应的频率范围为 30~300 GHz。毫米波雷达是 ADAS 核心传感器，主要用于自适应巡航控制系统、自动紧急制动系统、盲区监测系统、行人检测系统等。毫米波位于微波与远红外波相交叠的波长范围，所以毫米波兼有这两种波谱的优点，同时也有自己独特的性质。根据波的传播理论，频率越高，波长越短，分辨率越高，穿透能力越强，但在传播过程的损耗也越大，传输距离越短；频率越低，波长越长，绕射能力越强，传输距离越远。所以与微波相比，毫米波的分辨率高，指向性好，抗干扰能力强和探测性能好。与红外波相比，毫米波的大气衰减小，对烟雾和灰尘具有更好的穿透性，受天气影响小。

2. 毫米波雷达的组成

毫米波雷达的外形及内部结构如图 2-21 所示。

图 2-21 毫米波雷达的外形及内部结构

毫米波雷达的组成如图 2-22 所示,包括发射模块、接收模块、信号处理模块及天线。毫米波雷达在工作状态时,发射模块生成射频电信号,通过天线将电信号(电能)转化为电磁波发出,接收模块接收到射频信号后,将射频信号转换为低频信号,再由信号处理模块从信号中获取距离、速度和角度等信息。毫米波雷达工作的必要条件还在于软件算法的实现。

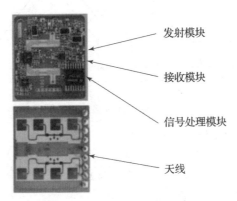

图 2-22 毫米波雷达的组成

3. 毫米波雷达的特点

(1) 毫米波雷达的优点

①探测距离远。毫米波雷达探测距离远,最远可达 250 m 左右。

②响应速度快。毫米波的传播速度与光速一样,并且其调制简单,配合高速信号处理系统,可以快速地测量出目标的角度、距离、速度等信息。

③适应能力强。毫米波具有很强的穿透能力,在雨、雪、大雾等恶劣天气依然可以正常工作,而且不受颜色与温度的影响。

(2) 毫米波雷达的缺点

①覆盖区域呈扇形,有盲点区域。

②无法识别交通标志。

③无法识别交通信号灯。

4. 毫米波雷达的原理

毫米波雷达利用多普勒效应测量得出目标的距离和速度,它通过发射源向给定目标发射毫米波信号,并分析发射信号频率和反射信号频率之间的差值,精确测量出目标相对于毫米波雷达的距离和速度等信息。

毫米波雷达通过发射模块发射毫米波信号,发射信号遇到目标后经目标的反射会产生反射波信号,发射信号与反射波信号相比形状相同,时间上存在差值。当目标与毫米波雷达信号发射源之间存在相对运动时,发射信号与反射波信号之间除存在时间差外,还会产生多普勒频率。毫米波雷达的测量原理如图2-23所示,其中,Δf 为调频带宽,f_d 为多普勒频率,f' 为发射信号与反射信号的频率差,T 为信号发射周期,Δt 为发射信号与反射波信号的时间间隔。

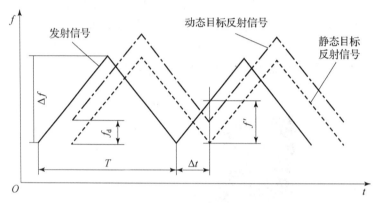

图2-23 毫米波雷达的测量原理

毫米波雷达测量的距离 s 和速度 v 分别为:

$$s = \frac{c\Delta t}{2} = \frac{cTf'}{4\Delta f} \quad (2-1)$$

$$v = \frac{cf_d}{2f_0} \quad (2-2)$$

式(2-1)和式(2-2)中,s 为相对距离;v 为相对速度;c 为光速;f_0 为发射信号的中心频率。

毫米波雷达的发射天线发射出毫米波信号后,遇到被监测目标反射回来,毫米波雷达与并列的接收天线,收到同一监测目标反射信号的相位差就可以计算出被监测目标的方位角。方位角测量原理如图2-24所示。毫米波雷达发射天线 TX 向目标发射毫米波,两根接收天线 RX1 和 RX2 接收目标反射信号。被监测目标的方位角 α_{AZ} 是将毫米波雷达接收天线 RX1 和接收天线 RX2 之间的几何距离 d,以及两根毫米波雷达天线所收到反射波的相位差 b,进行三角函数计算得到的值。

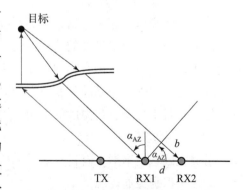

图2-24 方位角测量原理

5. 毫米波雷达的类型

毫米波雷达可以按照工作原理、探测距离和频段进行分类。

①按工作原理分类，毫米波雷达可以分为脉冲式毫米波雷达与调频式连续毫米波雷达两类。脉冲式毫米波雷达利用发射脉冲信号与接收脉冲信号之间的时间差来计算目标距离；调频式连续毫米波雷达是利用多普勒效应测量得出不同目标的距离和速度。脉冲方式测量原理简单，但由于受技术、元器件等方面的影响，实际应用中很难实现。目前，大多数车载毫米波雷达都采用调频式连续毫米波雷达。

②按探测距离分类，毫米波雷达可以分为近距离毫米波雷达（SRR）、中距离毫米波雷达（MRR）和远距离毫米波雷达（LRR）。

③按频段分类，毫米波雷达可以分为 24 GHz、60 GHz、77 GHz 和 79 GHz 毫米波雷达，主流可用频段为 24 GHz 和 77 GHz，79 GHz 有可能是未来发展趋势。

2.3.3 激光雷达

1. 激光雷达的定义

激光是原子（分子）受激辐射的光，是利用物质受激辐射原理和光放大过程产生出来的一种具有高亮度、高方向性的单色性和相干性的光。激光具有方向性好、单色性好、相干性好、能量集中、亮度最高等特性。

激光雷达是激光探测及测距系统的简称，是一种以激光器为发射光源，采用光电探测技术手段的主动遥感设备。激光雷达是工作在光波频段的雷达，它利用光波频段的电磁波先向目标发射探测信号，然后将其接收到的反射波信号与发射信号相比较，从而获得目标的位置（距离、方位和高度）、运动状态（速度、姿态）等信息，实现对目标的探测、跟踪和识别。

少线束激光雷达主要用于智能网联汽车的先进驾驶辅助系统，多线束激光雷达主要用于制作无人驾驶汽车的 3D 高精地图和车辆的识别等。线束机械式激光雷达，雷达外壳内有 40 对固定安装在转子上的激光发射器和激光接收器，通过电机旋转进行水平 360°的扫描。该激光雷达探测距离为 0.3~200 m，水平视场角为 360°，垂直视场角为 -16°~7°，线束 1~6 相邻两条线之间的垂直角分辨率为 1°，线束 6~30 相邻两条线之间的垂直角分辨率为 0.33°，线束 30~40 相邻两条线之间的垂直角分辨率为 1°。

激光雷达根据安装位置的不同，分为两大类：一类安装在无人驾驶汽车的四周，另一类安装在无人驾驶汽车的车顶。安装在无人驾驶汽车四周的激光雷达，其激光线束一般小于 8 线，常见的有单线激光雷达和 4 线激光雷达；安装在无人驾驶汽车车顶的激光雷达，其激光线束一般不小于 16 线，常见的有 16 线、32 线、64 线激光雷达。车载激光雷达普遍采用多个激光发射器和接收器，建立三维点云图，从而达到实时感知环境的目的。

2. 激光雷达的组成

激光雷达的组成如图 2-25 所示。

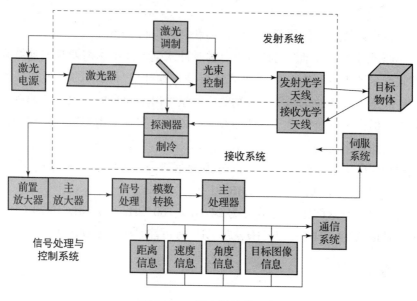

图 2-25 激光雷达的组成

智能网联汽车激光雷达系统由收发天线、收发前端、信号处理模块、汽车控制装置和报警模块组成。

①收发天线：可安装于车辆保险杠内，向车辆前方发出发射信号，并接收反射信号。

②收发前端：是雷达系统的核心部件，负责信号调制、射频信号的发射接收及接收信号解调。

③信号处理模块：自动分析、计算出与前方车辆的距离和相对速度，并且防止转弯时错误测量临近车道车辆距离的情况发生。

④汽车控制装置：是控制汽车的自动操作系统，实现自动减速慢速行车或紧急刹车。它通过限制发动机输出转矩、调节制动力及变速器挡位，控制汽车行驶速度。

⑤报警模块：根据设定的安全车距和报警距离，以适当方式给驾驶员报警，保障汽车安全行驶。

3. 激光雷达的特点

（1）激光雷达的优点

①分辨率高。激光雷达可以获得极高的角度分辨率、距离分辨率和速度分辨率。通常激光雷达的角分辨率不低于 0.1 mard，也就是说可以分辨 3 km 距离上相距 0.3 m 的两个目标，并可同时跟踪多个目标；距离分辨率可达 0.1 m；速度分辨率能到 10 m/s 以内。

②探测范围广。激光雷达探测距离可达 300 m 左右。

③信息量丰富。激光雷达可直接获取探测目标的距离、角度、反射强度、速度等信息，生成目标多维度图像。

④全天候工作。激光雷达主动探测，不依赖于外界光照条件或目标本身的辐射特性，它只需发射自己的激光束，通过探测发射激光束的反射波信号来获取目标信息。

(2) 激光雷达的缺点

①与毫米波雷达相比，产品体积大，成本高。

②不易识别交通标志和交通信号灯，容易受到大气条件以及工作环境烟尘的影响。

4. 激光雷达的原理

激光雷达的测距原理是通过测算激光发射信号与激光回波信号的往返时间，计算出目标的距离。首先，激光雷达发出激光束，激光束碰到障碍物后被反射回来，被激光接收系统进行接收和处理，从而得知激光从发射至被反射回来并接收之间的时间，即激光的飞行时间，根据飞行时间，可以计算出障碍物的距离。根据所发射激光信号的不同形式分类，激光测距方法有脉冲法、干涉法和相位法等。

(1) 脉冲法

用脉冲法测量距离时，首先激光器发出一个光脉冲，同时设定的计数器开始计数，当接收系统接收到经过障碍物反射回来的光脉冲时停止计数，计数器所记录的时间就是光脉冲从发射到接收所用的时间。光速是一个固定值，所以只要得到从发射到接收所用的时间就可以算出所要测量的距离。脉冲法激光测距原理如图2－26所示。

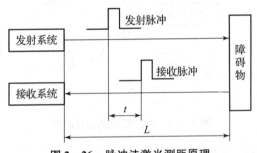

图 2－26 脉冲法激光测距原理

设 c 为光在空气中传播的速度，$c = 3 \times 10^8$ m/s，光脉冲从发射到接收的时间为 t，则待测距离为 $L = ct/2$。脉冲法激光测距所测得的距离比较远，发射功率较高，一般从几瓦到几十瓦不等，最大射程可达几十千米。脉冲法激光测距的关键之一是对激光飞行时间的精确测量。脉冲法测量的精度和分辨率与发射信号带宽或处理后的脉冲宽度有关，脉冲越窄，性能越好。

(2) 干涉法

干涉法的基本原理是利用光波的干涉特性而实现距离测量。根据干涉原理，产生干涉现象的条件是有两列相同频率、相同振动方向的光相互叠加，并且这两列光的相位差固定。干涉法激光测距原理如图2－27所示，通过激光器发射出一束激光，通过分光镜分为两束相干光波，两束光波各自经过反射镜 M_1 和 M_2 反射回来，在分光镜处又汇合到一起。由于两束光波的路程差不同，通过干涉后形成的明暗条纹也不同，因此传感器将干涉条纹转换为电信号之后就可以实现测距。

干涉法测距技术虽然已经很成熟，测量精度较高，但是它一般用于测量距离的变化，不能直接用它测量距离，所以干涉法测距一般应用于干涉仪、测振仪、陀螺仪中。

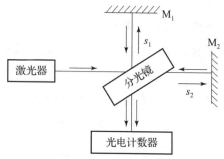

图 2-27 干涉法激光测距原理

(3) 相位法

相位法的测距原理是利用发射波和反射波之间形成的相位差来测量距离。首先经过调制的频率通过发射系统发出一个正弦波的光束,然后通过接收系统接收经过障碍物之后反射回来的激光。只要求出这两束光波之间的相位差,便可通过此相位差计算出待测距离。相位法激光测距原理如图 2-28 所示。

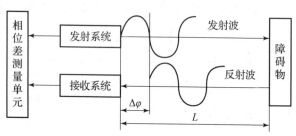

图 2-28 相位法激光测距原理

激光从发射到接收的时间为:

$$t = \frac{\Delta\varphi}{2f} \quad (2-3)$$

式 (2-3) 中,t 为激光从发射到接收的时间,$\Delta\varphi$ 为发射波和反射波之间的相位差,f 为正弦波频率。

待测距离 L 为:

$$L = \frac{1}{2}ct = \frac{c\Delta\varphi}{4\pi f} \quad (2-4)$$

相位法因其具有精度高、体积小、结构简单、昼夜可用的优点,被公认为是最有发展潜力的距离测量技术。相比于其他类型的测距方法,相位法朝着小型化、高稳定性、方便与其他仪器集成的方向发展。

5. 激光雷达的类型

激光雷达按有无机械旋转部件,可分为机械激光雷达、固态激光雷达和混合固态激光雷达。

(1) 机械激光雷达

机械激光雷达带有控制激光发射角度的旋转部件,测量精度相对较高,但其体积较大，价格昂贵。机械激光雷达一般置于汽车顶部。激光雷达厂商威力登（Velodyne）的 HDL-64E 机械激光雷达如图 2-29 所示，它采用 64 线束激光规格，性能出众，能够描绘出周围空间的 3D 形态，精度极高，甚至能够探测出百米内人类的细微动作。

图 2-29　HDL-64E 机械激光雷达

（2）固态激光雷达

固态激光雷达依靠电子部件来控制激光发射角度，无需机械旋转部件，故尺寸较小，可安装于车体内。国内某公司生产的固态激光雷达如图 2-30 所示，它的最大探测距离为 150 m，水平视场角为 -60°~60°，垂直视场角为 -12.5°~12.5°，视场角分辨率为 0.2°，尺寸为 120 mm × 110 mm × 50 mm，质量为 0.8 kg，可用于障碍物检测、障碍物识别分类、动态目标跟踪和可行驶区域检测。

（3）混合固态激光雷达

混合固态激光雷达没有大体积旋转结构，采用固定激光光源，通过内部玻璃片旋转的方式改变激光光束方向，实现多角度检测的需要，并且采用嵌入式安装。混合固态激光雷达如图 2-31 所示。

图 2-30　固态激光雷达

图 2-31　混合固态激光雷达

根据线束数量的多少，激光雷达又可分为单线束激光雷达与多线束激光雷达。单线束激光雷达扫描一次只产生一条扫描线，其所获得的数据为 2D 数据，因此无法区别有关目标物体的 3D 信息。不过，由于单线束激光雷达具有测量速度快、数据处理量少等特点，因此多被应用于安全防护、地形测绘等领域。单线束激光雷达成本低，只能测量距离。多线束激光雷达扫描一次可产生多条扫描线，目前市场上多线束激光雷达产品包括 4 线束、8 线束、16 线束、32 线束、64 线束等，又可细分为 2.5D 激光雷达及 3D 激光雷达。2.5D 激光雷达与 3D 激光雷达最大的区别在于激光雷达垂直视野的范围，前者垂直视野范围一般不超过 10°，而后者可达到 30°甚至 40°以上，这也就导致两者在汽车上的安装位置要求有所不同。

2.3.4 基于雷达的感知技术应用

1. 超声波雷达的应用

超声波传感器在智能网联汽车中最常见的应用是自动泊车辅助系统。自动泊车辅助系统包含8个PDC传感器（用于探测周围障碍物）和4个PLA传感器（用于测量停车位的长度）。当驾驶员驾驶汽车以30 km/h以下速度行驶，且与周围车辆的间距保持在0.5~1.5 m时，PLA传感器会自动检测两侧外部空间，探测到的所有合适的空间都会被系统存储下来，按下换挡手柄右侧功能键便可在仪表板显示屏上显示此时的周围状态。如果空间足够泊车，驾驶员可以停车后挂入倒挡，并慢速倒车。系统会按照事先计算好的轨迹自动控制前轮转向，无需驾驶员操纵转向盘。在自动泊车完成之后，驾驶员还可以在前后PDC传感器的帮助下将车进一步修正。

超声波雷达在汽车上的典型应用就是倒车雷达。倒车雷达经常与摄像头配合使用，形成倒车影像雷达系统，如图2-32所示。

图2-32 倒车影像雷达系统

2. 毫米波雷达的应用

毫米波雷达广泛应用于智能网联汽车的自适应巡航控制系统、前向碰撞预警系统、自动紧急制动系统、盲区监测系统、自动泊车辅助系统、变道辅助系统等先进驾驶辅助系统中。

3. 激光雷达的应用

激光雷达具有高精度电子地图和定位、障碍物识别、可通行空间检测、障碍物轨迹预测等功能。

①高精度电子地图和定位：利用多线束激光雷达的点云信息与车载组合惯导采集的信息，进行高精度电子地图制作；无人驾驶汽车利用激光点云信息与高精度电子地图匹配，以此实现高精度定位。

②障碍物识别：利用高精度电子地图限定感兴趣区域（ROI）后，根据障碍物特征和识别算法，进行障碍物检测与识别。

③可通行空间检测：利用高精度电子地图限定 ROI 后，可以根据 ROI 内部（比如可行驶道路和交叉口）点云的高度及连续性信息判断点云处是否可通行。

④障碍物轨迹预测：根据激光雷达的感知数据与障碍物所在车道的拓扑关系（道路连接关系）进行障碍物的轨迹预测，以此作为无人驾驶汽车规划（避障、换道、超车等）的判断依据。

2.4 传感器融合技术

2.4.1 传感器融合技术介绍

传感器融合就是利用计算机技术将来自多传感器或多源的信息和数据，在一定的准则下加以自动分析和综合，以完成所需要的决策和估算而进行的信息处理过程。传感器融合要求硬件同步、时间同步、空间同步和软件同步。硬件同步是指使用同一种硬件同时发布触发采集命令，实现各传感器采集、测量的时间同步，做到同一时刻采集相同的信息；时间同步是指通过统一的主机给各个传感器提供基准时间，各传感器根据已经校准后的时间为各自独立采集的数据加上时间戳信息，可以做到所有传感器时间戳同步，但由于各个传感器各自的采集周期相互独立，无法保证在同一时刻采集相同的信息；空间同步是指将不同传感器坐标系的测量值转换到同一个坐标系中，其中激光传感器在高速移动的情况下需要考虑当前速度下的帧内位移校准；软件同步是指时间同步和空间同步。

2.4.2 传感器融合技术原理

在自动驾驶技术中，现有的车载传感器包括超声波雷达、毫米波雷达、激光雷达以及视觉传感器等，各种传感器各有优劣，应根据各传感器的特点，在不同环境下选择不同的传感器。使用单一传感器无法完成无人驾驶的功能性与安全性的全面覆盖，比如仅靠视觉传感器识别物体，在遭遇大雾、雨雪等恶劣天气时很容易影响识别精度。因此，多传感器信息融合的优势在于，能够综合利用多种信息源的不同特点，多方位获得相关信息，从而提高整个系统的可靠性和精准度。未来传感器融合技术将显得更加重要，并且会成为一种趋势。多个传感器信息的融合是无人驾驶安全出行的前提。

传感器的融合就是将多个传感器获取的数据、信息集中在一起综合分析，以便更加准确、可靠地描述外界环境，从而提高系统决策的正确性。

多传感器融合的体系结构分为分布式、集中式和混合式。

①分布式。先对各个独立传感器所获得的原始数据进行局部处理，然后再将结果送入

信息融合中心进行智能优化组合来获得最终的结果。分布式体系结构对通信带宽的需求低、计算速度快、可靠性和延续性好,但跟踪的精度却远没有集中式高。

②集中式。集中式体系结构将各传感器获得的原始数据直接送至信息融合中心进行融合处理,可以实现实时融合。其优点是数据处理的精度高、算法灵活,缺点是对处理器的要求高、可靠性较低且数据量大,故难以实现。

③混合式。混合式多传感器信息融合体系结构中,部分传感器采用集中式融合方式,剩余的传感器采用分布式融合方式。混合式融合体系结构具有较强的适应能力,兼顾了集中式和分布式融合的优点,稳定性强。混合式融合方式的结构比前两种融合方式的结构复杂,这样就增加了通信和计算上的成本。

多传感器信息融合中,各种不同的传感器对应不同的工况环境和感知目标:毫米波雷达主要识别前向中远距离障碍物（0.5~150 m）,如路面车辆、行人和路障等;超声波雷达主要识别车身近距离障碍物（0.2~5 m）,如泊车过程中的路沿、静止的前后车辆以及过往的行人等。各传感器协同作用、互补不足,通过将障碍物角度、距离和速度等数据融合,刻画车身周边环境和可达空间范围。

2.4.3 传感器融合技术方案

1. 激光雷达和视觉传感器融合

激光雷达和视觉传感器融合是一个经典方案。在无人驾驶应用中,视觉传感器价格便宜,但是受环境光线影响较大,可靠性相对较低;激光雷达探测距离远,对物体运动判断精准,可靠性高,但价格高。视觉传感器可进行车道线检测、障碍物检测和交通标志的识别,激光雷达可进行路沿检测、动态和静态物体识别以及定位和地图创建。对于动态的物体,视觉传感器能判断出前后两帧中物体或行人是否为同一物体或行人,而激光雷达则可以在得到信息后测算出前后两帧间隔内的运动速度和运动位移。视觉传感器和激光雷达分别对物体进行识别后,再进行标定。对于安全性要求100%的无人驾驶汽车,激光雷达和视觉传感器融合将是未来的发展趋势。

2. 激光雷达和毫米波雷达融合

激光雷达和毫米波雷达融合是流行的新方案。毫米波雷达已经成为ADAS的核心传感器,它具有体积小、质量轻和空间分辨率高的特点,而且穿透雾、烟和灰尘的能力强,弥补了激光雷达的不足。虽然毫米波雷达的功能受制于波长,探测距离有限,也无法感知行人,并且无法对周边所有障碍物进行精准建模,但这恰恰是激光雷达的强项。激光雷达和毫米波雷达不仅可以在性能上实现互补,还可以大大降低使用成本,并为无人驾驶开发提供一个新的选择。

3. 视觉传感器和毫米波雷达融合

将视觉传感器和毫米波雷达进行融合,相互配合共同构成智能网联汽车的感知系统,二者取长补短,可以实现更稳定可靠的ADAS功能。视觉传感器与毫米波雷达融合具有以下优势:

① 可靠性：目标真实，可信度提高。
② 互补性：全天候应用与远距离提前预警。
③ 高精度：大视场角、全距离条件下的高性能定位。
④ 识别能力强：对各种复杂对象都能够识别。

在智能驾驶场景下，视觉传感器与毫米波雷达的融合大致有三种策略：图像级融合、目标级融合和信号级融合。图像级融合是以视觉传感器为主体，将毫米波雷达输出的整体信息进行图像特征转化，然后与视觉系统的图像输出进行融合；目标级融合是视觉传感器和毫米波雷达输出进行综合可信度加权，配合精度标定信息进行自适应的搜索匹配后融合输出；信号级融合是对视觉传感器和毫米波雷达传出的数据源进行融合，信号级融合的数据损失最小、可靠性最高，但运算成本高。

【扩展阅读】

小鹏汽车智能系统以中控大屏为核心，它除了是一个互联网的入口和终端，更多的是一个智能化的平台。中控大屏取代了传统中控实体按钮，而代之以一系列的虚拟按钮。小鹏汽车的智能控制系统专注于对车本身的智能控制，而非简单的互联网娱乐。通过中控大屏，驾驶人可以方便地控制方向盘位置、座椅位置、车灯开关、车窗升降、空调设定等，还可以进行驾驶风格的选择、底盘刚度的调节、制动能量回收强度的调节等。更重要的是，结合外围的传感器资源如智能相机、雷达、GPS等，能够搭建起智能驾驶平台，并且这个平台是可以根据用户的需求进行配置、裁剪或者扩展的。

【知识小结】

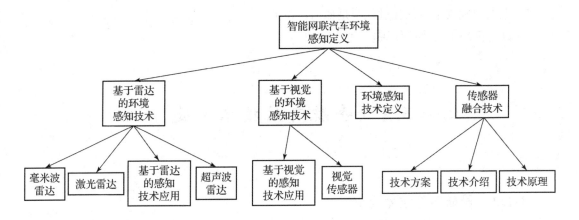

【复习题】

1. 简述智能网联汽车环境感知技术的定义。
2. 智能网联汽车视觉传感器有哪些？
3. 基于雷达的环境感知技术有哪些传感器？
4. 简述传感器融合技术。

第3章 智能网联汽车导航定位技术

【学习目标】

通过本章的学习,学生应该掌握智能网联汽车导航定位技术和各种传感器的基础知识,熟悉各种定位技术的优缺点及其发展状况与前景。

【案例引入】

在无人驾驶汽车中,人们可以聊天、办公、上网、开会等,不需要监管汽车,即可实现汽车全时定位、按设计路线行进。

请带着以下几个问题来进行本章的学习:

1. 上述功能是如何实现的?
2. 无人驾驶汽车在行驶过程中是如何定位的?
3. 高精度地图有哪些作用?

3.1 导航定位技术概述

3.1.1 导航定位技术定义

导航定位负责实时提供智能网联汽车的运动信息,包括位置、速度、姿态、加速度、角速度等,一般采用的是多传感器融合定位的方式。智能网联汽车的导航定位通过全球卫星定位系统(Global Positioning System,GPS)、北斗卫星导航定位系统(BeiDou Navigation Satellite System,BDS)、惯性导航系统(Inertial Navigation System,INS)、同步定位与地图构建(Simultaneous Localization and Mapping,SLAM)、激光雷达定位等,获取车辆的位置和航向信息。

3.1.2 导航定位技术方法

①绝对定位：是通过 GPS 或 BDS 实现的，采用双天线，通过卫星获得车辆在地球上的绝对位置和航向信息。绝对定位的基本原理：以 GPS 卫星和用户接收机天线之间的距离或距离差观测量为基础，根据已知的卫星瞬时坐标，来确定接收机天线所对应的点位，即观测站的位置。GPS 绝对定位方法的实质是测量学中的空间距离后方交会。原则上观测站位于以三颗卫星为球心，相应距离为半径的球与观测站所在平面交线的交点上。

②相对定位：是指根据车辆的初始位姿，通过惯性导航系统获得车辆的线加速度和角加速度信息，将其对时间进行积分，得到相对初始位姿的当前位姿信息。在绝对定位和相对定位中，又都包含静态和动态两种形式。

③组合定位：是将绝对定位和相对定位进行结合，以弥补单一定位方式的不足。

此外，按用户接收机作业时所处的状态划分：

①静态定位：在定位过程中，接收机位置静止不动，是固定的。静止状态只是相对的，在卫星大地测量中的静止状态通常是指待定点的位置相对其周围点位没有发生变化，或变化极其缓慢，以致在观测期内可以忽略。

②动态定位：在定位过程中，接收机天线处于运动状态。

3.2 传统定位技术

3.2.1 卫星定位技术

卫星定位，是利用人造地球卫星进行点位测量的技术，也是目前使用最为广泛、最受用户欢迎的定位技术。卫星定位的特点是精度高、速度快、使用成本低，目前正在大力发展其在智能驾驶汽车上的应用。

1. 卫星导航系统的组成部分

卫星导航系统由导航卫星、地面台站和用户定位设备三个部分组成。

①导航卫星：卫星导航系统的空间部分，由多颗导航卫星构成空间导航网。

②地面台站：跟踪、测量和预报卫星轨道并对卫星上设备的工作进行控制管理，通常包括跟踪站、遥测站、计算中心、注入站及时间统一系统等部分。跟踪站用于跟踪和测量卫星的位置坐标。遥测站接收卫星发来的遥测数据，以供地面监视和分析卫星上设备的工作情况。计算中心根据这些信息计算卫星的轨道，预报下一段时间内的轨道参数，确定需要传输给卫星的导航信息，并由注入站向卫星发送。

③用户定位设备：通常由接收机、定时器、数据预处理器、计算机和显示器等组成。

它接收卫星发来的微弱信号，从中解调并译出卫星轨道参数和定时信息等，同时测出导航参数（距离、距离差和距离变化率等），再由计算机算出用户的位置坐标（二维坐标或三维坐标）和速度矢量分量。用户定位设备分为船载、机载、车载和单人背负等多种型式。

2. 卫星导航的主要原理

卫星导航按测量导航参数的几何定位原理分为测角、时间测距、多普勒测速和组合法等，其中测角法和组合法因精度较低等原因没有实际应用。

①多普勒测速定位："子午仪"卫星导航系统采取这种方法。用户定位设备根据从导航卫星上接收到的信号频率与卫星上发送的信号频率之间的多普勒频移测得多普勒频移曲线，根据这个曲线和卫星轨道参数即可算出用户的位置。

②时间测距导航定位："导航星"全球定位系统采用这种方法。用户接收设备精确测量由系统中不在同一平面的4颗卫星（为保证结果唯一，4颗卫星不能在同一平面）发来信号的传播时间，然后完成一组包括4个方程式的模型数学运算，就可算出用户位置的三维坐标以及用户钟与系统时间的误差。

用户利用导航卫星所测得的自身地理位置坐标与其真实的地理位置坐标之差称为定位误差，它是卫星导航系统最重要的性能指标。定位精度主要决定于轨道预报精度、导航参数测量精度及其几何放大系数和用户动态特性测量精度。轨道预报精度主要受地球引力场模型影响和其他轨道摄动力影响；导航参数测量精度主要受卫星和用户设备性能、信号在电离层和对流层的折射、多路径等误差因素影响，它的几何放大系数由定位期间卫星与用户位置之间的几何关系图形决定；用户的动态特性测量精度是指用户在定位期间的航向、航速和天线高度测量精度。

3. 导航定位的分类

导航定位分二维和三维。二维定位只能确定用户在当地水平面内的经、纬度坐标；三维定位还能给出高度坐标。多普勒导航卫星的均方定位精度在静态时为 20～50 m（双频）及 80～400 m（单频）。在动态时，受航速等误差影响较大，定位精度会降低。时间测距导航卫星的三维定位精度可达十几米（军用），粗定位精度 100 m 左右（民用），测速精度优于 0.1 m/s，授时精度优于 1 μs。

全球导航卫星系统的类型包括美国的全球定位系统（GPS）、中国的北斗卫星导航定位系统（BDS）、俄罗斯的格洛纳斯系统（GLONASS）以及欧洲空间局的伽利略系统（GALILEO）。目前在我国智能驾驶上应用的大多是 GPS 和 BDS，以下是这两种定位系统的详细介绍。

（1）GPS

GPS 是由美国国防部建设的基于卫星的无线电导航定位系统。它能连续为世界各地的陆海空用户提供精确的位置、速度和时间信息，最大优势是覆盖全球，全天候工作，可以为高动态、高精度平台服务，目前已得到普遍应用。

GPS 定位技术的特点如下：

①全球全天候定位：因为 GPS 卫星数目较多，且分布均匀，保证了地球上任何地方任

何时间至少可以同时观测到 4 颗 GPS 卫星，确保实现全球全天候连续导航定位服务。

②覆盖范围广：能够覆盖全球 98% 的范围，可满足位于全球各地或近地空间的用户连续精确地确定三维位置、三维运动状态和时间的需要。

③定位精度高：民用 GPS 定位精度一般是在 3 m 左右，但是美国军用 GPS 的定位精度已经达到了 0.1 m。

④观测时间短：20 km 以内的静态相对定位仅需 15~20 min；快速静态相对定位测量时，当每个流动站与基准站相距 15 km 以内时，流动站观测时间只需 1~2 min；采取实时动态定位模式时，每站观测仅需几秒钟。

⑤全球统一的三维地心坐标：同时精确测定测站平面位置和大地高程。

⑥测站之间无须通视：只要求测站上空开阔，可省去经典测量中的传算点、过渡点等的测量工作。

GPS 定位的缺点在于其定位精度受环境影响较大，高楼、树木、隧道等都会屏蔽 GPS 信号，而且 GPS 更新周期长，远远不能满足自动驾驶的需求。

GPS 测量误差来源主要有以下 6 个方面：

①与卫星有关的误差：卫星钟差、卫星轨道误差、卫星天线相位偏差。

②与信号传播有关的误差：电离层延迟。

③与接收设备有关的误差：接收机钟差、接收机天线相位钟差、周跳及整周模糊度。

④相对论的影响：对卫星钟的影响、对接收机钟的影响。

⑤多路径的影响：单反射信号多路径的影响、多个反射信号路径的影响、墙面和地面反射信号路径的延迟。多路径效应也称多路径误差，即接收机天线除直接收到卫星发射的信号外，还可能收到经天线周围等事物一次或多次反射的卫星信号，两种信号叠加，将引起测量参考点位置变化，使观测量产生误差。在一般反射环境下，对测码伪距的影响达米级，对测相伪距影响达厘米级。在高反射环境中，影响显著增大，且常常导致卫星失锁和产生周跳。解决措施有：安置接收机天线的环境应避开较强发射面，如水面、平坦光滑的地面和建筑表面；选择造型适宜且屏蔽良好的天线，如扼流圈天线；适当延长观测时间，削弱周期性影响并改善接收机的电路设计。

⑥其他误差的影响：地球自转改正、潮汐的影响。

为了解决 GPS 的问题，采用差分定位的方法来实现定位，图 3-1 为差分方式实现高精度卫星定位原理。

差分全球定位系统（Differential Global Position System，DGPS）是在 GPS 的基础上利用差分技术使用户能够从 GPS 中获得更高的精度，由基准站、数据传输设备和移动站组成。根据 DGPS 基准站发送的信息方式可将差分 GPS 定位分为 3 类：

①位置差分：这是一种最简单的差分方法，任何一种 GPS 接收机均可改装和组成这种差分系统。安装在基准站上的 GPS 接收机观测 4 颗卫星后便可进行三维定位，解算出基准站的坐标。由于存在着轨道误差、时钟误差、SA（Selective Availability，选择可用性政策）影响、大气影响、多径效应以及其他误差，解算出的坐标与基准站的已知坐标不同，存在一个差值。基准站利用数据链将此改正数发送出去，由用户站接收，并且对其解算的用户站

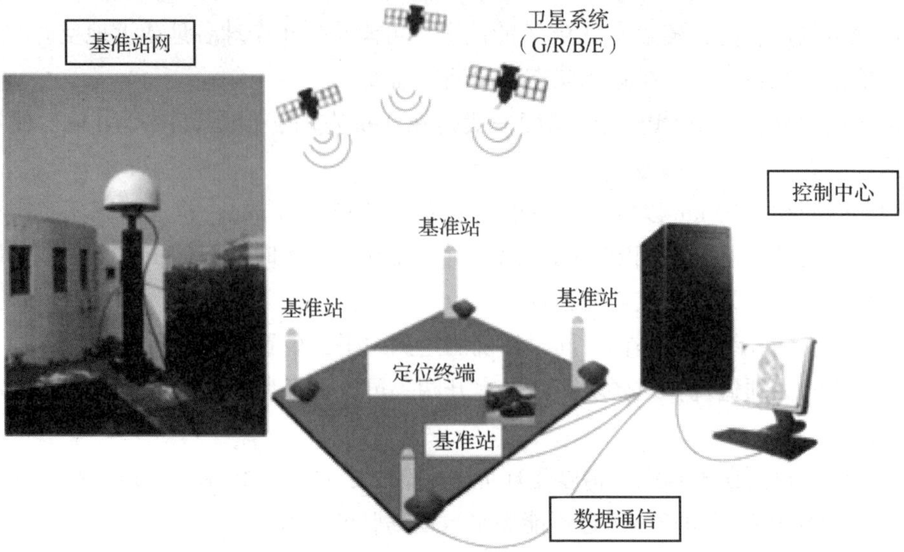

图 3-1 差分方式实现高精度卫星定位原理

坐标进行改正，最后得到的改正后的用户坐标已修正了基准站和用户站的共同误差，例如卫星轨道误差、SA 影响、大气影响等，提高了定位精度。位置差分法适用于用户与基准站间距离在 100 km 以内的情况。

②伪距差分原理：伪距差分是目前用途最广的一种技术，几乎所有的商用差分 GPS 接收机均采用这种技术。在基准站上的接收机要求得到它距可见卫星的距离，并将此计算出的距离与含有误差的测量值加以比较。利用一个 α-β 滤波器将此差值滤波并求出其偏差。然后将所有卫星的测距误差传输给用户，用户利用此测距误差来改正测量的伪距。最后，用户利用改正后的伪距来解出本身的位置，就可消去公共误差，提高定位精度。与位置差分相似，伪距差分能将两站公共误差抵消，但随着用户到基准站距离的增加又出现了系统误差，这种误差用任何差分法都是不能消除的。用户和基准站之间的距离对精度有决定性影响。

③载波相位差分原理：载波相位差分技术又称为 RTK（Real Time Kinematics）技术，是建立在实时处理两个测站的载波相位基础上的。它能实时提供观测点的三维坐标，并达到厘米级的高精度。与伪距差分原理相同，由基准站通过数据链实时将其载波观测量及站坐标信息一同传送给用户站。用户站接收 GPS 卫星的载波相位与来自基准站的载波相位，并组成相位差分观测值进行实时处理，能实时给出厘米级的定位结果。实现载波相位差分 GPS 的方法分为两类：修正法和差分法。前者与伪距差分相同，基准站将载波相位修正量发送给用户站，以改正其载波相位，然后求解坐标。后者将基准站采集的载波相位发送给用户站进行求差解算坐标。前者为准 RTK 技术，后者为真正的 RTK 技术。

（2）北斗系统

北斗系统是中国自行研制的全球卫星导航系统，由空间段、地面段和用户段三部分组成,可在全球范围内全天候、全天时为各类用户提供高精度、高可靠定位、导航、授时服务,并且具备短报文通信能力,已经初步具备区域导航、定位和授时能力,定位精度为分米、厘米级别,测速精度 0.2 m/s,授时精度 10 ns。

北斗系统具有以下特点:

①北斗系统空间段采用三种轨道卫星组,与其他卫星导航系统相比高轨卫星更多,抗遮挡能力强,尤其低纬度地区性能特点更为明显。

②北斗系统提供多个频点的导航信号,能够通过多频信号组合使用等方式提高服务精度。

③北斗系统创新融合了导航与通信能力,具有实时导航、快速定位、精确授时、位置报告和短报文通信服务五大功能。

北斗系统提供服务以来,已在交通运输、农林渔业、水文监测、气象测报、通信系统、电力调度、救灾减灾、公共安全等领域得到广泛应用,融入国家核心基础设施,产生了显著的经济效益和社会效益。

①交通运输方面:北斗系统广泛应用于重点运输过程监控、公路基础设施安全监控、港口高精度实时定位调度监控等领域。截至 2020 年 6 月,全国已有超过 660 万辆道路营运车辆、5.1 万辆邮政快递运输车辆、1 356 艘部系统公务船舶、8 600 座水上助导航设施、109 座沿海地基增强站、300 架通用航空器应用了北斗系统。在首架运输航空器上也安装使用了北斗系统,实现零的突破。

②农林渔业方面:基于北斗系统的农机作业监管平台实现农机远程管理与精准作业,服务农机设备超过 5 万台,精细农业产量提高 5%,农机油耗节约 10%。定位与短报文通信功能在森林防火等应用中发挥了突出作用。北斗系统为渔业管理部门提供船位监控、紧急救援、信息发布、渔船出入港管理等服务,全国 7 万余只渔船和执法船安装北斗系统终端,累计救助 1 万余人。

③水文监测方面:成功应用于多山地域水文测报信息的实时传输,提高灾情预报的准确性,为制定防洪抗旱调度方案提供重要支持。

④气象测报方面:研制一系列气象测报型北斗系统终端设备,形成系统应用解决方案,提高了国内高空气象探空系统的观测精度、自动化水平和应急观测能力。

⑤通信系统方面:突破光纤拉远等关键技术,研制出一体化卫星授时系统,开展北斗系统双向授时应用。

⑥电力调度方面:开展基于北斗系统的电力时间同步应用,为在电力事故分析、电力预警系统、保护系统等高精度时间应用创造了条件。

⑦救灾减灾方面:基于北斗系统的导航、定位、短报文通信功能,提供实时救灾指挥调度、应急通信、灾情信息快速上报与共享等服务,显著提高了灾害应急救援的快速反应能力和决策能力。

⑧公共安全方面:全国 40 余万部警用终端联入警用位置服务平台,北斗系统在亚太经济合作组织会议、二十国集团峰会等重大活动安保中发挥了重要作用。

北斗系统发展前景广阔。基于北斗的导航服务已被电子商务、移动智能终端制造、位置服务等厂商采用，广泛进入中国大众消费、共享经济和民生领域，深刻改变着人们的生产生活方式。

中国正在积极实施北斗系统建设工作，其目标是：建成独立自主、开放兼容、技术先进、稳定可靠的覆盖全球的北斗卫星导航系统，促进卫星导航产业链形成，形成完善的国家卫星导航应用产业支撑、推广和保障体系，推动卫星导航在国民经济和社会各行业的广泛应用。北斗卫星导航系统正按照"质量、安全、应用、效益"的总要求，坚持"自主、开放、兼容、渐进"的发展原则，按照"三步走"发展战略，稳步推进。

智能驾驶需要定位导航、环境感知、路径规划、决策控制，定位导航技术决定车辆高精度位置和姿态感知，是核心技术之一。北斗系统是智能汽车的眼睛，在国家制定的智能网联汽车发展规划中，已明确提出要大力推广北斗系统在智能网联汽车和无人驾驶汽车中的应用，不久的将来，一定可以看到这一技术突飞猛进的发展。

3.2.2 惯性导航技术

惯性导航系统是一种不依赖于外部信息、也不向外部辐射能量的自主式导航系统。其工作环境不仅包括空中、地面，还可以在水下。惯性导航的基本工作原理是以牛顿力学定律为基础，通过测量载体在惯性参考系的加速度，将它对时间进行积分，把它变换到导航坐标系中，就能够得到在导航坐标系中的速度、偏航角和位置等信息。

惯性导航系统属于推算导航方式，即从一已知点的位置根据连续测得的运动体航向角和速度推算出其下一点的位置，因而可连续测出运动体的当前位置。惯性导航系统中的陀螺仪用来形成一个导航坐标系，使加速度计的测量轴稳定在该坐标系中，并给出航向和姿态角；加速度计用来测量运动体的加速度，经过对时间的一次积分得到速度，速度再经过对时间的一次积分即可得到位移。

现代比较常见的几种导航技术，包括天文导航、惯性导航、卫星导航、无线电导航等，其中只有惯性导航是自主的，既不向外界辐射东西，也不用看天空中的恒星或接收外部的信号，它的隐蔽性是最好的。

1. 定义

惯性导航系统是以陀螺仪和加速度计为敏感器件的导航参数解算系统，该系统根据陀螺仪的输出建立导航坐标系，根据加速度计输出解算出运载体在导航坐标系中的速度和位置。

2. 组成

惯性导航系统由陀螺仪、加速度传感器及软件构成，通过测量运动载体的角速度和加速度数据，并将这些数据对时间进行积分运算，从而得到运动载体的速度、位置和姿态。一个惯性导航需要配置三个加速度传感器和三个陀螺仪。陀螺仪形成一个导航坐标系，使加速度传感器的测量轴稳定在这个坐标系中，并且测量载体的角速度；加速度传感器测量载体的加速度，根据牛顿第二定律，对时间二次积分就可以得到运动的行程。根据测量得到的瞬时变量再经过一系列的运算，就可以计算出载体的位置信息。图3-2为加速度传感器，图3-3为陀螺仪示意图。

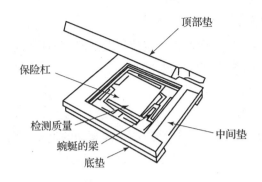

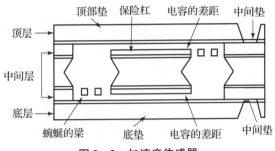

图 3-2 加速度传感器

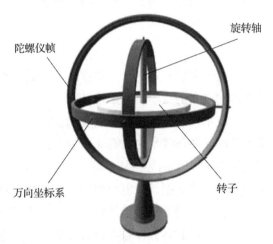

图 3-3 陀螺仪示意图

惯性导航主要依靠惯性导航传感器来实现,目前市面上最常用的有两种,分别是高精度单轴惯性测量传感器和高精度六轴惯性测量传感器。

3. 惯性导航的优势

①由于它是不依赖于任何外部信息,也不向外部辐射能量的自主式系统,故隐蔽性好,也不受外界电磁干扰的影响。

②可全天候、全时间地工作于空中、地球表面乃至水下。

③能提供位置、速度、航向和姿态角数据,所产生的导航信息连续性好而且噪声低。

④数据更新率高,短期精度和稳定性好。

4. 惯性导航的局限

①由于导航信息经过积分而产生，定位误差随时间而增大，长期精度差。
②每次使用之前需要较长的初始对准时间。
③设备的价格较昂贵。
④不能给出时间信息。

惯性导航有固定的漂移率，这样会造成物体运动的误差，因此射程远的武器通常会采用指令、GPS等对惯性导航进行定时修正，以获取持续准确的位置参数。惯性导航系统目前已经发展出挠性惯导、光纤惯导、激光惯导、微固态惯性仪表等多种方式。陀螺仪由传统的绕线陀螺发展到静电陀螺、激光陀螺、光纤陀螺（FOG）、微机械陀螺（MEMS）等。激光陀螺测量动态范围宽，线性度好，性能稳定，具有良好的温度稳定性和重复性，在高精度的应用领域中一直占据着主导位置。由于科技进步，成本较低的光纤陀螺和微机械陀螺精度越来越高，是未来陀螺技术发展的方向。

5. GPS与惯性导航组合的取长补短

GPS是应用最广泛的定位系统，它使用方便，成本低，目前民用定位精度可达到3 m，军用定位精度可达0.1 m。然而，GPS的应用也面临着易受干扰、动态环境可靠性差、数据输出频率低、高层建筑卫星信号闭塞等问题。如果将GPS和惯性导航系统结合起来，两个导航系统可以相互补充，形成一个有机的整体。

6. 惯性导航技术的重要性

惯性技术是对载体进行导航的关键技术之一，惯性技术是利用惯性原理或其他有关原理，自主测量和控制运载体运动过程的技术，它是惯性导航、惯性制导、惯性测量和惯性敏感器技术的总称。现代惯性技术在各国政府雄厚资金的支持下，已经从最初的军事应用转化到民用领域。惯性技术在国防装备技术中占有非常重要的地位。对于惯性制导的中远程导弹，一般来说命中精度70%取决于制导系统的精度。对于导弹核潜艇，由于潜航时间长，其位置和速度是变化的，而这些数据是发射导弹的初始参数，直接影响导弹的命中精度，因而需要提供高精度位置、速度和垂直对准信号。目前适用于潜艇的唯一导航设备就是惯性导航系统。惯性导航完全是依靠运载体自身设备独立自主地进行导航，不依赖外部信息，具有隐蔽性好、工作不受气象条件和人为干扰影响的优点。对于远程巡航导弹，惯性制导系统加上地图匹配技术或其他制导技术，可保证它飞越几千千米之后仍能以很高的精度击中目标。惯性技术已经逐步推广到航天、航空、航海、石油开发、大地测量、海洋调查、地质钻探、机器人技术和铁路等领域，随着新型惯性敏感器件的出现，惯性技术在汽车工业、医疗电子设备中都得到了应用。因此惯性技术不仅在国防现代化中占有十分重要的地位，在国民经济各个领域中也日益显示出它的巨大作用。

7. 惯性导航技术的发展状况及前景

惯性导航系统在自动驾驶中的应用属于起步阶段，短期内竞争力主要体现在算法上。算法包括了惯性传感器的标定等硬件信息的处理，速度、加速度、航向及姿态的确定，以及与其他传感器信息、车身信息的融合等主要模块。算法的优劣决定传感器是否能发挥其最佳性能,也决定了惯性导航系统的稳定性和可靠性;从长远看,惯性导航系统的竞争力体现在惯性传感器芯片上。自动驾驶技术级别的提升,对惯性传感器芯片的性能要求将持续提高;同时随着惯性导航系统算法的不断成熟,通过算法优化来提升系统性能的空间越来越小,而对惯性传感器芯片硬件性能的依赖程度则会相应提高。惯性传感器芯片的设计、制造、封测及标定将成为惯性导航系统中比较关键的环节。

自动驾驶是汽车产业与人工智能、物联网、云计算等新一代信息技术深度融合的产物,自动驾驶是一个庞大而且复杂的工程,涉及的技术很多,它也是当前汽车行业与出行领域智能化和网联化发展的主要方向,已成为各国争抢的战略制高点。高精度行车定位技术以及高精度地图技术是自动驾驶汽车的两项核心技术,也是自动驾驶破局的关键点。在定位系统中,所有需要用到 GPS 的地方都需要使用惯性导航系统,例如车辆定位、激光雷达的 GPS 接口等。在 GPS 信号丢失的时候,惯性导航能够将定位信号模拟出来。但惯性导航系统成本昂贵,如何攻克惯导技术难关,如何生产大批量车规级惯性导航装置一直是业界难题。随着这些年政府各种鼓励政策的发布和科学技术的发展,国产惯性导航也有了突破。

3.2.3　基站定位技术

基站定位(Location Based Service,LBS)包括两层含义:首先是确定移动设备或用户所在的地理位置;其次是提供与位置相关的各类信息服务,即与定位相关的各类服务系统,简称"定位服务"。基站定位技术已经成为一项热门技术,目前正在推动其在智能驾驶上广泛应用。图 3-4 为基站定位示意图。

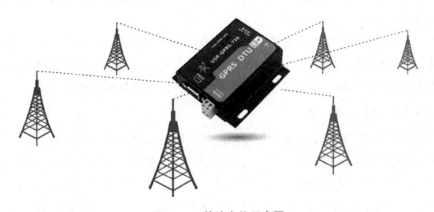

图 3-4　基站定位示意图

1. 基站定位技术的类型

从定位计算的原理划分,基站定位技术大致可以分为三种类型:基于三角关系和运算的定位技术、基于场景分析的定位技术和基于临近关系的定位技术。

(1)基于三角关系和运算的定位技术

这种定位技术是根据测量得出的数据,利用几何三角关系计算被测物体的位置,它是最主要的也是应用最为广泛的一种定位技术。基于三角关系和运算的定位技术可以细分为两种：基于距离测量的定位技术和基于角度测量的定位技术。

①基于距离测量的定位技术。这种定位技术首先需要测量已知位置的参考点与被测物体之间的距离，然后利用三角知识计算被测物体的位置。具体而言，距离测量的方法包括：直接通过物理动作和移动来测量参考点与被测物体之间的距离；测量参考点与被测物体之间的无线电波传播时间；测量无线电波能量从参考点与被测物体之间的衰减。

②基于角度测量的定位技术。基于角度测量的定位技术与基于距离测量的定位技术在原理上是相似的，两者主要的不同在于前者测量的主要是角度，而后者测量的是距离。一般来说，如果要计算被测物体的平面位置（即二维位置），则需要测量两个角度和一个距离。

（2）基于场景分析的定位技术

这种定位技术对定位的特定环境进行抽象和形式化，用一些具体的、量化的参数描述定位环境中的各个位置，并用一个数据库把这些信息集成在一起。观察者根据被测物体所在位置的特征查询数据库，并根据特定的匹配规则确定被测物体的位置。由此可以看出，这种定位技术的核心是位置特征数据库和匹配规则，它本质上是一种模式识别方法。

（3）基于临近关系的定位技术

这种定位技术的原理是：根据被测物体与一个或多个已知位置的临近关系来定位。这种定位技术通常需要标识系统的辅助，以特定的标识来确定已知的各个位置。这种定位技术最常见的例子是移动蜂窝通信网络中的 Cell ID。

2. 基站定位特点

①一方面要求覆盖的范围足够大，另一方面要求覆盖的范围包括车内，从高层建筑和地下设施必须保证覆盖到每个角落。

②定位应该根据用户服务需求的不同提供不同的精度服务，并可以提供给用户选择精度的权利。定位精度一方面与采用的定位技术有关，另一方面还取决于提供业务的外部环境，包括无线电传播环境、基站的密度和地理位置，以及定位所用设备等。

3. GPS 与基站定位的区别

①定位方式不同：基站定位是根据看到的通信铁塔为基准进行的定位。只要在信号覆盖的地方，随时随地都会接收到几个信号塔的信号，根据信号方向、强弱、信号传递时间等要素，可以得出汽车的大概位置。GPS 定位是接收卫星信号通过交付计算进行的定位。智能汽车 GPS 接收器根据所接收到卫星信号的不同方向、信号到达时间计算出自己当前位置的经纬度和海拔高度。

②精度不同：基站定位的方法，在没有基站的位置上，误差范围会比较大，并且有些地方没有基站是不能实现定位功能的。GPS 卫星定位准确、稳定，具有定位迅速等优势。

③成本和受影响程度不同：基站定位的优势是方便、成本低，因为它是通过现有的基站进行定位的。理论上说，只要计算三个基站的信号差异，就可以判断出该设备所在的位置，而不受天气、高楼、位置等影响，而 GPS 设备成本高且受天气和位置的影响较大。

高精度定位是无人驾驶汽车的核心关键技术,所谓高精度是指定位精度达到厘米级,究竟哪种方案是最佳的,有待验证。

3.3 同步定位与地图构建技术

SLAM 的英文全称是 Simultaneous Localization and Mapping,中文称作同步定位与地图构建。它是指运动物体根据传感器的信息,一边计算自身位置,一边构建环境地图的过程。目前,SLAM 的应用领域主要有机器人、虚拟现实、增强现实和智能驾驶。其用途包括传感器自身的定位,以及后续的路径规划、场景理解。

3.3.1 SLAM 的典型应用领域

①机器人定位导航领域:地图建模。SLAM 可以辅助机器人执行路径规划、自主探索、导航等任务。例如可以通过 SLAM 算法结合激光雷达或者摄像头的方法,让扫地机高效绘制室内地图,智能分析和规划扫地环境。图 3-5 为自主 SLAM 激光导航的搬运机器人。

②VR/AR 方面:辅助增强视觉效果。SLAM 技术能够构建视觉效果更为真实的地图,从而针对当前视角渲染虚拟物体的叠加效果,使之更真实没有违和感。图 3-6 为 VR 使用图。

图 3-5 搬运机器人

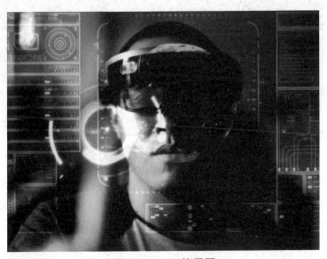

图 3-6 VR 使用图

③无人机领域：地图建模。SLAM 可以快速构建局部 3D 地图，并与地理信息系统（GIS）、视觉对象识别技术相结合，可以辅助无人机识别路障并自动避障规划路径。图 3-7 为无人机。

图 3-7　无人机

④无人驾驶领域：视觉里程计。SLAM 技术可以提供视觉里程计功能，并与 GPS 等其他定位方式相融合，从而满足无人驾驶精准定位的需求。图 3-8 为无人驾驶汽车。

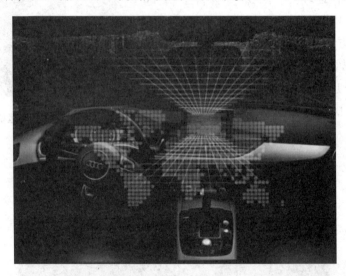

图 3-8　无人驾驶汽车

SLAM 应用在智能驾驶中试图解决这样的问题：一辆汽车在未知的环境中运动，如何通过对环境的观测确定自身的运动轨迹，同时构建出环境的地图。SLAM 技术正是为了实现这个目标涉及的诸多技术的总和，它通常包括特征提取、数据关联、状态估计、状态更新以及特征更新等几个部分。

3.3.2 SLAM 框架

SLAM 框架如图 3-9 所示，一般分为五个模块，包括传感器数据、视觉里程计、后端、建图及回环检测。

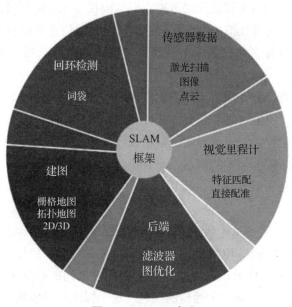

图 3-9　SLAM 框架

①传感器数据：主要用于采集实际环境中的各类型原始数据，包括激光扫描数据、视频图像数据、点云数据等。

②视觉里程计：主要用于不同时刻间移动目标相对位置的估算。包括特征匹配、直接配准等算法的应用。

③后端：主要用于优化视觉里程计带来的累计误差，包括滤波器、图优化等算法应用。

④建图：用于三维地图构建。

⑤回环检测：主要用于空间累积误差消除。

其工作流程大致为：传感器读取数据后，视觉里程计估计两个时刻的相对运动，后端处理视觉里程计估计结果的累积误差，建图则根据前端与后端得到的运动轨迹来建立地图，回环检测考虑了同一场景不同时刻的图像，提供了空间上约束来消除累积误差。

传感器种类和安装方式的不同，导致 SLAM 的实现方式和难度会有很大差异。按传感器来分，SLAM 主要分为视觉、激光两大类。其中，激光 SLAM 研究较早，理论和工程均比较成熟。视觉 SLAM 目前大部分还处在实验室研究阶段，实际产品应用很少。

3.3.3　视觉 SLAM 技术

眼睛是人类获取外界信息的主要来源。视觉 SLAM 也具有类似特点，它可以从环境中获取海量的、富于冗余的纹理信息，拥有超强的场景辨识能力。早期的视觉 SLAM 基于滤波理论，其非线性的误差模型和巨大的计算量成了它实用落地的障碍。近年来，随着具有稀疏性的非线性优化理论以及相机技术、计算性能的进步，实时运行的视觉SLAM已经不再是梦想。

视觉SLAM的优点是它可以利用丰富的纹理信息。例如两块尺寸相同内容却不同的广告牌，基于点云的激光SLAM算法无法区别它们，而视觉SLAM则可以轻易分辨。这带来了重定位、场景分类上无可比拟的巨大优势。同时，视觉信息可以较为容易地被用来跟踪和预测场景中的动态目标，如行人、车辆等，对于在复杂动态场景中的应用这是至关重要的。

视觉传感器很难直接获得相对于环境的直接距离信息，而必须通过两帧或多帧图像来估计自身的位姿变化，再通过累积位姿变化计算当前位置。这种方法更类似于直接用里程计进行定位，即视觉里程计。里程计的测量积分后才相当于激光传感器直接获得的定位信息，这就是图优化SLAM框架中的前端。而后端对定位和位姿轨迹的优化本质上与激光传感器的优化相同，都基于最优估计的理论框架进行，应用于AR、机器人、无人机、无人驾驶等领域。

以传感器而论，视觉SLAM研究主要分为三大类：单目、双目（或多目）、RGBD（RGBD = RGB + Depth Map）。RGB色彩模式是工业界的一种颜色标准，是通过对红（R）、绿（G）、蓝（B）三个颜色通道的变化以及它们相互之间的叠加来得到各式各样的颜色的，RGB即是代表红、绿、蓝三个通道的颜色，这个标准几乎包括了人类视力所能感知的所有颜色，是目前运用最广的颜色系统之一。在3D计算机图形中，Depth Map（深度图）是包含与视点的场景对象表面的距离有关的信息图像或图像通道。其中，Depth Map类似于灰度图像，只是它的每个像素值是传感器距离物体的实际距离。通常RGB图像和Depth图像是配准的，因而像素点之间具有一对一的对应关系。其余还有鱼眼、全景等特殊相机，但是在研究和产品中都属于少数。此外，结合惯性测量器件（Inertial Measurement Unit，IMU）的视觉SLAM也是现在研究热点之一。就实现难度而言，可以大致将这三类方法排序为：单目视觉 > 双目视觉 > RGBD。

①单目相机（如图3-10所示）SLAM简称Mono-SLAM，即只用一个摄像头就可以完成SLAM。这样做的好处是传感器设计简单、成本低廉，所以单目相机SLAM非常受研究者关注。相比别的视觉传感器，单目最大的问题在于没法确切地得到深度。

②双目相机（如图3-11所示）是通过多个相机之间的基线，估计空间点的位置。与单目不同的是，立体视觉既可以在运动时估计深度，亦可在静止时估计，解决了单目视觉的许多缺陷。不过，双目或多目相机配置与标定均较为复杂，其深度量程也受到双目的基线与分辨率限制。通过双目图像计算像素距离，是一件非常消耗计算量的事情，现在多用现场可编程门阵列（Field Programmable Gate Array，FPGA）来完成。FPGA是在PAL（可编程阵列逻

图3-10 单目相机

辑)、GAL(通用阵列逻辑)等可编程器件的基础上进一步发展的产物,它是作为专用集成电路领域中的一种半定制电路而出现的,既克服了定制电路的不足,又改善了原有可编程器件门电路数有限的缺点。

图 3-11 双目相机

③RGBD 相机(如图 3-12 所示)是 2010 年左右开始兴起的一种相机,它最大的特点是可以利用红外结构光或飞行时间原理,直接测出图像中各像素离相机的距离。因此,它比传统相机能够提供更丰富的信息,也不必像单目或双目那样费时费力地计算深度。不过,现在多数传统 RGBD 相机还存在测量范围窄、噪声大、视野小等诸多问题。出于量程的限制,主要用于室内 SLAM。

图 3-12 RGBD 相机

3.3.4 激光 SLAM 技术

激光 SLAM 采用 2D 或 3D 激光雷达,也叫单线或多线激光雷达,2D 激光雷达一般用于室内机器人,例如扫地机器人,而 3D 激光雷达一般用于无人驾驶领域。激光雷达的出现和普及使得测量更快更准,信息更丰富。激光雷达采集到的物体信息呈现出一系列分散的、具有准确角度和距离信息的点,被称为点云。通常,激光 SLAM 系统通过对不同时刻两片点云的匹配与比对,计算激光雷达相对运动的距离和姿态的改变,也就完成了对机器人自身的定位。

激光雷达测距比较准确,误差模型简单,在强光直射以外的环境中运行稳定,点云的处理也比较容易。同时,点云信息本身包含直接的几何关系,使得机器人的路径规划和导航变得更为直观。激光 SLAM 理论研究也相对成熟,落地产品更丰富,早在 2005 年的时候,激光 SLAM 框架已初步确定。激光 SLAM 是目前最稳定、最主流的定位导航方法,分为基于滤波的 SLAM 和基于图优化的 SLAM 两种。

①基于贝叶斯滤波器的方法包括卡尔曼滤波器（Kalman Filter）、扩展卡尔曼滤波器（Extended Kalman Filter）、粒子滤波器（Particle Filter）等，属于贝叶斯迭代状态估计理论，即先对机器运动进行建模，构造出贴合物理场景的运动方程和观测方程，如轮式机器人常使用基于速度的运动模型。之后，套用卡尔曼滤波的五条公式，进行状态预测和测量更新。状态预测依靠运动方程，从当前状态估计出下一时刻的机器运动状态。而测量更新，则是在机器观测到新的点时，对之前的预测值进行修正。可以看到，该过程是一个递归估计过程，从 k 时刻到 $k+1$ 时刻的估计。

由于卡尔曼滤波算法是针对线性系统且高斯分布的最优无偏估计，而实际场景中，无人驾驶汽车的运动并不满足线性特性，且噪声项不满足高斯分布，因此使用卡尔曼滤波不能精确地计算出结果。扩展卡尔曼滤波可以将线性系统约束扩展到非线性系统，以便获得更好的结果。然而其依旧不能逃出高斯分布的限制，因而实际中使用粒子滤波代替上述方案。粒子滤波类 SLAM 不依赖参数化的运动方程，使用大规模粒子点去模拟无参数化的分布，理论上可以近似各种分布。

滤波类算法最大的问题，是无法处理大尺度场景的建图。由于滤波类算法是基于递归计算，下一时刻的估计值依赖于上一时刻的估计，因而在大尺度场景下，系统参数和传感器观测的不确定性，会造成误差的逐渐累积，一旦当前时刻的估计出现偏差，之后是无法修正该误差的，其结果是最后无法获得一致性的地图。

②基于图优化的 SLAM 出现解决了一致性建图的问题。如果说滤波类 SLAM 是属于序惯估计的话，基于图优化则是属于批处理。图优化 SLAM 是目前主流的 SLAM 方案，其主要分为两个模块，即前端和后端，如图 3-13 所示。

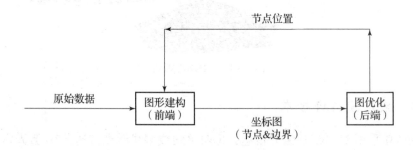

图 3-13　图优化 SLAM 的前端和后端模块

前端负责从里程计和激光数据中求得汽车位姿，后端采用回环检测，构造闭环约束，通过最小化观测和估计残差求得优化后的汽车位姿。

前端方面先从里程计获得初始的位姿，之后通过激光数据连续帧匹配，求得激光约束后的位姿，这里需要使用一次观测信息。在连续帧匹配上，有最近点迭代算法（Iterative Closest Point，ICP）、正态分布转换（Normal Distributions Transform，NDT）、暴力匹配等算法。如目前主流的激光 SLAM——Cartographer 采用暴力匹配作为前端方法，即使用激光扫描匹配。在无人驾驶汽车运动中，通过匹配前后两帧的激光变化，求得其相对运动，而其中的一个关键模块是三维窗口遍历寻优，这是一种穷举搜索算法。针对平面运动的汽车,可以将汽车位姿分解为三个维度,即 x 轴、y 轴、角度轴,通过构建三层 for 循环,分别对 x 方向、y 方向、旋转角度方向进行遍历搜索,寻找到最优的位姿匹配作为估计结果。

但是前端属于局部估计,即只能估计当前时刻汽车相对上一个时刻的位姿变化。事实上,由于估计所引入的误差,随着运动范围的扩大,该误差会逐渐累积,最终导致错误的结果,这个问题和滤波器类 SLAM 一样。解决该问题,可以使用闭环检测(Loop Closure)的图优化后端。通过判断汽车是否回到历史中的某一点,构建闭环约束,通过非线性优化将运动过程中的误差分散到参与优化的每个位姿中,从而消除误差累积。

一直以来,不管是产业界还是学术界,对激光 SLAM 和视觉 SLAM 到底谁更胜一筹,谁是未来的主流趋势这一问题,都有自己的看法和见解,下面从几个方面对比激光 SLAM 和视觉 SLAM。

①成本:激光 SLAM 的价格在几万元到几十万元不等,成本相对来说比较高,但目前国内也有低成本激光雷达解决方案。视觉 SLAM 主要通过摄像头来采集数据信息,跟激光雷达一对比,摄像头的成本显然要低很多。

②应用场景:视觉 SLAM 的应用场景要丰富很多,视觉 SLAM 在室内外环境下均能开展工作,但是对光的依赖程度高,在暗处或者一些无纹理区域是无法进行工作的。而激光 SLAM 目前主要被应用在室内,用来进行地图构建和导航工作。

③地图精度:激光 SLAM 在构建地图的时候,精度较高,目前比较前沿的激光 SLAM 技术构建的地图精度可达到 2 cm 左右;而视觉 SLAM,测距范围在 3~12 m,地图构建精度约 3 cm。所以激光 SLAM 构建的地图精度一般来说比视觉 SLAM 高,且能直接用于定位导航;

④易用性:激光 SLAM 和基于深度相机的视觉 SLAM 均是通过直接获取环境中的点云数据,根据生成的点云数据,测算哪里有障碍物以及障碍物的距离。但是基于单目、双目、鱼眼摄像机的视觉 SLAM 方案,则不能直接获得环境中的点云,而是形成灰色或彩色图像,需要通过不断移动自身的位置,通过提取、匹配特征点,利用三角测距的方法测算出障碍物的距离。

除了上面几个方面,在探测范围、运算强度、实时数据生成、地图累计误差等方面,激光 SLAM 和视觉 SLAM 也会存在一定的差距,如表 3-1 所示。

表 3-1 激光 SLAM 和视觉 SLAM 的优劣势总结

项目	激光 SLAM	视觉 SLAM
优势	可靠性高,技术成熟	结构简单,安装方式多元化
	建图直观,精度高,不存在累计误差	无传感器探测距离限制,成本低
	地图可用于路径规划	可提取语义信息

续表

项目	激光 SLAM	视觉 SLAM
劣势	受雷达探测范围限制	受环境中的光影响大，暗处（无纹理区域）无法工作
	安装有结构要求	运算负荷大，构建的地图本身难以直接用于路径规划和导航
	地图缺乏语义信息	传感器动态性能还需提高，地图构建时会存在累计误差

通过对比发现，激光 SLAM 和视觉 SLAM 各擅胜场，单独使用都有其局限性，而融合使用则可能具有巨大的取长补短的潜力。例如，视觉在纹理丰富的动态环境中稳定工作，并能为激光 SLAM 提供非常准确的点云匹配，而激光雷达提供的精确方向和距离信息在正确匹配的点云上会发挥更大的威力。而在光照严重不足或纹理缺失的环境中，激光 SLAM 的定位工作使得视觉可以借助不多的信息进行场景记录。

激光 SLAM 是目前比较成熟的定位导航方案，视觉 SLAM 是未来研究的一个主流方向。所以多传感器的融合是一种必然的趋势。

3.4 电子地图技术

在传统的导航系统中，数字地图根据起始位置、目标位置为使用者规划行驶路径，辅助驾驶人驾驶。对于由驾驶人来观察环境并进行控制的车辆，道路级导航就能满足使用要求。因此，传统的导航地图通常仅需描述一些典型的道路交通特征（限速、测速、交通信号灯等）、路口指引（左转、右转、直行等）等道路级的导航信息，导航过程中 10 m 级的定位精度即可满足系统要求。

对于自动驾驶系统，导航系统则提供更高精度的行驶路径，引导车辆驶向目的地，需要将环境中尽可能丰富的信息提供给自动驾驶系统。作为存储静态、准静态交通信息的数据库，为了满足自动驾驶系统的导航、路径规划要求，高精度地图需要提供更精细、精确的交通信息。而且在自动驾驶中，高精度地图不仅可以用于导航、路径规划，还可以为环境感知和理解提供先验知识，辅助车载传感器实现高精度定位。高精度地图被普遍认为是 L3 级及以上自动驾驶（驾驶自动化等级与划分要素的关系如表 3-2 所示）不可缺少的关键技术。

表3-2 驾驶自动化等级与划分要素的关系

分级	名称	车辆横向和纵向运动控制	目标和事件探测与响应	动态驾驶任务接管	设计运行条件
L0级	应急辅助	驾驶员	驾驶员及系统	驾驶员	有限制
L1级	部分驾驶辅助	驾驶员和系统	驾驶员及系统	驾驶员	有限制
L2级	组合驾驶辅助	系统	驾驶员及系统	驾驶员	有限制
L3级	有条件自动驾驶	系统	系统	动态驾驶任务接管用户（接管后成为驾驶员）	有限制
L4级	高速自动驾驶	系统	系统	系统	有限制
L5级	完全自动驾驶	系统	系统	系统	无限制*

"*"表示5级完全自动驾驶在排除商业和法规因素等限制外，在车辆可行驶环境下没有设计运行条件的限制。

与传统地图相比，高精度地图信息的丰富性和准确性都有显著的提升。高精度地图的信息有以下内容和特点：

①道路参考线：为了实现车道级导航、路径规划功能，需要在原始地图数据中抽象道路结构，形成由顶点组成的拓扑图形结构，同时为了优化数据的存储，需要将道路用连续的曲线段来表示。

②道路连通性：除道路参考线外，高精度地图还应描述道路的连通性。比如路口中没有车道线的部分，需要将所有可能的行驶路径抽象成道路参考线，在高精度地图数据库中体现。

③车道模型：除了记录道路参考线、车道边缘（标线）和停车线外，高精度地图数据库还需要记录无车道道路的拓扑结构，且除车道的几何特性外，道路模型还包括车道数、道路坡度、功能属性等。

④对象模型：对象模型记录道路和车道行驶空间范围边界区域的元素，模型属性包括对象的位置、形状和属性值。这些地图元素包括路牙、护栏、互通式立交桥、隧道、龙门架、交通标志、可变信息标志、轮廓标志、收费站、电线杆、交通灯、墙壁、箭头、文字、符号、警告区、分流区等。

在智能网联汽车应用领域，高精度地图在高精度定位、辅助环境感知、规划和决策各环节都发挥着重要作用：

①规划决策：高精度地图可以看成一种超视距传感器，它提供了极远距离的道路信息，用于智能驾驶系统的全局路径规划，并对局部路径规划做出有效的辅助。

②辅助高精度定位：高精度地图可以提供道路中特征物（如标志牌、龙门架等）的形状、尺寸、高精度位置等语义信息，车载传感器在检测到相应特征物时，就可根据检测到的特征物信息去匹配上述语义信息，由车辆与特征物间的相对位置推算出当前车辆的绝对高精度位置信息。高精度定位是高精度地图有效应用的重要方向，也是自动驾驶系统自主导航、自动驾驶的重要前提。在车载传感器定位受限情况下，高精度地图可以为自动驾驶

系统提供有效的辅助定位信息。

③辅助环境感知：高精度地图能够提高自动驾驶车辆数据处理效率，自动驾驶车辆感知重构周围三维场景时，可以利用高精度地图作为先验知识减少数据处理时的搜索范围。在高精度三维地图上标记详细的道路信息，可以为自车感知系统提供有效的辅助识别优化感知系统的计算效率，提高识别精度、减少误识别的发生等。

高精度三维地图是在高精度地图静态信息基础上，添加动态交通信息的地图。这些动态信息，如道路交通拥挤、施工条件、交通事故、交通管制条件、天气条件等动态交通，不同于准静态信息的更新，如翻修、道路标志磨损和重新刷漆、交通标志改变等准静态信息通过周期性的高精度地图更新完成，动态交通信息的更新需要实时反映在地图上，以确保智能网联汽车驾驶的安全。实现实时高精度地图在技术上存在诸多难点，大量信息安全、信息完整、数据更新、高速传输等问题需要解决。但是，随着智能网联汽车的广泛应用、车联网技术的发展，更丰富的动态交通信息分享可以使汽车变得更智能。

【扩展阅读】

理论上来说，从20世纪90年代到现在车载导航设备的工作原理并没有再一次革新，但是随着车机运算速度越来越快、地图服务商所提供的信息越来越丰富以及整车OTA的普及，车载导航变得越来越实用。不过问题也随之而来。目前的车载导航，理论上有着和手机的第三方导航App相同的工作原理，但是手机的更新迭代远远快于汽车，生活中我们也更习惯和手机进行交互行为而不是汽车；如今我们判断一款车载导航是否"好用"的标准，是它能不能实现和手机导航相同的精准和便捷，虽然车载导航越来越好用，但其功能很难超越手机的车载导航，依然只能扮演"鸡肋"和"备胎"的角色。车载导航如何求变？车企和供应商需要新一轮的装备竞赛，比如可能在全新一代梅赛德斯-奔驰S级上采用的全息投影技术将车载导航信息完全3D化，让车载导航的功能性和可阅读性超越手机，是我们未来能继续发展车载导航的前提。

【知识小结】

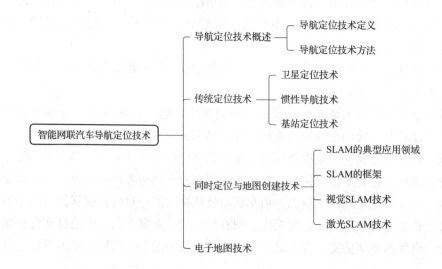

【复习题】

1. 简述导航定位技术的定义和方法。
2. 试分析惯性导航技术的优势与局限。
3. SLAM 系统框架由哪些模块组成？
4. 试分析视觉 SLAM 技术与激光 SLAM 技术的优劣。

第 4 章 智能网联汽车决策技术

【学习目标】

通过本章的学习,学生应该掌握智能网联汽车决策技术的基础知识,熟悉智能网联汽车决策控制器及其原理,并初步了解路径规划技术。

【案例引入】

世界各国在自动驾驶层面投了较大的研发力度。全球知名的汽车厂商如丰田、福特、通用、日产、本田等已开始专利布局,并在多个领域形成了核心技术优势。投身于汽车产业的全球互联网公司也积极发力,以谷歌为代表的互联网企业也给汽车厂商带来了巨大的技术支撑。

请带着以下几个问题来进行本章的学习:
1. 智能网联汽车决策控制器是什么?
2. 路径规划技术算法有哪些?

4.1 智能网联汽车决策控制器

智能网联汽车是集感知、决策和控制等功能于一体的自主交通工具。其中,智能决策是指控制器依据感知信息来进行决策判断,制定相对控制策略,替代人类驾驶员做出驾驶决策。

4.1.1 智能网联汽车决策的控制器介绍

1. ECU 的定义

电子控制单元(Electronic Control Unit,ECU),又称"行车电脑""车载电脑"等。

它由中央处理器（CPU）、存储器（ROM、RAM）、输入/输出接口（I/O）、模数转换器（A/D）以及整形、驱动等大规模集成电路组成。ECU 上的电子元器件必须达到车规级。ECU 的基本组成如图 4-1 所示。

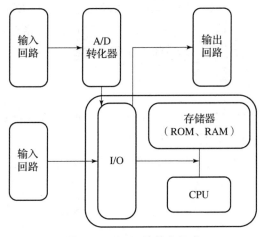

图 4-1 ECU 的基本组成

2. 车规级元器件

车规级元器件，指要满足车载等级要求的元器件。AEC-Q 系列标准是行业公认的车规级元器件认证标准。AEC 为美国汽车电子委员会（Automotive Electronics Council），它是由通用、福特和克莱斯勒公司为建立一套通用的零件资质及质量系统标准而设立的，Q 为 Qualification 的首字母，AEC-Q 系列标准是 AEC 组织的车规级元器件通用测试标准。

AEC-Q 适用于汽车用芯片、无源器件、分立半导体器件等认证，针对不同的器件分别有不同的测试标准对应，不同的标准也分别对应不同的测试项。

AEC-Q100 适用于芯片，AEC-Q101 适用于分立半导体器件，AEC-Q102 适用于分立光电子器件，AEC-Q103 适用于 MEMS 器件，AEC-Q104 适用于多芯片模组，AEC-Q200 适用于无源元件。其中，车规芯片认证标准是 AEC-Q100，又包含 4 个温度等级，数字越小，等级越高（如表 4-1 所示）。

表 4-1 车规芯片温度等级

等级	温度范围
Grade-0	-40 ℃ ~ 150 ℃
Grade-1	-40 ℃ ~ 125 ℃
Grade-2	-40 ℃ ~ 105 ℃
Grade-3	-40 ℃ ~ 85 ℃

通过 AEC-Q 认证是元器件进入供应链的第一步，对于涉及安全的应用场景，如自动驾驶等，还需要满足功能安全标准 ISO 26262。

ECU 在进行关键器件选型、原理图设计、PCB 设计、生产之后，整机会进行环境可靠性试验，试验结果需要满足 ISO/TS 16949 标准或者不同车企的标准，如通用汽车的 GMW3172 标准、大众 VW80000 标准等，通过认证之后才能装车。

一款车规级芯片或元器件从前期的选型，到硬件设计，到 ECU 的 A/B/C 样件，再到 DV/PV/EMC 试验后装车 ET/PT，一般需要 2 年左右时间，才能进入整车厂的供应链。之后一般能拥有 1~2 年的供货周期，然后随着车型而改款。

车规级元器件的要求如下：

①环境要求：

a. 温度：车规级元器件的工作温度要求比较宽，根据不同的安装位置有不同的要求，但是一般都要高于消费电子元器件的要求。

b. 其他环境要求：车规级元器件对湿度、粉尘、水以及有害气体腐蚀等的要求都高于消费电子元器件（如表 4-2 所示）。

表 4-2　对环境要求的差别

类型	温度	湿度	振动、冲击	寿命
车规级电子元器件	-40 ℃ ~ 155 ℃	正常	较高	至少 15 年
消费电子元器件	0 ~ 40 ℃	低	正常	1 ~ 3 年

②振动冲击要求：汽车在运动的环境中工作，对于汽车上的许多产品来说都会遭遇振动和冲击，所以振动和冲击对于车规级元器件也有很大的影响。

③可靠性要求：首先，汽车的设计寿命一般都在 15 年到 20 年左右，消费电子元器件不能满足要求；其次，在相同的可靠性要求下，系统组成的部件和环节越多，对组成的部件的可靠性就越高。目前车上的电子化程度已经非常高，从动力总成到制动系统，都装配了大量的电子装置，每个装置里面又由很多的元器件组成。如果简单地把它们看成串联关系，那么想要保证整车达到相当的可靠性，对系统组成的每一个部分，可靠性要求都是非常高的，这也是为什么汽车零部件的要求经常用 PPM（百万分之一）来描述。

④一致性要求：现在的汽车已经进入了大规模生产的阶段，一款车一年可以生产数十万辆，所以这对产品质量的一致性要求就非常高。技术不够成熟时，对于半导体材料来说，是具有挑战的，因为生产半导体的扩散等工艺的一致性是很难控制的，生产出来的产品性能易离散。现在随着工艺的不断提高，一致性得到极大提高。质量的一致性也是很多本地供应商和国际知名供应商的最大差异。对于组成复杂的汽车产品来说，一致性差的元器件导致整车出现安全隐患是不能接受的。

3. ECU 组成

(1) 车规级 CPU

CPU 是整个控制系统的核心。CPU 由进行算术/逻辑运算的运算器、暂时存储数据的寄存器、按照程度执行各装置之间信号传送及控制任务的控制器等组成。

CPU 的工作是在时钟脉冲发生器的操作下进行的。当 ECU 通电后，脉冲发生器立即产生一连串的具有一定频率的脉宽电压送入 CPU，其作用是对 ECU 工作过程进行随时控制。

(2) 车规级存储器

存储器主要是用来存放程序、数据和表格、地图等，可按需要进行读取（读操作）或存入（写操作）。存储器由多个存储单元组成，每个单元有一编号，称为单元地址。每个单元通常存放一个有独立意义的代码，称为一个字，代码位数称为字长。随机存储器（RAM）主要是用于存储 ECU 在操作时的可变数据，如暂存 ECU 输入的信息，供 CPU 进行运算使用。各种传感器输送给 ECU 的信息与计算过程中产生的中间数据等，都可以暂时存储在 RAM 内，根据需要可随时调出或被新的数据代替（改写）。

存储在 RAM 的有些数据，如空燃比学习修正、故障码等，为了能较长期地保存，防止点火开关断开时由于电源被切断而造成数据丢失，一般都通过专用的电源后备电路与蓄电池直接连接，使 RAM 不受点火开关控制。当电源后备专用电路断开时或蓄电池上的电源线被拔掉时，存入 RAM 内的数据也会自然消失。

(3) 车规级 I/O 接口电路

I/O 接口电路是 CPU 与输入传感器、输出执行器间进行信息交流的控制电路。根据 CPU 的命令，输入 ECU 的信号以所需要的频率通过 I/O 接口电路被接收，而 ECU 输出的信号则是按发出控制信号的形式与要求通过 I/O 接口电路以最佳的处理速度输出或送入中间存储器。

ECU 系统所用的外部 I/O 设备一般都备有 I/O 接口，通过 I/O 接口才能与 ECU 连接，因此 I/O 接口是 ECU 与被控制对象进行信息交换的纽带，也是 ECU 系统不可缺少的部分，它起着数据缓冲、电压匹配、时序匹配等多种作用。

(4) ECU 系统总线

ECU 系统总线是一束用于传递内部信息的连线，如图 4-2 所示。在 ECU 系统中，CPU、存储器（ROM、RAM）、I/O 接口通过传递信息的总线连接起来，它们之间的信息交换均要通过总线进行。总线一般包括数据总线、地址总线和控制总线 3 根。总线利用数据、存储地址、控制信号对系统中的各个元器件进行操作控制，同时利用连接总线的方式可扩充系统的存储器与 I/O 的功能。

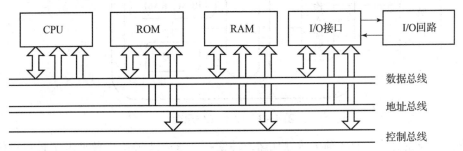

图 4-2 ECU 系统总线

4. ECU 特点

ECU 的 CPU 不能达到电脑一样的高速处理，一台车用 ECU 主频只有 10 kHz，即使是再高性能的 ECU 也无法达到家用电脑的处理速度。

ECU 的电压工作范围一般在 6.5~16 V（内部关键处有稳压装置），工作电流在 0.015~0.1 A，工作温度在 -40 ℃ ~ 80 ℃，能承受 1 kHz 以下的振动，因此 ECU 损坏的概率非常小。

(1) 自诊断功能

ECU 一般都具备故障自诊断和保护功能，当系统产生故障时，它还能在 RAM 中自动记录故障代码并采用保护措施从上述的固有程序中读取替代程序来维持发动机的运转。同时这些故障信息会显示在仪表盘上并保持不灭，可以使车主及时发现问题并将车能开到修理店。

(2) 自适应功能

正常情况下，RAM 也会不停地记录行驶中的数据，成为 ECU 的学习程序，为适应驾驶员的驾驶习惯提供最佳的控制状态，这个程序也叫自适应程序。

4.1.2 智能网联汽车决策的控制器原理

ECU 工作原理如图 4-3 所示。输入回路接收传感器和其他装置输入的信号，对信号进行过滤处理和放大，然后转换成一定伏特的输入电压；从传感器送到 ECU 输入回路的信号既有模拟信号也有数字信号，输入回路中的 A/D 转换器可以将模拟信号转换为数字信号，然后传递给 CPU；微机将上述已经预处理过的信号进行运算处理，并将处理数据送至输出回路；输出回路将数字信息的功率放大，有些还要还原为模拟信号，使其驱动被控的执行器工作。

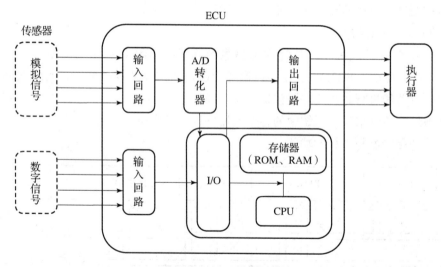

图 4-3　ECU 工作原理

将智能网联汽车上的各种传感器如超声波雷达、毫米波雷达、激光雷达和视觉传感器等接收到的环境信息，利用计算机技术在一定的准则下加以自动分析和综合，然后转换成信号输入 ECU 中，ECU 通过处理这些信号制定出驾驶策略，输出给执行器如喷油器、制动器和液压系统等，从而完成加速、制动和转向等动作。

4.2 智能网联汽车决策的策略

4.2.1 智能网联汽车决策的策略介绍

智能车决策是智能化发展的基础，智能汽车当前采用的决策系统通常包含两种方法，分别是基于机理的决策控制系统和基于人工智能的决策控制系统。基于机理的决策控制系统，需要将车辆的决策过程划分为多个不同的部分，分别对每个部分建模，从而实现对车辆的决策和控制；而基于人工智能的决策控制系统，决策控制的过程普遍建立一个多层的神经网络，用以实现从传感输入到控制输出，中间只有神经网络一个部分。两种方法的决策形式之间的差异如图4-4所示。本节对基于机理和基于人工智能的车辆决策算法进行收集和整理，总结近些年来一些主要的研究机构和公司所采取的典型车辆决策算法。

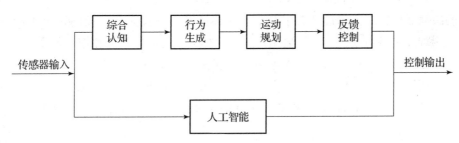

图4-4 基于机理和基于人工智能的决策控制模型对比

1. 基于机理的决策控制系统

2007年卡内基梅隆大学采用的决策控制系统由三层架构组成（如图4-5所示），分别为任务规划（Mission Planing）模块、行为生成（Behavioral Executive）模块、运动规划（Motion Planning）模块，并在DARPA（Defense Advanced Research Projects Agency）无人驾驶汽车挑战赛进行了应用。弗吉尼亚理工大学的决策控制系统由四层架构组成，分别为轨迹规划（Route Planner）模块、驾驶行为（Driving Behaviors）模块、运动规划（Motion Planner）模块及车辆控制（Vehicle Interface）模块。布伦瑞克工业大学的决策控制系统由三层架构组成，分别为导航（Navigation）模块、引导（Guidance）模块、稳定化（Stabilization）模块；其中导航模块主要负责全局路径规划，规划车辆的行驶轨迹；引导模块主要负责驾驶行为规划，根据导航模块规划的轨迹选择相应的驾驶行为，并生成由目标位置和车辆姿态组成的序列；稳定化模块主要负责执行由引导模块生成的序列，并完成对车辆的控制。

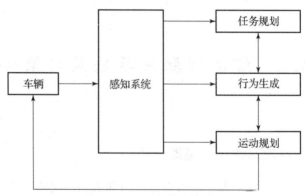

图4-5 三层架构决策控制

2. 基于人工智能的决策控制系统

1989年,卡内基梅隆大学开发了最早的基于神经网络的决策控制系统 ALVINN (Autonomous Land Vehicle In a Neural Network)。近些年来,随着人工智能产业的发展,越来越多的科研机构和科技企业投入基于人工智能的决策控制系统研究中,比较典型的有 Waymo(Way forward in Mobility)公司、英伟达公司、英特尔公司等。

采用基于人工智能的决策控制系统需要大量的训练数据对模型进行训练,使其能模仿驾驶员的决策和操作。英伟达开发了基于多层神经网络的智能汽车控制系统 PilotNet,该模型由九层神经网络组成,其训练数据包括真实驾驶员的图像数据和控制数据。Waymo 开发了基于深度神经网络的 ChauffeurNet 模型,区别于"端到端"的模型,ChauffeurNet 模型输出汽车预期的轨迹,然后由控制模块实现对轨迹的跟随。为提高无人驾驶汽车处理复杂交通场景的能力,Waymo 还开发了一些复杂场景,例如车辆碰撞、驶出车道等供模型学习。

传统意义上自动驾驶系统的决策控制软件系统包含环境预测、行为决策、动作规划、路径规划等功能模块,如图4-6所示。

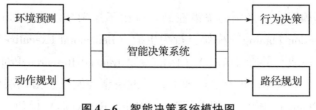

图4-6 智能决策系统模块图

(1)环境预测

环境预测模块作为决策控制模块的直接数据上游之一,其主要作用是对感知层所识别到的物体进行行为预测,并且将预测的结果转化为时间空间维度的轨迹传递给后续模块。通常感知层所输出的物体信息包括位置、速度、方向等物理属性。

环境预测模块不局限于结合物理规律对物体做出预测,而是可结合物体和周边环境以及积累的历史数据信息,对感知到的物体做出更为"宏观"的行为预测。

ECU可以在很短的时间内对目标进行瞬时预测。如图4-7所示，预测模块可以基于当前时刻t及过往时间内目标的运动状态，预测未来时间（t+1，t+2，t+3，t+4，…）内不同目标可能的运动轨迹。预测过程中，首先根据检测到的环境目标信息，区分目标类型，获取目标当前运动状态；然后，根据不同类型的目标匹配不同的运动模型，结合目标当前运动状态对目标未来轨迹做出预测。

环境预测主要解决了两大类问题：一是目标的行为预测（包括静止、左行、右行或直行等）；二是目标的轨迹预测（包含位置、时间戳、速度、角度、加速度等信息）。

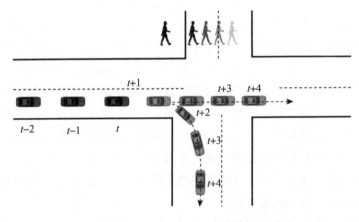

图4-7 车辆、行人轨迹预测

当前主流的目标状态预测方法主要包括三种：

①基于运动模型的卡尔曼滤波方法。基于卡尔曼滤波的目标状态预测算法，考虑了目标运动状态的不确定性变化，在恒速模型中实现了目标的运动轨迹预测。这种预测方法的优点在于计算速度快，但预测的前提是假设目标的速度和行驶方向不变，这与实际的情况并不相符，所以实际应用效果并不理想。

②基于马尔可夫链的预测方法。马尔可夫链是指一个满足马尔可夫性质的随机过程，马尔可夫性质是指$t+k$时刻状态与t时刻的状态有关而与t时刻以前的状态无关。该方法实现了对目标状态的高效预测。

③基于数据的神经网络方法。神经网络方法主要基于对大数据的收集和分析，根据道路采集的环境信息和跟踪目标的运动信息，预测周围人和车以及物的运动位置。与人的大脑类似，神经网络具有很强的自学性和记忆性，对于复杂的非线性系统具有很强的函数逼近能力，其特性正好可以解决目标状态预测上传统方法所不能解决的问题。

（2）行为决策

这个层面汇集了所有重要的车辆周边信息，不仅包括了自动驾驶汽车本身的实时位置、速度、方向，还包括车辆周边一定距离以内所有的相关障碍物信息以及预测的轨迹。行为规划层需要解决的问题，就是在知晓这些信息的基础上，决定自动驾驶汽车的行驶策略。

展开来说，行为决策就是根据路径规划目标，结合环境感知模块对驾驶环境的描述，以及预测模块对驾驶环境变化趋势的预测,对车辆需要采取的行为做出规划。一种实现行为规划的方法是使用具有大量动作短语的有限状态机。这种方法需要将驾驶行为进行抽象,表述为可以描述各种驾驶过程的有限的驾驶行为,将这些驾驶行为作为驾驶状态,设计有限状态机。有限状态机从行为状态开始,根据不同的驾驶场景跳转到不同的行为状态,并将行为中涉及的车辆动作发送给动作规划层。每个状态都是对车辆运动的决定,状态和状态之间存在一定的跳转条件,有些状态可以是自循环的,例如,跟踪状态和等待状态。虽然有限状态机是目前智能网联汽车采用的主流行为决策方法,但要实现复杂的行为决策,需要人工设计大量的状态。

由于需要考虑多种不同类型的信息,行为决策问题往往很难用单一的数学模型来求解,而是要利用一些软件工程的先进理念来设计规则引擎系统。例如在DARPA挑战赛中,斯坦福大学的无人车系统利用一系列代价函数(Cost Function)设计和有限状态机来设计无人车的轨迹和操控指令。现阶段马尔可夫决策过程的模型也开始被越来越多地应用于自动驾驶系统行为层面的决策算法实现当中。简而言之,行为决策层面需要结合环境预测模块的结果,输出宏观的决策指令供后续的规划模块去更具体地执行。

行为决策的目标主要是保证智能网联汽车可以像人类一样产生安全的驾驶行为,满足车辆性能、遵守交通法规等原则。智能网联汽车的行为决策方法包括基于规则的行为决策方法和基于强化学习的行为决策方法。

①基于规则的行为决策方法。智能网联汽车基于规则的行为决策方法是最常用的。如图4-8所示,该方法主要是将无人车的运动进行划分,根据当前任务路线、交通环境、交通法规以及驾驶规则知识库等建立行为规则库,对不同的环境状态进行行为决策逻辑推理,输出驾驶行为,同时接受运动规划层对当前执行情况的反馈并实时动态调整。

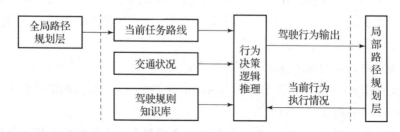

图4-8 基于规则的行为决策方法架构

②基于强化学习的行为决策方法。基于强化学习算法的行为决策方法主要是利用各种学习算法来进行决策。利用智能网联汽车配备的各种传感器,来感知周边的环境信息,传递给强化学习决策系统,此时强化学习决策系统的作用就相当于人脑,对各类信息进行分析和处理,并结合经验对无人驾驶汽车做出行为决策。

基于强化学习的行为决策方法近年来发展迅速,主要有马尔可夫决策、神经网络学习算法等。这些行为决策方法可以通过大量的数据更容易地覆盖全部的工况以及不同的场景。如自动驾驶汽车公司Waymo就通过模拟驾驶及道路测试获取了大量的数据,对其基于学习算法的行为决策系统进行训练,使得该系统对物体的检测性能得到了极大的提高,还可以对障碍物进行语义理解等。

(3) 动作规划

自动驾驶汽车规划模块包括动作规划和路径规划两部分。动作规划模块主要是对短期甚至是瞬时的动作进行规划，例如转弯、避障、超车等动作；而路径规划模块是对较长时间内车辆行驶路径的规划，例如从出发地到目的地之间的路线设计或选择。

自动驾驶系统的设计思路是建立若干个行驶状态，通过不同的条件触发行驶状态切换。这种设计思路存在切换过程平顺性较差问题，在实际的系统设计过程中主要采用将道路中的真实目标和非真实目标都描述成虚拟质点的方法来强化车辆行驶的平顺性。其中，真实目标主要是指车辆、行人等因素；非真实目标包括限速、红灯、停车点、道路曲率、天气条件等。基于虚拟质点模型方法的优势在于将算法模型统一，有效避免了传统控制算法中因目标或控制模式切换产生的车辆加减速度跳变的问题。

(4) 智能决策策略的要求

智能决策过程要完全符合人类对于驾驶的预期，并且满足安全、舒适和高效等性能和品质的要求，具体应当表现在以下几个方面：

①车辆应该在自动避开所有障碍物的前提下，到达指定目的地。

②车辆安全到达目的地所用时间最短，路程最短。

③采用的路径简单可靠，以便简单实现对无人车的控制。

④车辆行驶的路径尽量不重复或者少重复。

⑤车辆选用合适的行驶策略，减少车辆的能量消耗。

4.2.2 路径规划技术

路径规划是解决智能网联汽车如何到达行驶目标问题的上层模块，它依赖于为智能网联汽车驾驶定制的高精度地图，与普通导航单纯提供指引的性质不同，智能网联汽车的路径规划模块需要提供能够引导车辆正确驶向目的地的轨迹。这些轨迹至少要达到车道级导航的水平，而且轨迹上影响车辆行驶的周边环境也需要被准确描述和考虑。

目前，由于位置信息涉及国家安全问题，我国在电子地图应用中会对真实坐标实行加偏处理，高精度定位自然也受到一定程度的法规限制，因此高精度地图、高精度定位和导航仅能够提供全局车道级的路径规划。从应用角度来说，在自动驾驶中，亚米级车道级的规划通过相关信息融合已经能够满足需求，单纯依赖高精度定位解决分米级定位，性能提升和成本增加方面并不匹配。在全局亚米级定位基础上，进一步借助车道线的检测，实现汽车局部车道内路径规划也尤为重要，自动驾驶不仅需要避障和感知道路交通信息，还需要遵守交通规则。

1. 路径规划的一般步骤

在目标状态预测之后，需要对智能网联汽车路径进行规划。路径规划的基本思想是：把需要解决的最短时间、最短距离、最少花费等问题转变成求解最短路径，因为只要找到了最短路径，以上的问题都将得到解决。其一般步骤主要包括环境建模、路径搜索和路径平滑三个环节（如图4-9所示）。

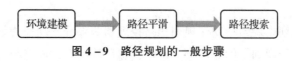

图4-9 路径规划的一般步骤

（1）环境建模

环境建模是路径规划的重要环节，目的是建立一个便于计算机进行路径规划所使用的环境模型，即将实际的物理空间抽象成一个算法可以处理的抽象空间，实现相互间的映射。

（2）路径搜索

路径搜索是在环境模型的基础上应用相应算法寻找一条行走路径，使预定的性能函数获得最优值。

（3）路径平滑

通过相应的算法搜索出的路径并不一定是一条运动体可以行走的可行路径，需要做进一步处理与平滑才能使其成为一条实际可行的路径。对于离散域范围内的路径规划问题，或者在环境建模或路径搜索前已经做好路径可行性分析的问题，路径平滑环节就可以省去。

2. 全局路径规划和局部路径规划

全局路径规划方法可以视为一种离线规划方法，根据获取的环境信息为车辆规划一条道路，规划路径的准确性取决于获取外部环境信息的准确性。全局路径规划方法通常会找到最优路径，但需要预先知道整个环境的准确信息和行驶目标。局部路径规划方法是一种在线规划方法，主要考虑车辆当前的局部环境信息，使车辆在局部环境中能够安全行驶。局部路径规划依靠安装在车身上的传感装置来获取局部信息，感知评判环境的实时变化，做出相应的路径规划决策。与全局路径规划方法相比，局部路径规划方法具有实时性。

全局路径规划的主要算法有栅格法、拓扑法、可视图法等；局部路径规划常用的算法有蚁群算法、人工势场法、遗传算法、神经网络法、空间搜索法、层次法、动作行为法、Dijkstra算法、Lee算法、Floyd算法等。

（1）全局路径规划算法

①栅格法。如图4-10所示，栅格法是利用格栅单元来表示整个工作环境，并将自动驾驶连续工作环境离散为一系列网格单元。

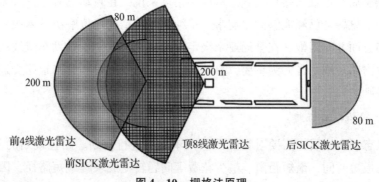

图4-10 栅格法原理

自动驾驶的整个工作环境分为两种网格：自由栅格和障碍栅格。自由栅格指的是某一栅格范围内不含有任何障碍物。障碍栅格指的是这个栅格范围内存在障碍物，有的时候可能整个栅格内都布满障碍物。由于计算机处理信息的形式是二进制的，可给每个栅格分配一个累积值，称为 CV 值，它表示网格中存在障碍时的可信度。CV 值越高，障碍物出现的概率越大。一般来说，CV 值为 1 表示光栅是势垒光栅，CV 值为 0 表示光栅是自由光栅。在路径搜索中，自动驾驶只根据一定的搜索算法搜索自由空间，最终规划出从起点到目标点的最优路径。

②拓扑法。拓扑法的基本思想是降维法，即将在高维几何空间中求路径的问题转化为在低维拓扑空间中判别连通性的问题。将规划空间分割成具有拓扑特征一致的子空间，根据彼此连通性建立拓扑网络，在网络上寻找起始点到目标点的拓扑路径，最终由拓扑路径求出几何路径。拓扑法中自主车辆所处的环境用图形来表示，不同的地点用点来表示，不同点的相邻可达性用弧来表示。拓扑法的优点是不管环境多么复杂，都能找到无碰路径；缺点是建立拓扑网络的过程相当复杂，其计算量十分庞大。在障碍物数量增多或障碍物位置改变的时候，修改原来的拓扑网络是很棘手的问题。

③可视图法。在 C 空间（Configuration Space，位姿空间）中，运动物体缩小为一点，障碍物边界相应地向外扩展为 C 空间障碍。在二维的情况下，扩展的障碍物边界可由多个多边形表示，用直线将物体运动的起点 S 和所有 C 空间障碍物的顶点以及目标点 C 连接，并保证这些直线段不与 C 空间障碍物相交，就形成一张图，称之为可视图。由于任意两直线的顶点都是可见的，因此，从起点 S 沿着这些直线到达目标点的所有路径均是运动物体的无碰路径，对图搜索就可以找到最短的无碰安全运动路径。搜索最优路径的问题就转化为从起点到目标点经过这些可视直线的最短距离问题。可视图法的优点是概念直观，实现简单；缺点是缺乏灵活性，一旦车辆的起始点和目标点发生改变，就要重新构造可视图，而且算法的复杂性与障碍物的数量成正比，且不是任何时候都可以获得最优路径。

（2）局部路径规划算法

①遗传算法。遗传算法是自动驾驶路径规划常用的算法。该算法模拟达尔文的生物进化理论，结合进化中优胜劣汰的概念，是一种基于自然选择和遗传学原理的搜索算法。如图 4-11 所示，遗传算法在整个进化过程中的遗传操作是随机的且不固定的，但其特点不是完全随机搜索，它可以有效地利用历史信息预测下一代的预期性能，通过一代代的进化，最终聚集到一个最适合环境，得到了问题的最佳解决方案。遗传算法主要由编码方法、初始种群生成方法、适应度函数、遗传运算和算法终止条件等组成。为了用遗传算法成功地解决优化问题，各部分的设计至关重要。在遗传算法的路径规划中，初始种群是随机产生的。为了避免陷入局部极值点，种群数量必须达到一定的规模，然而，种群数量大会导致搜索空间大、删除冗余个体的能力差等问题，会严重影响路径规划的速度。遗传算法有以下特点：不会产生无效的路径，但是在复杂的环境中，很难创建链接图。此外，遗传算法计算效率低、计算时间长，在遗传进化过程中需要大量的存储空间。

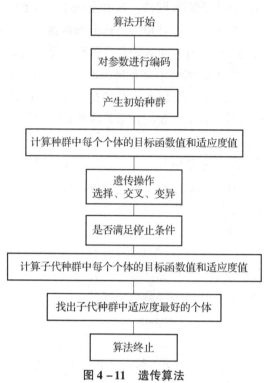

图 4-11 遗传算法

②蚁群算法。智能网联汽车路径规划的蚁群算法可以简单地描述为：以当前网格为中心，在每只蚂蚁的起点 g-begin 放置 m 个蚂蚁，根据某个策略进行选择，然后进入下一个网格，利用本地信息更新策略更新信息素。当第一个蚂蚁 k 到达目标节点 g-end 时，由于它首先到达并且花费的时间最少，因此在当前一轮优化中，它获得的路径是最优的，在 k 所得的路径上执行全局信息更新并保存，此路径是当前的最佳路径。让迭代次数增加 1，然后 k 以 g-begin 为目标重复 g-end 中的过程。如果蚂蚁得到了一个新的路径，那么新的路径将与当前的最优路径进行比较。如果新路径优于当前最优路径，则当前路径将更新为新路径，并获得新的当前最优路径的全局信息更新。如果在最后一次全局信息更新之后，当前的最优路径没有更新，并且生成了新的 M 路径后依然没有更新，那么全局信息更新将在当前最优路径上执行，不断地重复比较，直到完成指定数量的迭代或满足其他设置条件为止。

蚁群算法相对于遗传算法来说具有一定的记忆力。蚁群算法有多种原理，如觅食原理、避障原理和遗传算法。蚁群算法属于群智能优化算法，具有并行性。每一个粒子都能被主动优化，而遗传算法不能。蚁群算法是基于环境中信息素的指示，遗传算法是基于适者生存的生物进化思想。遗传算法有三种操作：选择、交叉和变异，每个运算符都有自己的不同方法。通过对算子的修改和匹配，可以得到不同的改进遗传算法。

遗传算法具有快速的全局搜索能力，因此可以快速搜索全局最优路径，但系统中的反馈信息利用率不高，往往导致不作为的冗余迭代，求解效率低。蚁群算法通过信息素的积累和更新，收敛于最优路径。它具有分布性、并行性和全局收敛性等优点，但在初始阶段,所有路径上的信息素都是相等的,使得蚁群算法有点像贪婪算法,收敛速度慢,得到的解往往不是最优解。为了克服这两种算法各自的缺点,发挥各自的优势形成互补优势,可以将遗传算法和蚁群算法结合起来。首先,利用遗传算法的随机搜索、快速性和全局收敛性生成问题的初始信息素分布,然后充分利用蚁群算法的并行性、正反馈机制和高效性来解决问题。这样,融合算法在求解效率上优于遗传算法,在时间效率上优于蚁群算法,形成了效率和时间效率较高的启发式算法。

③神经网络法。神经网络可以通过大量实际驾驶行为数据,学习避障和路径规划中隐含的、难以人工设计并提取的特征。智能网联汽车所面临的环境是不断变化和随机的,难以用数学公式来描述,可以通过对实际驾驶操作的采集,获取实际驾驶数据样本集,由神经网络预测学习样本中的驾驶行为特征。通过神经网络可以学习驾驶人的行为,并根据当前获取的环境信息决策行驶轨迹,进而可以控制车辆的转向、制动、驱动实现轨迹跟踪。

④人工势场法。人工势场法是 Khatib 提出的虚拟方法(如图 4 - 12 所示),其基本思想是将车辆在周围环境中的运动设计为在人工引力场中的抽象运动,目标点对移动车辆产生"引力",障碍物对移动车辆产生"斥力",最后通过求合力来控制自动驾驶车辆的运动。

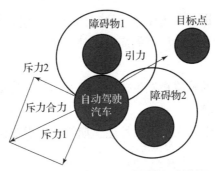

图 4 - 12 人工势场法障碍物影响范围

人工势场法的路径一般是平滑、安全的,但该方法存在局部最优点问题,容易陷入局部极小点,在相似的障碍物之间找不到路径,检测到新的环境障碍物后,人工势场法规划的路径可能发生振荡,在狭窄通道中摆动。为了克服上述问题,可以对人工势场法进行改进。在新的势函数中,考虑车辆与目标点之间的相对距离,以适应自动驾驶路径规划的要求。

通过以上全局路径规划、局部路径规划算法,可以为行为决策模块提供引导自动驾驶车辆到达目的地的轨迹曲线,解决在一定约束条件下、一定范围内时空路径的优化问题。时空路径是指车辆在一定时间内行驶的轨迹,轨迹不仅包括位置信息,还包括整个轨迹和车辆姿态的时间信息(时间、速度、加速度、曲率等)。

(3)轨迹规划

局部路径规划可进一步分为轨迹规划和速度规划。轨迹规划只解决根据行为决策和综合地图信息,在二维平面上定义一定的代价函数下对轨迹进行优化的问题。速度规划是选择一个或多个轨迹后,解决用什么样的速度来行驶。速度规划由车辆当前状态、行驶目标以及轨迹曲率等决定。

轨迹规划算法在很大程度上依赖于地图对道路的定义，在车辆模型和道路模型下，由轨迹规划生成的轨迹是从区间到车辆姿态向量集的连续映射。在每个轨迹的末端，轨迹优化的目标是筛选出满足所有可能轨迹曲线边界条件的轨迹曲线，然后找到平滑的、代价最低的曲线，如图 4-13 所示。

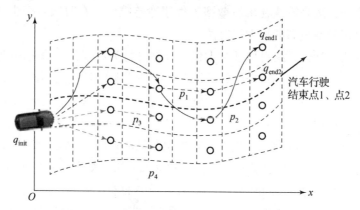

图 4-13 轨迹规划获取车辆行驶轨迹的过程

轨迹规划的任务是计算出一个无碰撞可执行的轨迹（包含路径和速度信息），保证车辆从起点安全地驾驶到目的地，并尽可能高效。其问题的本质是一个多目标的数学优化问题，主要的优化目标包括：

安全性：避免与场景中的障碍物发生碰撞；针对动态障碍物，由于其未来运动的不确定性，降低其未来的碰撞风险。

稳定性：由于车辆的惯性较大，灵活性差，期望轨迹需要保证车辆的物理可行性和控制器的稳定性。

舒适性：考虑到乘员的舒适性，需要在满足安全性和稳定性的同时保证车辆的驾驶舒适度，包括加减速以及转向等过程。

驾驶效率：在满足安全性和稳定性的同时，保证车辆以更快的速度驾驶，从而以更短的时间到达目的地。

在实际场景中，规划过程需要考虑各种物理约束，有且不限于：

加减速度约束：受到动力系统和制动系统的性能极限，及驾驶员的安全性和舒适性的制约。

非完整性约束：车辆具有三个运动自由度，但是只有两个控制自由度，其非完整性约束决定了轨迹的物理可行性。

动力学约束：考虑到车辆的动力学特性和车身稳定性，其驾驶过程中的曲率和横摆角速度具有一定的约束。

3. 几种常用算法的实际应用场景

在工程中，解决特定场景的规划问题，可以进行一定程度的简化。下面这些算法的应用较为广泛，例如：

基于图搜索的算法：Dijkstra、A^*、D^*（全局路径规划）；

基于曲线拟合的算法：余弦曲线、圆弧与直线、多项式曲线、样条曲线、贝塞尔曲线、微分平坦（局部路径规划）；

基于数值优化的算法：利用目标函数和约束对规划问题进行描述和求解（局部路径规划）；

基于人工势场的算法：人工势场法（局部路径规划）；

基于采样的算法：RRT（全局路径规划）；

基于智能法的算法：模糊逻辑、神经网络、遗传算法。

(1) 基于图搜索的算法

将环境进行栅格化，一条路径可以利用图搜索的算法来访问栅格图中的节点，从而得到规划。

①Dijkstra 算法。Dijkstra 算法的主要特点是以起始点为中心向外层层扩展（广度优先搜索思想），直到扩展到终点为止。Dijkstra 算法的成功率是最高的，因为它每次必能搜索到最优路径；但 Dijkstra 算法的搜索速度是最慢的：随着图维度的增大，其计算效率会明显变低。其基本步骤如图 4-14 所示。

a. 指定起点 D。

b. 引进两个集合 S 和 U。S 的作用是记录已求出最短路径的顶点（以及相应的最短路径长度），而 U 则记录还未求出最短路径的顶点（以及该顶点到起点 D 的距离）。

c. 初始时，S 中只有起点 D；U 中是除 D 之外的顶点，并且 U 中顶点的路径是"起点 D 到该顶点的路径"。然后，从 U 中找到路径最短的顶点，并将其加入 S 中；接着，更新 U 中的顶点和顶点对应的路径。

d. 重复该操作，直到遍历完所有顶点。

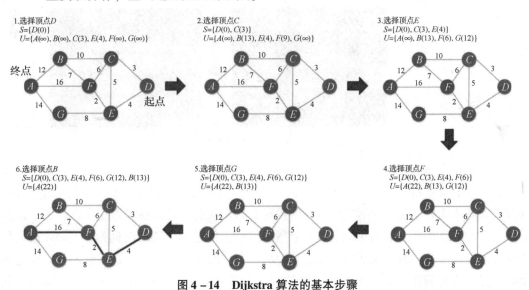

图 4-14　Dijkstra 算法的基本步骤

②A^* 算法。Dijkstra 算法是广度优先算法，是一种发散式的搜索，搜索速度慢。这里引入一种启发式算法的深度优先算法——A^* 算法，其基本思想：$F = G + H$。

其中，G 是从起点 A 移动到指定方格的移动代价，沿着到达该方格而生成的路径（路径长度）；H 是从指定的方格移动到终点 B 的估算成本。这个通常被称为试探法，因为这只是一个猜测，直到找到了路径才会知道真正的距离，因为途中有各种各样的障碍物（启发项）。

其基本步骤如图 4-15 所示。把起点加入 Open list，重复如下过程：

a. 遍历 Open list，查找 F 值最小的节点移到 Close list，把它作为当前要处理的节点。

b. 判断当前方格的 8 个相邻方格的每一个方格，若为 Unreachalbe 或者已在 Close list 中则忽略，否则做如下操作：

如果它不在 Open list 中，把它加入 Open list，并且把当前方格设置为它的父亲，记录该方格的 F、G 和 H 值。

如果它已经在 Open list 中，检查这条路径（即经由当前方格到达它那里）是否更好，用 G 值作参考。更小的 G 值表示这是更好的路径。如果是这样，把它的父亲设置为当前方格，并重新计算它的 G 和 F 值。

c. 直到 Openlist 为空，从终点开始，每个方格沿着父节点移动直至起点，这就是最优路径。

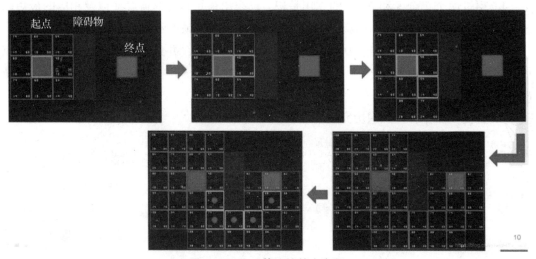

图 4-15　A*算法的基本步骤

A*算法是导航的基础算法（如百度地图），规划（如图 4-16 所示）的第一步是路线导航，侧重于研究如何从地图上的 A 点前往 B 点，如手机导航系统。Apollo 中通过路线规划模块处理该任务。规划的第二步是在路线规划的基础上进行轨迹规划。该轨迹由一系列点定义，每个点都有一个关联速度和一个指示何时应抵达那个点的时间戳。Apollo 通过规划模块处理该任务。路线规划的目标是找到从地图上的 A 点前往 B 点的最佳路径。轨迹规划的目标是找到避免碰撞和保持舒适度的可执行轨迹。图 4-16 由"节点"（Node）和"边缘"（Edge）组成。节点代表路段，边缘代表这些路段之间的连接。例如：在交叉路口，汽车可从节点 1 移动到节点 2、节点 3 或节点 4，反之亦然。可以对一个节点移动到另一个节点所需的成本进行建模。例如在现实生活中，拐过一个交叉路口比直行更费劲，所以从节点 1 到节点 4 的成本高于从节点 1 到节点 3 的成本。

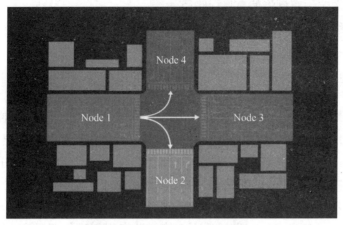

图 4-16　A*算法导航规划

假设到达了一个交叉路口（如图 4-17 所示），可以沿着公路直走、左转或右转。首先，将把这张地图转换为具有三个候选节点（Left，Straight，Right）的图形。其次，将对选项进行评估。在实践中，拐过交叉路口很费劲，所以为 Left 节点分配了更高的 G 值（G 值表示从起始点到候选节点的成本）。在查看公路选项之后，意识到必须走很长的路才能离开公路并返回目标，所以为 Straight 选项分配了更高的 H 值（H 值表示从候选节点到目的地的估计成本）。最后，通过将 G 值和 H 值相加来计算每个节点的 F 值。最低 F 值实际对应右边的候选节点。所以，这是接下来要前往的节点。

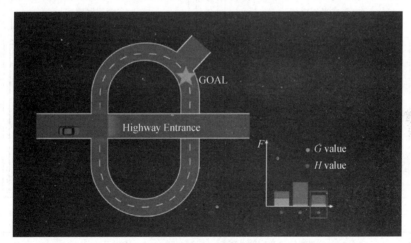

图 4-17　交叉路口

（2）基于曲线拟合的算法

其基本方法如下：

①余弦曲线：在起始位置和终点位置求二阶导数，取最大值（加速度为最大值），舒适性差。

②多项式曲线：可避免圆弧直线路径中曲率不连续的问题，达到曲率连续变化。

③圆弧及直线：路径曲率不连续，车辆到达曲率间断点处时需停车转向，否则因方向盘转速和车速的影响，车辆将偏离目标路径。

④贝塞尔曲线：对路径进行平滑处理，达到曲率变化率连续性。

⑤样条曲线：对路径进行平滑处理，达到曲率变化率连续性。

⑥微分平坦：对路径进行平滑处理，达到曲率变化率连续性。

（3）基于数值优化的算法

决策规划模块是"轻决策重规划"，且有好几种规划，RTK规划（RTK Planner）是基于录制的轨迹规划行车路线，EM规划（EM Planner）是路径和车速分层规划，Lattice规划（Lattice Planner）是直接高维轨迹规划（路径和车速一起规划）。这里只讲EM规划。在规划过程中解决决策问题，一般先是由路由（Routing）模块进行全局规划，得出参考路径，然后运动规划（Motion Planning）在此基础上进行局部轨迹规划。运动规划将路径和车速分层规划，并在SL和ST坐标系下，使用动态规划进行路径和车速的决策和粗规划，然后使用二次规划进行平滑处理（如图4-18所示）。

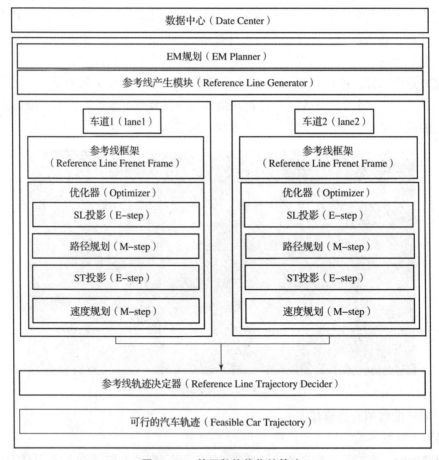

图4-18 基于数值优化的算法

①动态规划：使用动态规划的原因是Apollo把道路进行切片撒点，把轨迹问题变成分段最优问题，即动态规划中的最优子结构。

②二次规划：使用二次规划的原因是把路径和车速平滑性，以平方项的方式进行量化，由此转化为二次规划问题（如图4-19所示）。

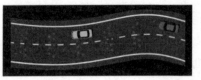

$$C_{smooth}(f) = w_1 \int (f'(s))^2 ds + w_2 \int (f''(s))^2 ds + w_3 \int (f'''(s))^2 ds$$

图4-19 二次规划

（4）基于人工势场的算法

人工势场算法假设车辆在一种虚拟力场下运动：车辆的初始点在一个较高的"山头"上，要到达的目标点在"山脚"下，这就形成了一种势场，车辆在这种势的引导下，避开障碍物，到达目标点（如图4-20所示）。

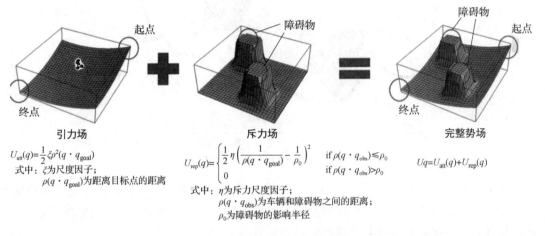

$U_{att}(q) = \frac{1}{2}\xi\rho^2(q \cdot q_{goal})$
式中：ξ 为尺度因子；
$\rho(q \cdot q_{goal})$ 为距离目标点的距离

$U_{rep}(q) = \begin{cases} \frac{1}{2}\eta\left(\frac{1}{\rho(q \cdot q_{obs})} - \frac{1}{\rho_0}\right)^2 & \text{if } \rho(q \cdot q_{obs}) \leq \rho_0 \\ 0 & \text{if } \rho(q \cdot q_{obs}) > \rho_0 \end{cases}$
式中：η 为斥力尺度因子；
$\rho(q \cdot q_{obs})$ 为车辆和障碍物之间的距离；
ρ_0 为障碍物的影响半径

$Uq = U_{att}(q) + U_{rep}(q)$

图4-20 引力场示意图

当然，人工势场法也有缺点：可能陷入局部最优解（如图4-21所示）。

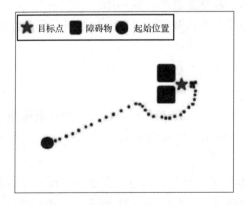 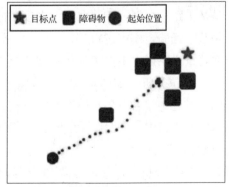

图4-21 人工势场法陷入局部最优解

(5) 基于采样的算法

RRT 随机树：快速随机地扩张，一群像树一样的路径以探索（填充）空间的大部分区域，伺机找到可行的路径。

①其基本步骤（如图 4-22 所示）如下：

a. 起点作为一颗种子，从它开始生长枝丫；

b. 在车辆所处的空间中，生成一个随机点 X；

c. 在树上找到距离 X 最近的点，记为 Y；

d. 朝着 X 的方向生长，如果没有碰到障碍物就把生长后的树枝和端点添加到树上，并返回步骤 b。

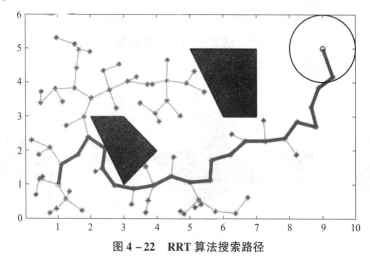

图 4-22　RRT 算法搜索路径

②RRT 算法的缺点也很明显：RRT 得到的路径质量一般都不高，例如可能包含棱角，不够光滑；通常也远离最优路径；难以在有狭窄通道的环境找到路径，因为狭窄通道面积小，被碰到的概率低，找到路径需要的时间并不确定。

③RRT 算法的规划应用场景有低速场景和高速场景。

在低速场景下，有三种算法可以选用：

一是基于轨迹规划：需额外考虑速度规划，该算法复杂一般不用；

二是基于路径规划：正弦曲线、多项式曲线、圆弧及直线、贝塞尔曲线、样条曲线；

三是基于经验：模糊逻辑等。

下面着重说明以水平泊车为例的圆弧及直线方法，如图 4-23 所示。

a. 最小车位分析（如图 4-24 所示）。

在泊车过程中，若以最小转弯半径行驶，则车辆右前方 B 点不得与车库 a 点碰撞（决定了车库的最小长度），车辆右后方 C 点不得与车库内侧 bc 边碰撞（决定了车库的最小宽度），由此得到两个不等式。

用 MATLAB 分析后发现：车辆泊车所需车位尺寸与车辆转弯半径相关，所需车位长度随转弯半径增大而增大，宽度随转弯半径增大而减小，如图 4-25 所示，代码如图 4-26 所示。

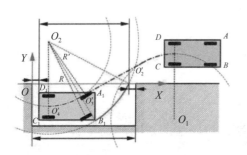
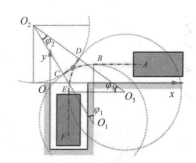

图 4-23 水平泊车公切线

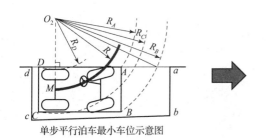

图 4-24 最小车位分析

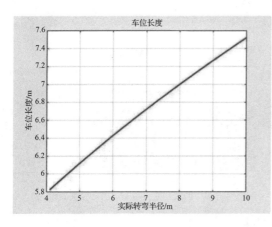
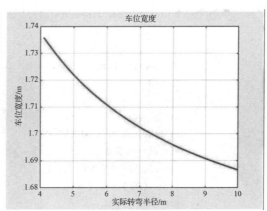

图 4-25 分析结果

b. 初始泊车位置可行性分析（如图 4-27 所示）。

车辆在泊车过程中并不是在任何位置都可以泊进车库，因此需要进行初始泊车位置的可行性分析。这里就需要考虑路线的可行性，即需要满足碰撞要求和最小转弯半径要求。

```matlab
clc;
clear;

Lr=0.95;
Lk=1.645;
Lf=0.8;
L=2.405;

Lad=zeros(60,1);
Lab=zeros(60,1);
Rv=zeros(60,1);

for i=1:60
    R=4+i/10;
    ladmin=Lr+((R+Lk/2)^2+(L+Lf)^2-(R-Lk/2)^2)^0.5;
    labmin=Lk/2+((R+Lk/2)^2+Lr^2)^0.5-R;

    Rv(i,1)=R;
    Lad(i,1)=ladmin;
    Lab(i,1)=labmin;
end

% h=figure();
% plot(Rv,Lad,'linewidth',2);
% title('车位长度');
% xlabel('实际转弯半径 / m');
% ylabel('车位长度 / m');
% grid on;

h=figure();
plot(Rv,Lab,'linewidth',2);
title('车位宽度');
xlabel('实际转弯半径 / m');
ylabel('车位宽度 / m');
grid on;

frame = getframe(h); % 获取frame
img = frame2im(frame); % 将frame变换成imwrite函数可以识别的格式
imwrite(img,'车位宽度.jpg'); % 保存到工作目录下,名字为"a.png"
```

图4-26 泊车代码

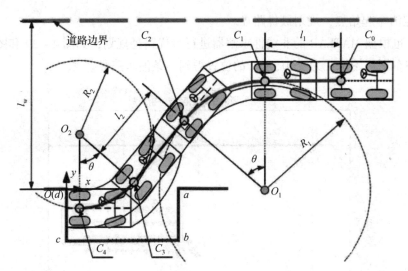

图 4-27 初始泊车位置可行性分析

优化自变量：可以通过 5 个参数，来对这样一条路径（图 4-27 中的粗实线：一段直线 + 一段圆弧 + 一段直线 + 一段圆弧）进行几何刻画，两个直线的长度，两个圆弧的半径，圆弧的角度（两个圆弧的角度应相等，否则车辆会停偏）。

目标函数：需要求解上述的这样一条组合线，使得该组合线段的起点（也就是 C_0 尽量接近于实际车辆的后轴中心点。换句话说，如果存在这样一条圆弧直线的泊车组合线，且起点就在车辆后轴中心点，则车辆就可以按照这个路径进行泊车。如果组合线起点 C_0 距离车辆后轴中心点较远，则需要把车辆挪到该起点后再沿着组合线进行泊车）。

碰撞约束：车辆沿圆弧行驶时，为避免车辆与道路边界物体或对面行驶来的车辆发生碰撞，车身轮廓左前点不越过道路边界线，此为不等式约束。车辆沿直线行驶时，车辆右侧轮廓线在车位顶点 a 左上方，此为不等式约束。

车辆参数约束：路径曲线圆弧半径不小于车辆最小转弯半径，此为不等式约束（如图 4-28 所示）。该问题为非线性规划问题。

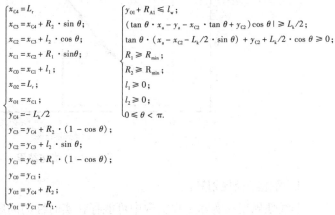

图 4-28 约束不等式

c. 给定泊车起始点，规划最优路径。

同样，也根据 MATLAB 的非线性求解器进行最优路径规划，如图 4-29 和图 4-30 所示，图中在车辆初始位置为（10，2）的位置得到一条泊车路径。

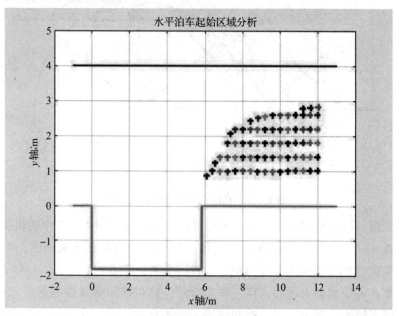

图 4-29　起始区域分析

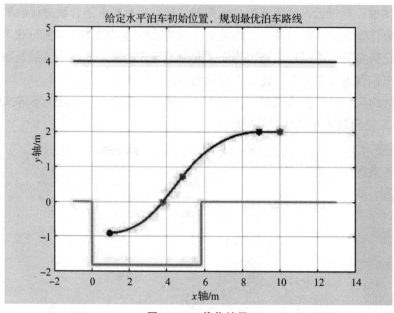

图 4-30　优化结果

d. 简化路径规划算法。

非线性规划在实际工程实现中可能存在实时性的问题，也有见到一些文献进行基于人类驾驶经验的简化，如图 4-31 所示。

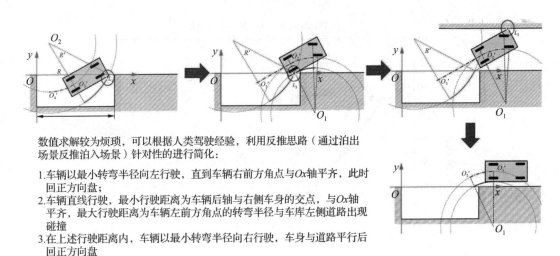

数值求解较为烦琐,可以根据人类驾驶经验,利用反推思路(通过泊出场景反推泊入场景)针对性的进行简化:

1. 车辆以最小转弯半径向左行驶,直到车辆右前方角点与 Ox 轴平齐,此时回正方向盘;
2. 车辆直线行驶,最小行驶距离为车辆后轴与右侧车身的交点,与 Ox 轴平齐,最大行驶距离为车辆左前方角点的转弯半径与车库左侧道路出现碰撞;
3. 在上述行驶距离内,车辆以最小转弯半径向右行驶,车身与道路平行后回正方向盘。

图 4-31 人类经验化泊车

e. 库内姿态调整。

当车库较小时,可能无法一次泊车入库,需要在车库内进行姿态调整,这种场景与前面整理的方法类似,因此这里只给出库内姿态调整大致一些思路:库内姿态调整可看作在上述泊车路径的基础上增加一段圆弧 C_4C_5,如图 4-32 所示。(车辆初始车身不正也可看作在起点 C_0 前增加一段圆弧。)

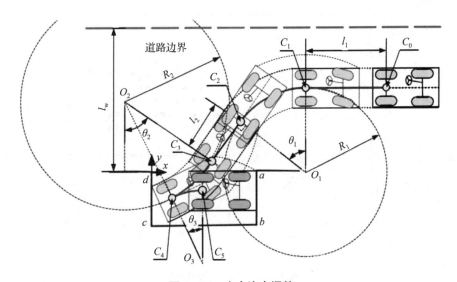

图 4-32 库内姿态调整

库内姿态调整和最小车位分析略有不同,需要使用多目标优化进行求解(求车库长度和车库宽度的最小值),需要对问题简化(在目标函数上把多目标问题转化为单目标问题进行优化)。暴力求解法如图 4-33 所示。

库内姿态调整的起始可行区域与可行区域分析类似,如图 4-34 所示。

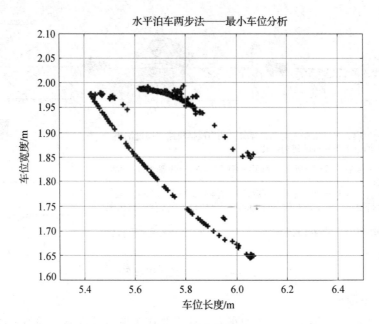

图 4-33 暴力求解法

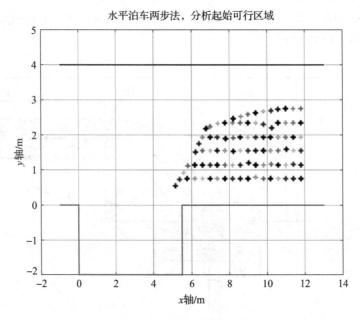

图 4-34 库内可行域分析

库内姿态调整的泊车路线如图 4-35 所示。

这种基于圆弧直线的方法也存在很多问题，如圆弧与直线连接处存在曲率突变、车速不匀等。

高速场景下的超车分为三个阶段：变道、超越和并道。从本质上看，这是驾驶员的两次换道和一次超越行为的综合结果（如图 4-36 和图 4-37 所示）。目前基于多项式的方法被较多使用（对标：LKA 也是基于 3 次多项式）。

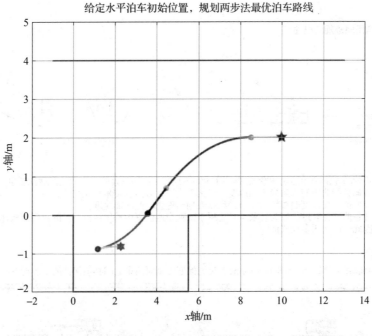

图 4-35 库内姿态调整

4. 路径规划技术的特点

①复杂性：在复杂环境中，尤其是动态时变环境中，车辆的路径规划非常复杂，需要大量的计算。

②随机性：在复杂环境的变化中，往往存在许多随机和不确定因素。

③多约束性：车辆行驶存在几何约束和物理约束。几何约束取决于车辆的形状，而物理约束则取决于车辆的速度和加速度。

④多目标：车辆运动过程中对路径性能有许多要求，如最短路径、最佳时间、最佳安全性能和最低能耗，这些指标之间往往存在冲突，需要系统权衡决策。

4.2.3 智能网联汽车决策算法

在确定全局路径之后，自动驾驶车辆需要根据具体的道路状况、交通规则、其他车辆与行人等情况做出合适的行为决策。

这一过程面临三个主要问题：首先，真实的驾驶场景千变万化，决策算法无法考虑到所有场景。其次，真实的驾驶场景是一个多智能体决策环境，包括主车在内的每一个参与者所做出的行为，都会给环境中的其他参与者带来影响，因此需要对环境中其他参与者的行为进行预测。最后自动驾驶车辆对于环境信息不可能做到100%的感知，例如存在许多被障碍物遮挡的可能危险情形。行为决策部分几乎直接关系到无人车的可靠性和安全性，要设计出完全符合人类驾驶员习惯和交通规则的行为决策系统在目前来看仍然是一大挑战，目前而言实现行为决策模块的方法很多，但是其设计理念大致可以总结为两点：

□ 超车场景常用轨迹规划概述

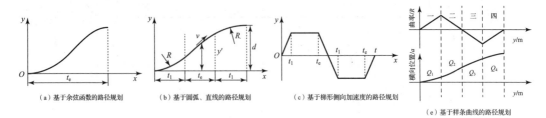

(a) 基于余弦函数的路径规划　(b) 基于圆弧、直线的路径规划　(c) 基于梯形侧向加速度的路径规划　(e) 基于样条曲线的路径规划

- 正弦/余弦曲线在起点和终点处二阶导（加速度）达到最大值，不满足舒适性要求；
- 圆弧直线曲线的二阶导（加速度）变化不连续，方向盘转角存在突变；
- 梯形侧向加速度曲线较为复杂，难以规划出理想的侧向加速度；
- 样条曲线计算过程较为复杂，只运用于微观交通仿真中特定运行路径的再现而构建；
- 因此一般选用多项式曲线

□ 安全距离

最小安全距离MSS（Minimum Safe Spacing）指为保证安全而两车之间必须保持的最小行车间距。

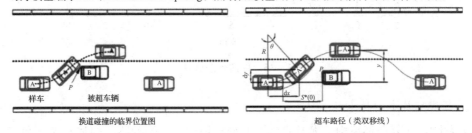

换道碰撞的临界位置图　　　　　超车路径（类双移线）

$MSS = \int_0^l \int_0^\sigma (a_B(\tau) - a_A(\tau)) d\tau d\sigma + (v_B(0) - v_A(0))t$

式中，x_A, v_A, a_A 为换道车辆的 x 方向位移、速度和纵向加速度；
x_B, v_B, a_B 为障碍车辆的 x 方向位移、速度和纵向加速度；
l 为换到车辆的车长，σ 为时间

因换道时间较短，纵向速度变化不大，该公式可简化

$MSS = (v_A(0) - v_B(0))t_p$

式中，t_p 为碰撞时间

□ 多项式曲线：公式推导过程

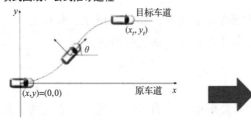

优化目标：
换道过程中的侧向加速度（较小且无突变）和换道时间。

边界条件：
1. 初始位置的纵向位移、侧向位移、侧向速度、侧向加速度均为0；
2. 目标状态的侧向位移为车道宽度、侧向速度、侧向加速度均为0。

因变量：
目标状态的纵向位移（即换道时间 t）

$x(t) = \sum_{i=0}^{5} q_i \times t^i = q_5 t^5 + q_4 t^4 + q_3 t^3 + q_2 t^2 + q_1 t + q_0$

$y(t) = \sum_{i=0}^{5} p_i \times t^i = p_5 t^5 + p_4 t^4 + p_3 t^3 + p_2 t^2 + p_1 t + p_0$

$[x_0 \ \dot{x}_0 \ \ddot{x}_0 \ x_1 \ \dot{x}_1 \ \ddot{x}_1]^T = T_{6\times6} \cdot Q^T$

$[y_0 \ \dot{y}_0 \ \ddot{y}_0 \ y_1 \ \dot{y}_1 \ \ddot{y}_1]^T = T_{6\times6} \cdot P^T$

式中：

$T_{6\times6} = \begin{bmatrix} t_0^5 & t_0^4 & t_0^3 & t_0^2 & t_0 & 1 \\ 5t_0^4 & 4t_0^3 & 3t_0^2 & 2t_0 & 1 & 0 \\ 20t_0^3 & 12t_0^2 & 6t_0 & 2 & 0 & 0 \\ t_1^5 & t_1^4 & t_1^3 & t_1^2 & t_1 & 1 \\ 5t_1^4 & 4t_1^3 & 3t_1^2 & 2t_1 & 1 & 0 \\ 20t_1^3 & 12t_1^2 & 6t_1 & 2 & 1 & 0 \end{bmatrix}$

$Q^T = [q_5 \ q_4 \ q_3 \ q_2 \ q_1 \ q_0]$
$P^T = [p_5 \ p_4 \ p_3 \ p_2 \ p_1 \ p_0]$

图4-36　超车综述图

□ 多项式曲线：仿真对比

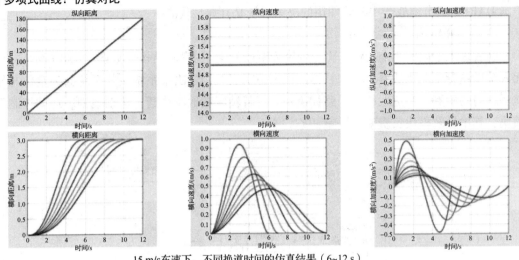

15 m/s车速下，不同换道时间的仿真结果（6~12 s）

图4-37 超车多项式曲线对比

一是合理性：无人车驾驶的合理性建立在两个基础之上——交通法规和驾驶经验，其中交通法规的优先级又要高于驾驶经验，交通法规需要考虑的内容包括：靠右侧车道行驶，不能超速，换道超车时应提前开启转向灯，对于感知到的交通信号灯和交通标志，应按照其指示内容行驶，出现任何危险情况，应当能够果断地执行紧急制动等。驾驶经验需要考虑的内容主要包括：尽量保持在原车道，不应随意变道；城市路段行驶时，不应随意加速，确保驾驶的平顺性；对于前车行驶缓慢而条件满足的情况应当果断超车等。

二是实时性：任何无人车系统中的行为决策都是实时的，行为决策应当能够处理复杂的动态交通场景，并且能够根据环境的变化快速地调整驾驶行为以避免危险的发生。

综合以上几点，在自动驾驶行为决策层，需要解决的是在多智能体决策的复杂环境中，存在感知不确定性情况的规划问题。可以说这一难题是真正实现L4、L5级自动驾驶技术的核心瓶颈之一，近年来深度强化学习等领域的快速发展，为解决这一问题带来了新的思路和曙光。目前主要有四种流行的决策模型：有限状态机模型、决策树模型、基于知识的推理决策模型、基于价值的决策模型。

1. 有限状态机模型

自动驾驶车辆最开始的决策模型为有限状态机模型，车辆根据当前环境选择合适的驾驶行为，如停车、换道、超车、避让、缓慢行驶等模式，状态机模型通过构建有限的有向连通图来描述不同的驾驶状态以及状态之间的转移关系，从而根据驾驶状态的迁移反应式地生成驾驶动作。

有限状态机模型因为简单、易行，是无人驾驶领域目前最广泛的行为决策模型，但该类模型忽略了环境的动态性和不确定性，此外，当驾驶场景特征较多时，状态的划分和管理比较烦琐，多适用于简单场景下，很难胜任具有丰富结构化特征的城区道路环境下的行为决策任务。

有限状态机法是经典的决策方法，其实用性与稳定性在无人车决策系统中广泛应用，美国 DARPA 城市挑战赛中各队使用的决策系统是其典型代表。

（1）串联结构

麻省理工学院的 Talos 无人车行为决策系统总体采用串联结构（如图 4-38 所示）。该无人车以越野工况挑战赛为任务目标，根据逻辑层级构建决策系统。其系统分为定位与导航、障碍物检测、车道线检测、路标识别、可行驶区域地图构建、运动规划、运动控制等模块，其中导航模块负责制定决策任务。

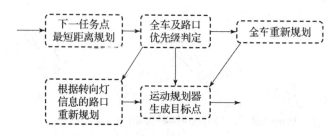

图 4-38　Talos 无人车行为决策系统——串联式

串联式结构的优点是逻辑明确、规划推理能力强、问题求解精度高。其缺点在于对复杂问题的适应性差，某子状态故障时，会导致整个决策链的瘫痪。串联结构适用于某一工况的具体处理，擅长任务的层级推理与细分解决。

（2）并联结构

斯坦福大学与大众公司研发的 Junior 无人车行为决策系统结构是典型的并联结构（如图 4-39 所示）。该系统分为初始化、前向行驶、停止标志前等待、路口通过、U 形弯等 13 个子状态，各个子状态相互独立。

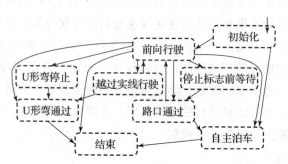

图 4-39　Junior 无人车行为决策系统——并联式

Junior 决策系统是并联划分子系统最多的系统之一，但在实际场景测试中，依然存在有限状态机没有覆盖的工况，且对真实场景的辨识准确率较差。这说明单纯地应用并联式场景行为细分并不能提高场景遍历的深度，相反容易降低场景辨识准确率。

梅赛德斯-奔驰公司研发的 Bertha 无人车行为决策系统如图 4-40 所示。该系统分为路径规划、目标分析、交通信号灯管理、放弃管理 4 个独立并行的子状态模块，其中，放弃管理模块通过换挡操纵杆信号进行无人和有人驾驶的切换。

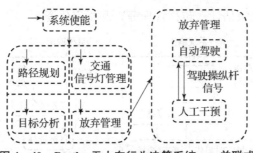

图4-40 Bertha无人车行为决策系统——并联式

国防科学技术大学研发的红旗CA7460无人车行为决策系统如图4-41所示，其具备典型的并联结构。该系统适用于高速公路工况，其决策系统划分为自由跟踪行车道、自由跟踪超车道、行车道换入超车道、超车道换入行车道等模式。

红旗CA7460对车辆行驶的安全性指标和效率指标进行了衡量，根据交通状况和安全性指标选出满足条件的候选行为，再根据效率指标决策出最优行为。

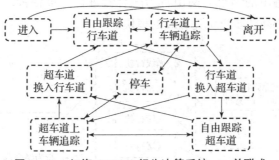

图4-41 红旗CA7460行为决策系统——并联式

卡尔斯鲁厄工业大学的AnnieWAY无人车团队建立了并行层次状态机，构建决策系统应对环境中出现的各类情况。布伦瑞克工业大学提出的移动导航分布式体系结构，包含一系列驾驶行为（跟随道路点、车道保持、避障、行驶在停车区等），通过投票机制决策驾驶行为并应用于Caroline号无人车上。

并联式结构将每一种工况单独划分成模块进行处理，整个系统可快速、灵活地对输入进行响应。但在复杂工况下，由于遍历状态较多导致的算法机构庞大，以及状态间的划分与状态冲突的解决是难点。并联结构适用于场景较复杂的工况。

相较于串联结构，并联结构的优点是具备场景遍历广度优势，易于实现复杂的功能组合，具有较好的模块性与拓展性，缺点是系统不具备时序性，缺乏场景遍历的深度，决策易忽略细微环境变化，状态划分灰色地带难以处理，从而导致决策错误。

（3）混联结构

串、并联结构具备各自的局限性，混联式结构可较好地结合两者优点，层级式混联结构是比较典型的方法。

卡内基梅隆大学与福特公司研发的Boss无人车行为决策系统如图4-42所示，其具备典型的层级式混联结构。系统顶层基于场景行为划分，底层基于自车行为划分。3个顶层行为及其底层行为分别为：车道保持（车道选择、场景实时报告、距离保持器、行为发生器等)、路口处理(优先级估计、转移管理等)和指定位姿。

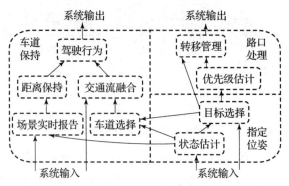

图4-42 Boss无人车行为决策系统——混联式

弗吉尼亚理工大学研发的Odin无人车行为决策系统如图4-43所示。该系统引入决策仲裁机制,其决策系统划分为车道保持、超车、汇入交通流、U形弯、拥堵再规划等模块。每个子决策模块输出的结果均交由行为融合器进行决策仲裁。各模块具备不同优先级,优先级低的模块必须让步于优先级高的模块。

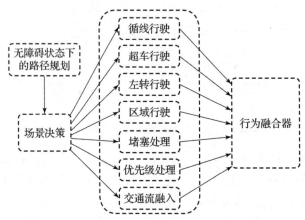

图4-43 Odin无人车行为决策系统——混联式

中国科学技术大学研发的智能驾驶Ⅱ号行为决策系统如图4-44所示,其具备典型的混联结构。该系统进行了专家算法和机器学习算法的融合,顶层决策系统采用并联式有限状态机,分为跟车巡航、十字路口、U形弯、自主泊车等模块。底层采用学习算法(ID3决策树法),用以得出车辆的具体目标状态及目标动作。

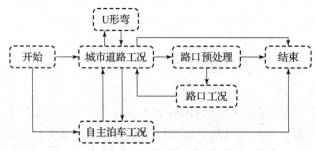

图4-44 智能驾驶Ⅱ号行为决策系统——混联式

这种层级处理的思想还衍生出各种具体的应用方法：康奈尔大学的 Skynet 号无人车通过结合交通规则和周围环境，建立了 3 层规划系统，划分驾驶行为、规划策略与底层操作控制，实现对车辆行为的决策处理；清华大学的 THMR–V 无人车采用分层式的体系结构，将系统分为协调级和执行级，通过协调级对环境和车辆状态进行局部规划，最高时速可达百公里；佛罗里达大学的 Knight Rider 号无人车包含人工智能模块，建立了层次结构驾驶员模型，将驾驶任务分为战略、战术和操作层级，通过战略层设定次级目标来生成序列最优战术，并经过操作层输出控制信号。

来自宾州大学的 Little Ben 号无人车研发团队建立了简单的规则，对比赛给定的任务文件进行驾驶行为的划分，结合路网信息确定车辆行为，以此作为车辆的上层决策系统。

2. 决策树模型

决策树模型和状态机模型类似，也是通过当前驾驶状态的属性值反应式地选择不同的驾驶动作，区别在于该类模型将驾驶状态和控制逻辑固化到了树形结构中，通过自顶向下的"轮询"机制进行驾驶策略搜索。这类决策模型具备可视化的控制逻辑，并且控制节点可复用，但需要针对每个驾驶场景离线定义决策网络，当状态空间、行为空间较大时，控制逻辑将比较复杂。另外，该类模型同样无法考虑交通环境中存在的不确定性因素。

决策树法为机器学习理论中一种具有代表性的方法，中国科技大学的智能驾驶Ⅱ号将其用于决策系统。其应用的 ID3 决策树法适用于多种具体工况，如路口、U 形弯工况等，其先由顶层有限状态机决策出具体场景，再进入决策树进行相应的计算。

以十字路口工况为例，首先确定当前工况的条件属性（即系统输入，如自车车速、干扰车车速等）和决策属性（即系统输出，如加速直行、停车让行等）。选取若干样本数据进行基于灰关联熵的条件属性影响分析，获得基于 ID3 算法的行为决策树（如图 4–45 所示）。该行为决策树即机器通过学习后自主获得的行为规则库的一种表现形式。无人车运行时，将驾驶环境信息转化成条件属性，交由决策树进行计算，最终得出决策指令，指导无人车的行为操作。

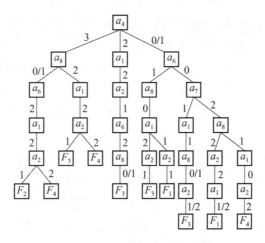

图 4–45 基于 ID3 算法的行为决策树

ID3决策树法具有知识自动获取、准确表达、结构清晰简明的优点，其缺点同样明显，即对于大量数据获取的难度较大，数据可靠性不足，数据离散化处理后精度不足。德国宝马和慕尼黑工业大学提出了一种基于部分可观测马尔科夫决策过程（Partially Observable Markov Decision Processes，POMDP）的决策模型，主要解决动态和不确定驾驶环境下的决策问题，其不确定性主要来源于传感器噪声和交通参与者行驶意图的不确定性。POMDP将其他车辆的驾驶意图作为隐藏变量，建立贝叶斯概率模型，可求解出自车在规划路径上的最优加速度。在复杂交叉路口的仿真测试下，能够较好地根据其他车辆的驾驶行为调整自车的最优加速度，保证安全性与行车效率。丰田公司的Urtasun等人提出了一种基于概率的生成式模型，提取室外环境的语义信息作为输入，并输出行为决策。

3. 基于知识的推理决策模型

基于知识的推理决策模型由"场景特征 – 驾驶动作"的映射关系来模仿人类驾驶员的行为决策过程，该类模型将驾驶知识存储在知识库或者神经网络中，这里的驾驶知识主要表现为规则、案例或场景特征到驾驶动作的映射关系。进而，通过"查询"机制从知识库或者训练过的网络结构中推理出驾驶动作。

该类模型主要包括：基于规则的推理系统、基于案例的推理系统和基于神经网络的映射模型。该类模型对先验驾驶知识、训练数据的依赖性较大，需要对驾驶知识进行精心整理、管理和更新，虽然基于神经网络的映射模型可以省去数据标注和知识整合的过程，但是仍然存在以下缺点：其"数据"驱动机制使得其对训练数据的依赖性较大，训练数据需要足够充分；将映射关系固化到网络结构中，其解释性较差。

深度学习方法在建模现实问题上具有极强的灵活性，近年来被许多专家、学者应用于无人车决策系统。NVIDIA研发的无人驾驶车辆系统架构是一种典型架构，其采用端到端卷积神经网络进行决策处理，使决策系统大幅简化。系统直接输入由相机获得的各帧图像，经由神经网络决策后直接输出车辆目标转向盘转角。存在"黑箱"问题，透明性差，对于实际系统中出现的问题可追溯性较差，很难发现问题根源。

该系统使用NVIDIA DevBox作处理器，用Torch7作为系统框架进行训练，工作时每秒处理3帧数据，其训练模型如图4 – 46所示。图像输入卷积神经网络（Convolutional Neural Networks，CNN）计算转向控制命令，将预测的转向控制命令与理想的控制命令相比较，然后调整CNN模型的权重使得预测值尽可能接近理想值。权重调整由机器学习库Torch7的反向传播算法完成。训练完成后，模型可以利用中心的单个相机数据生成转向控制命令。

NVIDIA无人车深度学习系统网络结构如图4 – 47所示，共9层，包括1个归一化层、5个卷积层和3个全连接层。输入图像被映射到YUV颜色空间，然后传入网络。

仿真结果表明，其神经网络能完整地学习保持车道驾驶的任务，而不需要人工将任务分解为车道检测、语义识别、路径规划和车辆控制等。CNN模型可以从稀疏的训练信号（只有转向控制命令）中学到有意义的道路特征，100 h以内的少量训练数据就足以完成在各种条件下操控车辆的训练。

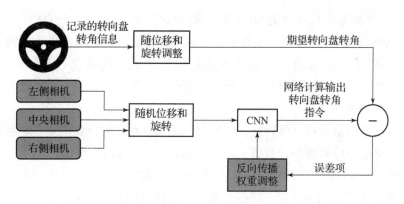

图 4-46 NVIDIA 无人车决策系统训练模型

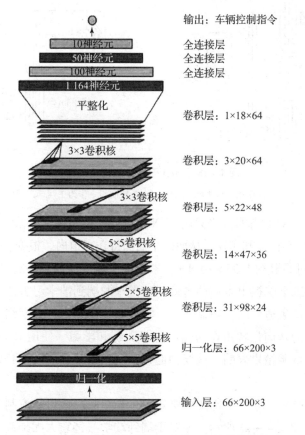

图 4-47 NVIDIA 无人车深度学习系统网络结构

百度端到端系统实现了对车辆的纵向和横向控制：纵向控制采用堆叠卷积长短期记忆（Long Short Term Memory，LSTM）深度学习模型，提取帧序列图像中的时空特征信息，实现特征到纵向控制指令的映射；横向控制采用 CNN 深度学习模型，从单幅前视相机的图像直接计算出横向控制的曲率。模型主要关注视觉特征的提取、时序规律的发现、行为的映射等方面。

其中，纵向控制被看作时空序列预测问题，输入单元为最近 5 帧图像（图像采集频率是每秒 8 帧），每帧图像均缩放为 80 像素 × 80 像素的 RGB 格式。LSTM 模型的第 1 层有 64 个通道，其内核大小为 5 像素 × 5 像素，后续层拥有更多的通道和更小的内核，最后一个卷积层为 2 个完全连通的层。输出单元是线性单元，代价函数是 MSE，优化器是 rmsprop。横向控制由 1 个预处理层、5 个卷积层和 2 个全连接层组成。输入为 320 像素 × 320 像素的 RGB 格式图像。

Intel 利用已有控制数据训练网络，完成端到端的自动驾驶，如图 4-48 所示。其在网络中考虑了方向性的控制指令（直行、左转、右转），使得网络可以在车道保持的同时完成转弯等操作。图 4-48 为两种不同的结合控制指令的结构：一种作为网络的输入；另一种将指令分为 3 个不同的输出层，根据控制指令选择不同的输出。

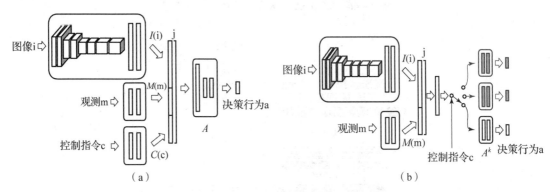

图 4-48 Intel 无人车决策控制模型
(a) 控制指令作为输入模块；(b) 控制指令作为中间选择模块

Comma.ai 利用 CNN，并且几乎只用 CNN 来构造决策系统。该系统将图像导入网络，通过网络输出命令调整转向盘和车速，从而使车辆保持在车道内。根据 Comma.ai 公布的数据，该公司目前已经累计行驶约 1.35×10^6 km，累计行驶时间为 22 000 h，累计用户 1 909 人。

美国伍斯特理工学院提出了一种自动驾驶汽车的端到端学习方法，能够直接从前视相机拍摄的图像帧中产生适当的转向盘转角。它主要使用卷积神经网络将特征级的图像数据作为输入，驾驶员的转向盘转角作为输出进行训练和学习，使用 Comma.ai 公布的数据集进行训练和评估。试验结果表明，该模型能够实现相对精确的转向控制，很好地完成了车道保持动作。

Mobileye 把增强学习应用在高级驾驶策略的学习上，感知及控制等模块则被独立出来处理，其决策结构如图 4-49 所示。相对于端到端学习，它大大提高了决策过程的可解释性和可操作性，很好地适配了传统机器人学中感知—决策—控制的系统架构。

Drive.ai 获准在美国加州公共道路上测试无人驾驶汽车，其在感知和决策上都使用深度学习，但避免整体系统的端到端，而是将系统按模块分解，再分别应用深度学习，同时结合规则、知识确保系统的安全性。

Waymo 通过模拟驾驶及道路测试获取了大量的数据对其行为决策系统进行训练。该系统不仅能对物体进行探测，还能对障碍物进行语义理解。对不同道路参与者的行为方式建立准确的模型，判断它可能的行为方式以及对汽车自身的道路行为产生的影响，输入决策

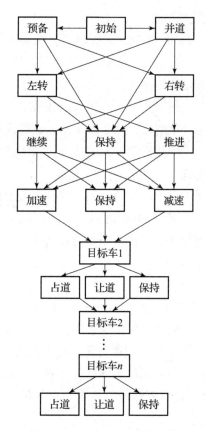

图 4-49 Mobileye 决策架构

系统，保证决策行为的安全性。

卡内基梅隆大学提出了一种基于预测和代价函数（Prediction and Cost function-Based, PCB）算法的离线学习机制，用于模拟人类驾驶员的行为决策。其决策系统针对交通场景预测与评估问题建立模型，使用学习算法，利用有限的训练数据进行优化。训练数据来源于人类驾驶员在实际道路的跟车场景，主要包含自车车速、前车车速以及两车之间的距离等。在 120 km 的低速跟车测试中，PCB 和人类跟车的车速差异仅为 5%，能够很好地完成跟车操作。

国防科技大学的刘春明教授等人构建了 14 自由度的车辆模型，采用模型控制预测理论，利用增强学习理论的方法，基于仿真数据得到了无人车的决策模型。该方法利用多自由度车辆模型对车辆的实际动力学特性进行考量，有利于满足车辆行驶稳定与乘员舒适的要求。

4. 基于价值的决策模型

根据最大效用理论，基于效用/价值的决策模型的基本思想是依据选择准则在多个备选方案中选择出最优的驾驶策略/动作。

为了评估每个驾驶动作的好坏程度，该类模型定义了效用（Utility）或价值（Value）函数，根据某些准则属性定量地评估驾驶策略符合驾驶任务目标的程度。对于无人驾驶任务而言，这些准则属性可以是安全性、舒适度、行车效率等，效用和价值可以是由其中单个属性决定也可以是由多个属性决定。

澳大利亚格里菲斯大学的 Furda 和 Vlacic 提出了多准则决策方法,从候选动作集中选择最优的驾驶动作;新加坡国立大学的 Bandyopadhyay 等人提出了基于 POMDP 的行为决策模型,用以解决存在感知不确定性的情况;卡内基梅隆大学的 Wei J 等人提出基于 PCB 的行为决策模型,其侧重点在于如何构建恰当的代价函数来指导对环境的预测;为了解决在多智能体参与的复杂环境中的决策问题,许多基于博弈论的模型也被研究者用来推理车辆之间的交互行为;此外,因为在特征提取方面的优势,深度强化学习技术也开始被广泛应用,以完成最优驾驶动作的生成。

近年来有许多研究将深度强化学习应用在无人驾驶决策上面,麻省理工学院在仿真器中模拟单向 7 车道工况,利用定义好的深度强化学习(Deep Q – Learning,DQN)模型调整网络结构,可在浏览器上进行训练工作,完善决策系统。

【扩展阅读】

在 2016 举行的中国汽车工程学会年会(SACCE 2016)的分会讨论中,地平线机器人科技创始人余凯博士提到特斯拉先把硬件系统装上去,然后逐步升级软件的做法,已经在上一代 Autopilot 中实践过了,特斯拉定期通过无线网络更新其汽车软件,以提高性能和修复安全漏洞,多年来他一直在使用所谓的无线软件更新(Over – The – Air Software Update,OTA)。特斯拉即使在汽车出厂之后依然能够依据反馈到的云端数据,及时做出反应,不断提升车辆性能和用户体验。

【知识小结】

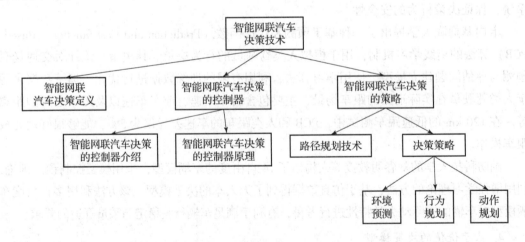

【复习题】

1. 简述智能网联汽车策略控制器的工作原理。
2. 智能网联汽车路径规划技术的算法有哪些?
3. 简述基于机理和基于人工智能决策控制系统的不同之处。

第5章 智能网联汽车执行控制技术

【学习目标】

通过本章的学习，学生应掌握智能网联汽车线控技术的定义及原理，熟悉各种汽车运动控制模块，初步了解汽车的运动学与动力学模型。

【案例引入】

电动化和智能化的发展，对汽车底盘系统提出了新的要求。在自动驾驶硬件系统中，线控技术是汽车高精度控制的基础，也是未来汽车控制技术的重要发展方向，更是智能驾驶汽车实现的硬件基石。因此线控技术是智能汽车值得关注的一个重要组成部分。从自动驾驶系统的分工来看，共分为感知、决策和执行三部分，其中底盘系统属于自动驾驶中的"执行"机构，是最终实现自动驾驶的核心功能模块。因此世界各国以及各车企都在积极推动底盘线控技术的发展与迭代。针对我国来说，截至2021年，我国线控底盘市场规模已达145亿元；有关研究机构调查预测，2026年市场规模可能达到570亿元。目前博世、大陆、采埃孚天合等供应企业都在抓紧部署研发，抢占市场。

请带着以下几个问题来进行本章的学习：

1. 线控转向技术分为几个模块？
2. 什么是线性二自由度汽车模型？

本章主要介绍智能汽车执行控制技术，包括线控转向、线控制动与运动控制技术。在自动驾驶系统中，线控技术是汽车高精度控制的基础。自动驾驶底盘各子系统能够将车辆的行驶速度、发动机转速、挡位数据及方向盘转角等信息通过CAN总线传递给自动驾驶控制系统，实现对车辆的精准控制；通过车辆线控化使自动驾驶执行命令得到执行、反馈和调优；通过自动驾驶车辆底层线控化改装、底层控制器的调试与研发，提高自动驾驶车辆运行稳定性及可靠性；采用工业级器件焊接与专用的车辆连接器，辅以多种传感器获取前方道路、周围等车辆环境信息以及车辆状态信息，并通过智能决策与自动控制实现自动驾驶汽车的安全行驶。

5.1 汽车线控转向技术

5.1.1 汽车线控转向技术定义

转向性能是汽车的主要性能之一，转向系统性能直接影响汽车的操纵稳定性，在车辆安全行驶、减少交通事故、保护驾驶员人身安全以及改善驾驶员工作条件等方面起着重要的作用。如何合理地设计转向系统，使汽车具有良好的操纵性能，是设计人员的重要研究课题。在车辆高速化、驾驶人员非职业化、车流密集化的今天，针对不同水平的驾驶人群，汽车的易操纵性设计显得尤为重要。线控转向（Steering by Wire，SBW）系统的发展，正迎合了这种客观需求，是继电动助力转向（Electric Power Steering，EPS）系统后的新一代转向系统。

线控转向技术是指在驾驶员输入接口（转向盘）和执行机构（转向轮）之间通过线控（电子信号）连接，然后通过给助力电机发送电信号指令，实现对转向系统控制，并反馈给驾驶员相应的路感信息。线控转向具有比 EPS 操纵稳定性更好的特点，而且在转向盘和转向轮之间不再采用机械连接，完全由电能实现转向，彻底摆脱传统转向系统的固有限制，实现力传递特性与角传递特性的自由设计，简化驾驶操作的同时提高了车辆的安全性。

5.1.2 汽车线控转向系统组成

汽车线控转向系统主要由方向盘总成、转向执行总成、主控制器（Electronic Control Unit，ECU）三个部分以及自动防故障系统、转向助力系统及电源系统等辅助系统组成。

1. 方向盘总成

方向盘总成包括方向盘、方向盘转角传感器、力矩传感器和方向盘回正力矩电机，其主要功能是将驾驶员的转向意图（通过测量方向盘转角）转换成数字信号传递给主控制器，同时接收主控制器传递的力矩信号，产生方向盘回正力矩，提供给驾驶员相应的路感信息。

（1）方向盘转角传感器

方向盘转角传感器可分为模拟式方向盘转角传感器和数字式方向盘转角传感器，一般安装在方向盘下方的方向盘管柱内，通过控制器局域网（Controller Area Network，CAN）和脉冲编码调制（Pulse-Code Modulation，PCM）相连。通常使用的方向盘转角传感器如图 5-1 所示，采用三个齿轮的机械结构，来测量转角和转过的圈数。大齿轮随方向盘管柱一起转动，两个小齿轮齿数相差一个，与传感器外壳一起固定在车身上，不随方向盘转动而转动。两个小齿轮分别采集到随方向盘转动的转角，由于相差一个齿，不同的圈数就会相差特定的角度，通过计算得到方向盘的绝对转角。

此外还有通过光电编码器的方式采集转角，但是在汽车应用中，由于光电传感器的可靠性等问题，产品中使用较少，在此不多叙述。

图 5-1　方向盘转角传感器

（2）力矩传感器

力矩传感器（如图 5-2 所示）是电控动力转向系统的重要组成元件之一，用以测量驾驶员作用在方向盘上的力矩大小和方向，并将测量信息转换为电信号传递至动力转向 ECU，决定辅助动力的方向和大小，实现低速行驶时减小转向力矩，高速行驶时适度增大转向力矩。

力矩传感器目前可分为接触式和非接触式两种。接触式力矩传感器是在转向轴与转向小齿轮之间安装一个扭杆，当转向系统工作时利用滑环和电位计测量扭杆的变形量并将其转化为电压信号。非接触式力矩传感器又叫滑动可变电阻式力矩传感器，传感器中有两对磁极环，当输入轴和输出轴之间发生相对转动时，磁极环之间的空气间隙发生变化，从而引起电磁感应系数的变化，在线圈中产生感应电压，并将电压信号转化为扭矩信号。

图 5-2　力矩传感器

（3）方向盘回正力矩电机

由于线控转向系统取消了方向盘与转向机构之间的机械连接，因此在完成转向任务后，方向盘不能借助车轮产生的回正力矩自动回正，方向盘回正力矩电机的作用就是提供给方向盘一个回正力矩，使方向盘自动回正。

2. 转向执行总成

转向执行总成由前轮转角传感器、前轮转向组件、转向执行电机和转向电机控制器等组成。其功能是接收主控制器的命令，通过转向电机控制器控制车辆前轮转向转动，实现驾驶员的转向意图。

3. 主控制器

主控制器对采集的信号进行分析处理，判别汽车运动状态，并向方向盘回正力矩电机和转向电机发送指令，控制两个电机的工作，保证各种工况下都具有理想的车辆响应，以减轻驾驶员负担。此外，主控制器还可以对驾驶员的操作指令进行识别，判定在当前状态下驾驶员的转向操作是否合理。当驾驶员发出错误指令使汽车处于非稳定状态时，控制器会屏蔽错误指令，自动进行稳定控制，使汽车尽快恢复至稳定状态。

4. 辅助系统

自动防故障系统是线控转向系统的重要模块，包括一系列监控和实施算法，针对不同的故障形式和故障等级做出相应处理，最大限度地保证汽车正常行驶。

根据电动机的安装位置，转向助力系统可分为转向柱助力型（Column EPS，C‑EPS）、小齿轮助力型（Pinion EPS，P‑EPS）和齿条助力型（Rack EPS，R‑EPS）。其中，C‑EPS助力电机安装在转向柱上面，助力力矩值受到限制，多用于小型汽车；P‑EPS助力电机安装在小齿轮上（转向柱万向节和转向机连接处），由于不安装在驾驶空间中，故可提供较大的转向力；R‑EPS助力电机安装在转向机的直拉杆齿条上，直接驱动直拉杆进行转向，这种类型的助力系统安装灵活，可节省空间。但后两者的成本相对较高，多用于中高级车辆。以C‑EPS为例，其结构如图5‑3所示。

图5‑3 C‑EPS转向助力系统结构

电源系统主要由蓄电池、发电机、调节器、充电状态指示装置、开关和导线等连接而成，承担着控制器、执行马达以及车用电器等部件的供电任务。按电子调节器的安装方式不同，电源系统的布置形式可分为分离式和整体式两种，目前汽车上的电源系统主要为12 V和24 V电系，且普遍采用交流发电机与电子调节器。

5.1.3 汽车线控转向技术原理

1. 汽车线控转向系统的工作原理

采用传感器检测驾驶员的转向数据,通过数据总线将信号传递至ECU,并从转向控制系统获得反馈命令;转向控制系统从转向操纵机构获得驾驶员的转向指令,从转向系统获得车轮情况,从而指挥整个转向系统的运动。转向系统控制车轮转到所需角度,并将车轮的转角和转动转矩反馈到系统其余部分,比如转向操纵机构,使驾驶员获得路感,路感大小可根据不同情况由转向控制系统控制。

2. 转向输入

当驾驶员转动转向盘时,转向盘转角位移传感器检测出驾驶员转向意图,将其转换为数字信号,连同车速信号、横摆角速度信号、侧向加速度信号、道路附着条件以及其他车辆行驶信息通过数据总线传输给线控转向系统ECU。

3. 实现转向

ECU按照提前设定好的前轮转角控制算法,计算出前轮转角控制信号,传递给转向电机,控制转向车轮输出目标前轮转角。

4. 实现路感反馈

ECU通过转向执行系统的转向阻力传感器获得转向阻力信息,按照提前设定好的回正力矩计算方法,计算力矩大小,并传递给转向系统中的路感电机,使驾驶员获得反映路感信息的回正力矩。

5.2 汽车线控制动技术

传统的制动系统主要包括制动踏板、真空助力器、储液罐、主缸、轮缸,制动盘以及制动管路。当踩下踏板时,储液罐中的制动液通过主缸分配到两条制动管路中,进入轮缸形成制动力。线控制动系统是在传统制动系统中加入控制器和传感器,主动产生制动压力并分配至各车轮制动轮缸,使车辆产生稳定平衡的制动力。

5.2.1 汽车线控制动技术组成

线控制动系统主要由接收单元、控制器和执行单元组成。接收单元包括制动踏板、踏板行程传感器等。制动控制器(ECU)可接收制动踏板发出的信号,控制制动器制动;接收驻车制动信号,控制驻车制动;接收车轮传感器信号,控制车轮制动力,实现防抱死和驱动防滑,并兼顾其他系统的控制。执行单元包括电制动器或液压制动器等。

线控制动系统的核心是液压调节器,其结构如图5-4所示,通过电动机推动柱塞泵在其内部主缸油道产生一个稳定的压力源(由溢流阀控制最大压力值,目前一些压力调节器可在内部形成25 MPa的主动制动压力源)并由轮缸的液压阀组合控制,实现各轮缸增压、保压和减压控制,进而实现对各轮缸的主动制动控制。

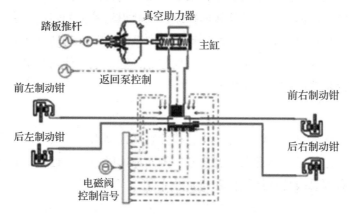

图5-4 线控制动系统液压调节器结构

线控制动系统一般分为电控液压制动、电动机械制动和混合线控制动三种类型。

1. 电控液压制动系统

电控液压制动(Electro Hydraulic Brake,EHB)系统的控制单元及执行机构布置比较集中,使用制动液作为动力传递媒介,有液压备份系统,因此也可称为集中式、湿式制动系统,该系统发展较早,技术相对成熟。

EHB系统采用一种集成电子踏板传感器,能精确感知驾驶员控制踏板的轻重缓急,并转换为电信号传递至电子控制单元,根据不同的驾驶工况自动调节车轮的制动压力。此种系统缩短了反应时间,避免驾驶员因传统制动系统作用反力引起的振动而减小制动力的危险。执行机构用一个综合的制动模块取代传统制动器中的压力调节器和ABS模块,综合制动模块包含电机、泵、蓄电池等部件,可产生并储存制动压力,实现对四个轮胎制动力矩的单独调节。

与传统的液压制动系统相比,EHB系统的主要优势为:

①结构紧凑,改善了制动效能。

②控制方便可靠,制动噪声显著减小。

③不需要真空装置,有效减轻了制动踏板的打脚,提供了更好的踏板感觉。

④由于模块化程度的提高,在车辆设计过程提高了设计灵活性,减少了制动系统的零部件数量,节省了车内制动系统的布置空间。

但EHB仍存在局限性,整个系统仍需要液压部件,离不开制动液。

2. 电动机械制动系统

电动机械制动系统(Electro Mechanical Brake,EMB)采用机电装置取代了传统液压管路,动作执行机构一般安装于车轮边,因此也可称分布式、干式制动系统。EMB系统完全摒弃了传统制动系统的制动液与液压管路等部件,由电机驱动制动器产生制动力,是真正意义上的线控制动系统。EMB 系统内没有液压驱动和控制部分,机械连接只存在于电机到制动钳的驱动部分,由导线传递能量,由数据线传递信号。EMB 系统的关键部件之一是电子机械制动器,按其结构特点和工作原理可分为无自增力制动器和自增力制动器。

EMB 系统与常规的液压制动系统截然不同,EMB 系统以电能为能量来源,通过电机驱动制动垫块,整个系统中没有连接制动管路,结构简单,体积小,且通过电传播信号,反应灵敏,工作稳定。此外系统中没有液压油管路,不存在液压油泄漏问题,维护简单,可通过 ECU 直接控制,易于实现 ABS、TCS、ESP、ACC 等功能。

3. 混合线控制动

混合线控制动(Hybird Brake – by – Wire,HBBW)系统将前两种控制方式结合,使之发挥各自的优点。目前的主流布置方式为前轴采用 EHB 系统、后轴采用 EMB 系统,优势在于:前轴采用 EHB 系统,可以实现前轮制动力单独调节和制动失效备份以满足安全可靠要求;后轴采用 EMB 系统,不仅可以缩减制动管路的长度,消除压力控制过程中由于管路过长带来的不确定性,还能够使电子驻车制动系统(EPB)更加方便快捷。

5.2.2 汽车线控制动技术原理

1. 线控制动系统的工作原理

当驾驶员踩下制动踏板后,制动踏板传感器检测出踏板加速度、位移以及踏板力大小等制动信号,ECU 单元通过车载网络接收制动指令,综合当前车辆行驶状态下的其他传感器信号计算出每个车轮各自实时所需的最佳制动力,四个车轮独立的制动模块接收 ECU 输出信号控制电机的转速完成转矩响应,进而控制 EMB 执行器产生相应的制动力实现制动。为了保证车辆制动平稳可靠,ECU 将实时监测各制动单元及各传感器的反馈信息,及时调整制动力的大小。

2. EHB 系统工作原理

如图 5 – 5 所示,数据采集系统将踏板行程传感器、踏板力传感器的信息会同车辆的行驶状态信息(方向盘转角、轮速、车速、横摆角速度等)采集到 HCU(混合动力整车控制器)中进行综合分析和判断,当系统需要增压时,HCU 输出 PWM(脉冲宽度调制)控制信号,对电磁阀进行控制,增大进液阀输入流量,减小出液阀输出流量,直到达到所需制动压力;当系统需要保压时,HCU 通过对电磁阀进行控制,使增压电磁阀和减压电磁阀输出流量保持不变;当系统需要减压时,HCU 使进液阀输入流量减小,出液阀输出流量增大,直到达到所需的制动压力。当高速开关阀控制回路失效时,HCU 将切换为应急控制模式,制动踏板力的液压管路与应急制动管路连通,踏板力直接通过液压管路加载在制动器上,实现制动。

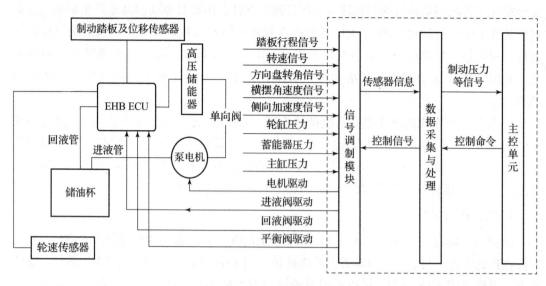

图 5-5 EHB 系统工作原理

3. EMB 系统工作原理

如图 5-6 所示，当汽车行驶过程中有减速需求时，驾驶员会踩下制动踏板，制动踏板传感器检测出踏板加速度、位移及踏板力大小等制动信号，ECU 单元通过车载网络接收制动指令信号，综合其他传感器信号并结合相应识别算法识别出驾驶员的制动意图，计算出每个车轮所需的最佳制动力，通过车轮独立的制动模块控制电机转速完成扭矩响应，进而控制 EMB 执行器产生相应制动力实现制动。

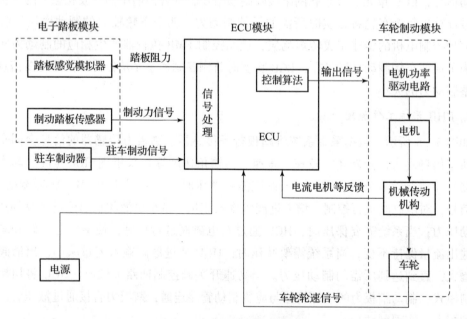

图 5-6 EMB 系统工作原理

5.3 汽车运动控制技术

5.3.1 汽车运动学模型

无人驾驶汽车的控制依赖于模型预测控制（Model Predictive Control，MPC）技术，这种控制方法基于一定的算法（往往是带约束的非线性优化算法）来调整控制输入，使代价函数最小化。而代价函数通过车辆运动学或动力学模型的输出及参考路径的差值计算求得，这正是本节详细介绍的内容。

1. 阿克曼转向运动学模型

阿克曼转向运动学模型如图 5 - 7 所示，在惯性坐标系 xOy 下，(x_f, y_f) 和 (x_r, y_r) 分别代表车辆后轴中心和前轴中心的坐标，φ 表示车辆的航向角，δ 表示前轮偏角，v 表示车辆后轴中心沿车辆轴线方向的速度，v_f 表示车辆前轴中心沿着前轮偏角方向的速度，l 表示车辆前后轴之间的距离。

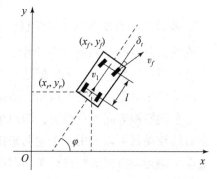

图 5 - 7 转向运动模型图

在车辆后轴中心 (x_r, y_r) 处：

$$v_r = \dot{x}_r \times \cos\varphi + \dot{y}_r \times \sin\varphi \tag{5-1}$$

根据式（5 - 1）可以得出式（5 - 2）：

$$\begin{cases} \dot{x}_r = v_r \times \cos\varphi \\ \dot{y}_r = v_r \times \sin\varphi \end{cases} \tag{5-2}$$

根据前后轮的位置关系得到式（5 - 3）：

$$\begin{cases} x_f = x_r + l \times \cos\varphi \\ y_f = y_r + l \times \sin\varphi \end{cases} \tag{5-3}$$

将式（5 - 2）和式（5 - 3）代入式（5 - 1）可以得出式（5 - 4）：

$$\dot{\varphi} = \omega = \frac{v_r}{l} \times \tan\delta_f \tag{5-4}$$

由横摆角 ω 和车速 v_r 可以计算出车辆在不同的前轮转向角下对应的不同转向半径，如式（5 - 5）所示（可以看出与阿克曼模型的转弯半径计算方式相同）：

$$\begin{cases} R = v_r \times \omega \\ \delta_f = \arctan\dfrac{l}{R} \end{cases} \tag{5-5}$$

由式（5-4）和式（5-5）可以得出车辆运动学模型，如式（5-6）所示：

$$\begin{bmatrix} \dot{x}_r \\ \dot{y}_r \\ \dot{\varphi} \end{bmatrix} = \begin{bmatrix} \cos\varphi \\ \sin\varphi \\ \tan\delta_f \end{bmatrix} \times v_r \tag{5-6}$$

车辆的可控制量为 v_r 和 δ_f，而在实际使用中，最好的方式是希望以 $[v_r, \omega]$ 作为控制量，将式（5-5）代入式（5-6）中，车辆运动学模型可转换为式（5-7）：

$$\begin{bmatrix} \dot{x}_r \\ \dot{y}_r \\ \dot{\varphi} \end{bmatrix} = \begin{bmatrix} \cos\varphi \\ \sin\varphi \\ 0 \end{bmatrix} \times v_r + \begin{bmatrix} 0 \\ 0 \\ 1 \end{bmatrix} \times \omega \tag{5-7}$$

2. 线性二自由度车辆运动学模型

线性二自由度车辆运动学模型，又称自行车模型（Bicycle Model），是简单且有效的汽车运动简化模型。自行车模型基于以下几个假设：

①忽略车辆垂直方向的运动，即描述的车辆是一个二维平面上的运动物体。

②车辆结构等同于自行车，即两个前轮拥有一致的角度和转速等，后轮也是如此，那么前后的轮胎就可以各用一个轮胎来描述。

③车辆运动方式如同自行车，即前轮控制车辆转角。

线性二自由度车辆运动学模型如图5-8所示，将左、右前轮合并为一个点，位于 A 点；将左、右后轮合并为一个点，位于 B 点，点 C 为车辆质心点，O 为 OA、OB 的交点，是车辆的瞬时滚动中心，线段 OA、OB 分别垂直于两个滚动轮的方向；β 为滑移角（Tire Slip Angle），是车辆行进方向和轮圈所指方向之间的角度，ψ 为航向角（Heading Angle），是车身与 x 轴的夹角。

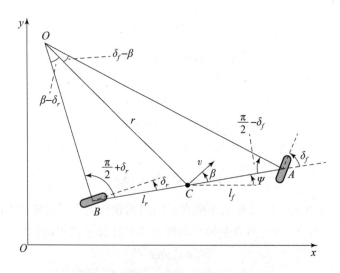

图5-8 线性二自由度车辆运动学模型

由正弦法则得式（5-8）和式（5-9）：

$$\frac{\sin(\delta_f - \beta)}{l_f} = \frac{\sin\left(\frac{\pi}{2} - \delta_f\right)}{R} \quad (5-8)$$

$$\frac{\sin(\beta - \delta_r)}{l_r} = \frac{\sin\left(\frac{\pi}{2} + \delta_r\right)}{R} \quad (5-9)$$

展开式（5-8）和式（5-9），可得式（5-10）和式（5-11）：

$$\frac{\sin\delta_f\cos\beta - \sin\beta\cos\delta_f}{l_f} = \frac{\cos\delta_f}{R} \quad (5-10)$$

$$\frac{\cos\delta_r\sin\beta - \cos\beta\sin\delta_r}{l_r} = \frac{\cos\delta_r}{R} \quad (5-11)$$

联立得式（5-12）：

$$(\tan\delta_f - \tan\delta_r)\cos\beta = \frac{l_f + l_r}{R} \quad (5-12)$$

低速环境下，车辆转弯半径变化缓慢，此时可以假设车辆的方向变化率等于车辆的角速度，如式（5-13）所示：

$$\dot\psi = \frac{v}{R} \quad (5-13)$$

将 R 代入式（5-13）得到式（5-14）：

$$\dot\psi = \frac{v\cos\beta}{l_f + l_r}(\tan\delta_f - \tan\delta_r) \quad (5-14)$$

最后在惯性坐标系 xOy 下，可得车辆运动学模型，如式（5-15）所示：

$$\begin{cases} \dot x = v\cos(\psi + \beta) \\ \dot y = v\sin(\psi + \beta) \\ \dot\psi = \dfrac{v\cos\beta}{l_f + l_r}(\tan\delta_f - \tan\delta_r) \end{cases} \quad (5-15)$$

此模型中有三个输入，即 δ_f, δ_r, v。

滑移角 β 如式（5-16）所示：

$$\beta = \tan^{-1}\left(\frac{l_f\tan\delta_r + l_r\tan\delta_f}{l_f + l_r}\right) \quad (5-16)$$

基于上述运动学模型，在给定某时刻车辆的控制输入信息后，就可计算下一时刻车辆的状态信息，如航向角、速度等，为车辆的运动控制提供了理论基础。

5.3.2 汽车动力学模型

汽车动力学是自动驾驶车辆控制的基础。动力学模型分为车辆行驶平顺性和车辆操纵稳定性模型。两者研究侧重点不同，平顺性分析重点是车辆的悬架特性，而车辆操纵稳定性分析重点是车辆纵向及侧向动力学特性。本书研究目标是使车辆快速而稳定地跟踪期望路径，属于车辆操纵稳定性问题，因此对悬架特性不做深入探究。同时，所建立的动力学模型主要作为预测模型使用，需要在较为准确描述车辆动力学过程的基础上尽可能简化，以减少控制算法的计算量。综合上述分析，在进行车辆动力学建模时，进行以下理想化的假设：

①无人驾驶车辆在平坦路面上行驶，忽略车辆垂向运动。
②悬架系统及车辆是刚性的，忽略悬架运动及其对耦合关系的影响。
③只考虑纯侧偏轮胎特性，忽略轮胎力的纵横向耦合关系。
④用单轨模型来描述车辆运动，不考虑载荷的左右转移。
⑤车辆行驶速度变化缓慢，忽略前后轴的载荷转移。
⑥忽略纵向和横向空气动力学。

1. 线性二自由度动力学模型

简易的线性二自由度车辆动力学模型描述了车辆纵向、侧向、横摆等基本的运动状态，体现了车辆运动过程中典型的轮胎侧偏特性，可以对绝大多数应用场景下车辆的运动状态进行比较准确的描述。

图 5-9 所示为线性二自由度车辆动力学模型，在车辆操纵稳定性分析、车辆结构、车辆控制系统等动静态研究中有重要作用。线性二自由度车辆动力学模型考虑沿 y 轴的侧向运动和绕 z 轴的横摆运动，并假设纵向车速恒定、侧偏刚度为常数等。

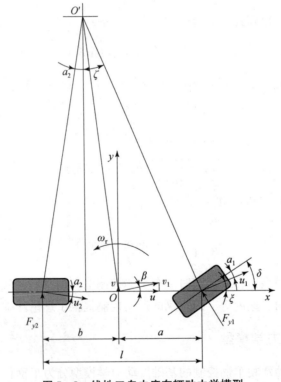

图 5-9 线性二自由度车辆动力学模型

二自由度汽车受到的外力沿 y 轴方向的合力与绕质心的力矩和如式（5-17）和式（5-18）所示：

$$\sum F_y = F_{y1}\cos\delta + F_{y2} \qquad (5-17)$$

$$\sum M_z = aF_{y1}\cos\delta - bF_{y2} \qquad (5-18)$$

考虑前轮转角 δ 很小，式（5-17）和式（5-18）可以写成式（5-19）和式（5-20）：

$$\sum F_y = k_1\alpha_1 + k_2\alpha_2 \qquad (5-19)$$

$$\sum M_z = ak_1\alpha_1 - bk_2\alpha_2 \qquad (5-20)$$

引入质心侧偏角得式（5-21）：

$$\beta \approx \tan\beta = \frac{v}{u} \qquad (5-21)$$

ξ 是 u 和 x 轴的夹角，如式（5-22）所示：

$$\xi \approx \tan\xi = \frac{v + aw_r}{u} = \beta + \frac{aw_r}{u} \qquad (5-22)$$

前后轮转角偏差如式（5-23）和式（5-24）所示：

$$\alpha_1 = -(\delta - \xi) = \beta + \frac{aw_r}{u} - \delta \qquad (5-23)$$

$$\alpha_2 = \frac{v - bw_r}{u} = \beta - \frac{bw_r}{u} \qquad (5-24)$$

综上所述，可以列出外力、外力矩与汽车运动参数的关系，如式（5-25）和式（5-26）所示：

$$\sum F_y = k_1\left(\beta + \frac{aw_r}{u} - \delta\right) + k_2\left(\beta - \frac{bw_r}{u}\right) \qquad (5-25)$$

$$\sum M_z = ak_1\left(\beta + \frac{aw_r}{u} - \delta\right) - bk_2\left(\beta - \frac{bw_r}{u}\right) \qquad (5-26)$$

整理后得到二自由度运动微分方程，如（5-27）和式（5-28）所示：

$$(k_1 + k_2)\beta + \frac{1}{u}(ak_1 - bk_2)w_r - k_1\delta = m(\dot{v} + uw_r) \qquad (5-27)$$

$$(ak_1 - bk_2)\beta + \frac{1}{u}(a^2k_1 - b^2k_2)w_r - ak_1\delta = I_z\dot{w}_r \qquad (5-28)$$

线性二自由度车辆动力学模型是一种参数化模型，运动微分方程包含汽车质量和轮胎侧偏刚度两方面的参数，能够反映汽车曲线运动最基本的特征。其描述和实现方式可以为状态方程、传递函数，被广泛应用于车辆稳定性控制、运动状态估计等领域。在此基础上，可以延伸出包含纵向运动、侧向运动、横摆、四个车轮转动的七自由度模型，以及更多自由度的参数化模型，这些模型为车辆主动控制的各类算法，如模型预测控制（MPC）、轨迹跟随控制等车辆纵向、侧向控制算法，提供了理论基础。

2. 轮胎模型

轮胎模型的精确程度直接影响车辆动力学模型的特性。轮胎的侧偏特性是汽车操纵稳定性的基础，对汽车的转向特性和行驶稳定性有着重要影响，因此建立精确的轮胎模型是进行车辆操纵稳定性研究的基础。

轮胎动力学模型主要分为理论模型、自适应模型、经验模型和半经验模型四大类。轮胎理论模型是在简化的物理模型基础上，建立对轮胎动力学特性的一种数学描述，虽然精度较高，但由于所用的数学公式很复杂，导致求解速度一般较低，难以满足在线实时控制的要求，因此在描述轮胎特性的实际应用中有很大的局限性。

经验模型和半经验模型是通过对大量轮胎力特性试验数据进行回归分析，将轮胎力特性通过含拟合参数的公式有效表达出来，最具影响的是魔术公式轮胎模型和幂指数公式半经验模型，其中 Pacejka 教授提出的魔术公式轮胎经验模型已经成为应用最广泛的轮胎模型之一，其拟合精度已受到广泛认可。

魔术公式轮胎模型是以三角函数组合的形式来拟合试验数据，得出一套形式相同，并可同时表达纵向力、侧向力和回正力矩的轮胎模型。由于魔术公式是基于试验数据的，在极限值以外一定程度上仍可使用，可对有限工况进行外推且具有较好的置信度。魔术公式轮胎模型主要有以下特点：

①使用一套公式即可描述轮胎的力学特性，统一性强，编程方便，需拟合参数较少。
②对侧偏力和纵向力的拟合精度较高。
③轮胎公式为非线性函数，计算量较大。

魔术公式的一般表达式如式（5-29）所示：

$$Y(x) = D\sin[\,C\arctan\{Bx - E(Bx - \arctan(Bx))\}\,] \tag{5-29}$$

式中，$Y(x)$ 可以是侧向力，也可以是回正力矩或者纵向力；自变量 x 可以在不同的情况下分别表示轮胎的侧偏角或纵向滑移率；式中的系数 B、C、D 依次由轮胎的垂直载荷和外倾角来确定。

应用式（5-29）可建立轮胎纵向力和侧偏力数学模型，较精确完整地表达轮胎的力学特性。

5.3.3 汽车运动控制模块

控制是驱使车辆前行的策略，对于汽车而言，最基本的控制输入为转向、加速和制动，控制器任务是使用控制输入让车辆通过这些路径点接受轨迹，因此，控制器首先必须准确，这意味着它应避免偏离目标轨迹，即使路面潮湿或道路比较陡峭，控制器仍需要准确地执行轨迹。其次，控制策略应该具备可行性。例如，如果你的汽车向北行驶，而你希望它立即向东转，你可以在游戏中做到这一点，但在现实中无法实现。此外，平稳度也需考虑。如果车辆不能平稳行驶，那乘客的乘车体验将大打折扣，这意味着应避免突然转向、加速或制动。

为了获得可行的控制输入，最大限度地降低与目标轨迹的偏差、最大限度地提高乘客的舒适度，可采用相应的控制策略，如比例积分微分控制、线性二次调节器、模型预测控制。

1. 比例积分微分控制

比例积分微分（Proportional Integral Derivative，PID）控制是最早发展起来的控制策略之一，由于其算法简单、鲁棒性好和可靠性高，被广泛应用于工业过程控制，尤其适用于可建立精确数学模型的确定性控制系统。

当被控对象的结构和参数不能完全掌握，或得不到精确的数学模型时，系统控制器的结构和参数必须依靠经验和现场调试来确定，即当不完全了解一个系统和被控对象，或不能通过有效的测量手段来获得系统参数时，应用 PID 控制技术最为方便。控制器可根据系统的误差，利用比例、积分、微分环节计算出控制量，对其进行控制，适用于温度、压力、流量、液位等几乎所有现场，只要参数设置得当均可以达到很好的效果。控制器主要有三个环节：

一是比例环节。成比例地反映控制系统的偏差信号 $e(t)$，偏差一旦产生，控制器立即产生作用，以减小偏差。当仅有比例控制时系统输出存在稳态误差（Steady – State Error）。这样的优点可提高系统的稳态精度，降低系统的惰性，加快响应速度；缺点是过大的开环比例系数不仅会使系统的超调量增大，而且会使系统稳定裕度变小，甚至不稳定。

二是积分环节：控制器的输出与输入误差信号的积分成正比关系。主要用于消除静差，提高系统的无差度。积分作用的强弱取决于积分时间常数 T，T 越大，积分作用越弱，反之则越强。优点是可以消除稳态误差；缺点是积分控制器的加入会影响系统的稳定性，使系统的稳定裕度减小。

三是微分环节：反映偏差信号的变化趋势，并能在偏差信号变得太大之前，在系统中引入一个有效的早期修正信号，从而加快系统的动作速度，减少调节时间。在微分控制中，控制器的输出与输入误差信号的微分（即误差的变化率）成正比关系。

但实际工业生产过程往往具有非线性、时变不确定，难以建立精确的数学模型，控制器参数整定不良、效果欠佳，对运行工况的适应能力很差，不能达到理想的控制效果，因此，需要对控制器的参数进行校正，实现控制系统的稳定、快速、准确的响应命令。比例系数 P 可加快系统的响应，但不能很好稳定在一个理想的数值，虽能有效地克服扰动影响，但有余差出现；积分系数 I 能在比例的基础上消除余差，对稳定后有累积误差的系统进行误差修正，减小稳态误差；微分系数 D 具有超前作用，对于提高系统的动态性能指标，有着显著效果，可使系统超调量减小，稳定性增加，动态误差减小。

综上所述，比例系数 P 控制系统的响应快速性，快速作用于输出，积分系数 I 控制系统的准确性，消除过去的累积误差，微分系数 D 控制系统的稳定性，具有超前控制作用。故参数调整时，在系统结构允许的情况下，在这三个参数之间权衡调整，达到最佳控制效果，实现稳快准的控制特点。

(1) 比例系数 (P) 控制作用

具有比例控制作用的控制器，其输出量 $y(t)$ 与作用误差信号 $e(t)$ 之间的关系如式 (5 – 30) 所示：

$$y(t) = K_p e(t) \qquad (5-30)$$

其传递函数如式 (5 – 31) 所示：

$$G(s) = \frac{Y(s)}{E(s)} = K_p \qquad (5-31)$$

式中，K_p 为比例增益。比例控制器实际上是一个增益可调的放大器。

（2）积分（I）控制作用

积分控制器的控制作用，就是使它的输出量 $y(t)$ 与输入量 $e(t)$ 的积分成正比，如式（5-32）所示：

$$y(t) = K_i \int_0^t e(t)\,\mathrm{d}t \tag{5-32}$$

其传递函数如式（5-33）所示：

$$G(s) = \frac{Y(s)}{E(s)} = \frac{K_i}{s} \tag{5-33}$$

式中，K_i 为可调常数。

（3）比例-积分（PI）控制作用

PI 控制器的控制作用，可定义为式（5-34）：

$$y(t) = K_p e(t) + \frac{K_p}{T_i}\int_0^t e(t)\,\mathrm{d}t \tag{5-34}$$

其传递函数如式（5-35）所示：

$$G(s) = \frac{Y(s)}{E(s)} = K_p\left(1 + \frac{1}{T_i s}\right) \tag{5-35}$$

式中，T_i 为积分时间常数。

（4）比例-微分（PD）控制作用

PD 控制器的控制作用，可定义为式（5-36）：

$$y(t) = K_p e(t) + K_p T_d \frac{\mathrm{d}e(t)}{\mathrm{d}t} \tag{5-36}$$

其传递函数如式（5-37）所示：

$$G(s) = \frac{Y(s)}{E(s)} = K_p(1 + T_d s) \tag{5-37}$$

式中，T_d 为微分时间常数。

（5）比例-积分-微分（PID）控制作用

PID 控制器具有比例、积分、微分三种控制作用的组合，即具有三种单独控制作用的优点。其控制作用可定义为式（5-38）：

$$y(t) = K_p e(t) + \frac{K_p}{T_i}\int_0^t e(t)\,\mathrm{d}t + K_p T_d \frac{\mathrm{d}e(t)}{\mathrm{d}t} \tag{5-38}$$

其传递函数如式（5-39）所示：

$$G(s) = \frac{Y(s)}{E(s)} = K_p\left(1 + \frac{1}{T_i s} + T_d s\right) \tag{5-39}$$

式中，K_p 为比例增益；T_i 为积分时间常数；T_d 为微分时间常数。

2. 线性二次型调节器控制

线性二次型调节器（Linear Quadratic Regulator，LQR）的特点是可得到状态线性反馈的最优控制规律，易于构成闭环最优控制。LQR 最优控制利用廉价成本可以使原系统达到较好的性能指标，且方法简单便于实现。

（1）调节装置介绍

LQR 是现代控制理论中发展最早也最为成熟的一种状态空间设计法，以状态空间形式给出线性系统且目标函数为对象状态和控制输入的二次型函数。LQR 最优设计是指设计出的状态反馈控制器 K 要使二次型目标函数 J 取最小值，而 K 由权矩阵 Q 与 R 唯一决定，故矩阵 Q、R 的选择尤为重要。

（2）装置设计优势

对于线性系统的控制器设计，如果其性能指标是状态变量或控制变量的二次型函数积分，则这种动态系统的最优化问题称为线性系统二次型性能指标的最优控制问题，简称为线性二次型最优控制问题或线性二次问题，其最优解可写为统一的解析表达式，并可简单地采用状态线性反馈控制律构成闭环最优控制系统，能够兼顾多项性能指标。

3. 模型预测控制

模型预测控制（Model Predictive Control，MPC）一种进阶过程控制方法，自 1980 年以来开始在化工领域与经济领域得到应用。MPC 控制器也叫作滚动时域控制器，该控制器考虑控制系统的非线性动力学模型并预测未来一段时间内系统的输出行为，通过求解带约束的最优控制问题，使得系统在未来一段时间内跟踪误差最小，这种方法鲁棒性较强。传统的研究方法往往忽略或者简化了运动学约束以及动力学约束，而这类约束对于控制性能有着显著影响，而模型预测控制方法能够通过优化目标函数将车辆运动学和动力学约束纳入考虑。使用 MPC 的滚动优化和反馈校正特性，能够有效降低甚至消除闭环系统时滞问题所带来的影响，并能够结合规划所给出的未来轨迹信息对运动控制进行优化，提升控制性能。

MPC 包含各种各样的算法，其中动态矩阵控制（Dynamic Matrix Control，DMC）是代表，其采用系统的阶跃响应曲线，突出特点是把线性规划和控制问题结合起来，用线性规划解决输出约束的问题和静态最优问题。MPC 是一种多变量控制策略，其中涉及了过程内环动态模型、控制量历史数值、最优值方程，相对于 LQR、PID 等控制，最大的特点是可以考虑空间状态变量的各种约束，适用于线性和非线性系统。

（1）作用机理

MPC 作用机理描述为：在每一个采样时刻，根据获得的当前测量信息，在线求解一个有限时间开环优化问题，并将得到的控制序列第一个元素作用于被控对象，在下一个采样时刻，重复上述过程，用新的测量值作为预测系统未来动态的初始条件，刷新优化问题并重新求解。

MPC 原理如图 5 – 10 所示，包含 MPC 控制器、被控平台和状态估计器三个模块。MPC 控制器结合预测模型、目标函数和约束条件进行最优化求解，得到当前时刻的最优控制序列 $u^*(t)$，将其输入被控平台，被控平台按照当前控制量进行控制，然后将当前的状态量观测值 $x(t)$ 输入状态估计器，状态估计器对那些无法通过传感器观测得到或者观测成本过高的状态量进行估计，将估计的状态量 $x(t)$ 输入 MPC 控制器，再次进行最优化求解以得到未来一段时间的控制序列。综上，MPC 算法包括预测系统未来动态、（数值）求解开环优化问题，将优化解的第一个元素作用于系统三个步骤，在每个采样时刻重复进行，且无论采用什么样的模型，每个采样时刻得到的测量值都作为当前时刻预测系统未来动态的初始条件。

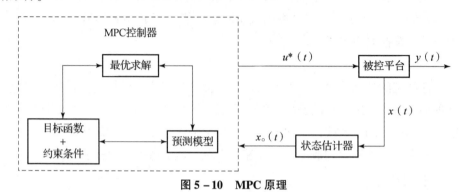

图 5-10 MPC 原理

（2）MPC 的基本特点

①基于模型的预测。在 MPC 算法中，需要一个描述对象动态行为的模型，这个模型的作用是预测系统未来的动态，即能够根据系统 k 时刻的状态和 k 时刻的控制输入，预测到 $k+1$ 时刻的输出。在这里 k 时刻的输入正是用来控制系统 $k+1$ 时间的输出，使其最大限度地接近 $k+1$ 时刻的期望值，故强调的是该模型的预测作用，而不是模型的形式。

②滚动优化。因为外部干扰和模型失配的影响，系统的预测输出和实际输出存在偏差，如果能测到这个偏差，就可根据偏差的测量值在线求解下一时刻的控制输入，优化掉这个偏差值。若将求解控制输出的全部序列作用于系统，那么 $k+1$ 时刻的测量值不能影响控制动作，这意味着测量值所包括的外部干扰或模型误差信息得不到有效利用，故将每个采样时刻优化解的第一个分量作用于系统，在下一个采用时刻，将新得到的测量值作为初始条件重新预测系统的未来输出并求优化解，继续将这个时刻优化解的第一个分量作用于系统，这样重复至无穷。

③反馈校正。为了抑制由于模型失配或环境干扰引起的控制偏差，在新的采样时刻，首先检测对象的实际输出，并利用这一实时信息对基于模型的预测进行修正，然后再进行新的优化。

故预测控制不是采用一个不变的全局优化目标，而是采用时间向前滚动式的有限时域优化策略。这意味着优化过程不是一次离线进行，而是反复在线进行的。因此，MPC 算法是一类滚动求解带约束优化问题的控制方法，结合预测模型、滚动优化和反馈校正三项基本原理，滚动求解带约束的目标函数，得到系统最优控制量，对解决智能车辆在高速和冰雪等复杂路面下的控制问题具有独特的优势。

5.3.4 汽车运动控制系统

智能驾驶汽车运动控制分为纵向控制和横向控制。纵向控制是指通过对油门和制动的协调，实现对期望车速的精确跟随。横向控制是指智能驾驶汽车的路径跟踪，其目的是在保证车辆操纵稳定性的前提下,不仅使车辆精确跟踪期望道路,同时使车辆具有良好的动力性和乘坐舒适性。在智能驾驶汽车的行驶过程中,车辆的横向运动和纵向运动存在耦合关系,通常将纵向运动和横向运动进行解耦,设计两个独立互补关系的控制器,对其分别进行控制。

1. 纵向控制系统

目前针对智能驾驶汽车的纵向控制系统设计方案大致有两大类:分层式设计和非分层式设计。非分层式纵向控制系统以规划结果、环境信息和车辆状态等作为参量输入,直接输出车辆底层控制量。分层式设计将纵向控制系统分为上层控制器和下层控制器两种控制模块。上层控制器进行车辆速度层面的算法研究,其输入为期望路径、环境信息、车辆状态等与速度规划相关的所有参量,输出为下层控制器的需求控制量。在算法设计过程中,应考虑车辆速度规划与控制的协调性,即车辆的速度规划在满足安全性、舒适性、经济性的基础上,充分考虑车辆运动控制中执行器的执行特性,保证控制指令的可执行性。下层为速度控制层,即与车辆底层执行机构相关的控制算法,其输入为上层规划层的输出控制量、车辆状态等信息,输出为底层执行机构控制量,在算法设计过程中,应保证控制系统的加速响应、速度超调、控制精度等要求。分层式设计具有以下优点:

①控制过程较为直观,可得到各层控制输出量,有利于智能系统的人机交互。

②能够较好地与其他系统模块进行协调交互,如车辆横向控制系统。

③上、下层控制系统相对独立,可采取不同的控制周期。

④将车辆控制效果逐层分析显示,降低了系统设计的复杂难度与调试难度,提高了系统的鲁棒性。

⑤上、下层控制系统独立有利于整个纵向控制系统的平台移植特性。

对于纵向控制,又分为油门控制和制动控制,一般用到的控制模块为 PID 控制。对于油门控制,采用增量 PID 控制算法,如式(5-40)所示:

$$\Delta u = u_t(k) - u_i(k-1)$$
$$= k_p[e(k) - e(k-1)] + k_i e(k) + k_d[e(k) - 2e(k-1) + e(k-2)] \quad (5-40)$$

式中,k_p、k_i、k_d 分别为比例、积分和微分系数;$u_i(k)$ 表示第 $k(k=0,1,2,\cdots)$ 个采样时刻的控制量;$e(k)$ 表示第 k 个采样时刻的速度输入偏差。从式中得到控制量后,根据传动比、伺服电机每转一圈所需的驱动脉冲数确定一个比例系数 k_{ep},将控制量乘上该系数发送给伺服电机驱动器。

2. 横向控制系统

横向控制系统通过对前轮偏角的合理控制使智能驾驶汽车始终沿着期望道路行驶,保证操纵稳定性和乘坐舒适性。横向控制系统通常由两个控制环组成,即内环和外环。内环根据前轮偏角期望值和当前值的偏差,通过驱动转向执行机构或发送电信号至总线实现对前轮偏角的精确控制。外环控制系统通过自动转向控制算法输出合适的前轮偏角,以实现期望道路的跟踪,其输入为期望道路信息和当前车辆行驶状态,输出为期望前轮偏角。期望道路由智能驾驶汽车平台的路径规划系统根据行驶环境信息实时给出,而车辆行驶状态由状态估计算法给出。外环控制系统主要是计算期望前轮偏角，因此其重点在于控制算法。

对于车辆的横向控制，无论是采用 LQR 控制还是 MPC，都是以车辆运动学或动力学模型作为基础。在横向控制中，主要关注车辆横向运动特性，通常将车辆动力学模型简化为的二自由度横向动力学模型。假设车身的纵向速度保持不变，其横向动力学模型的两个自由度为横向运动和横摆运动，由于精确的二自由度动力学模型是非线性的，为了便于进行实时的跟踪控制计算，通常还需要对动力学模型进行一些简化近似，得到线性二自由度动力学模型。

LQR 使用车辆状态使误差最小化，进行横向控制时，包括四个组件：横向误差，横向误差的变化率，朝向误差，朝向误差的变化率。

记四个组件的集合为 X，用以捕获车辆的状态。除状态之外，该车有三个控制输入：转向、加速和制动。将这个控制输入集合称为 U。

在离散线性系统中，如式（5-41）所示：

$$x_{t+1} = Ax_t + Bu_t, x_0 = x^{\text{init}} \qquad (5-41)$$

LQR 控制的目标就是找到一组控制量 u_0，u_1…，使 x_0，x_1…够小，即系统达到稳定状态；u_0，u_1…足够小，即花费较小的控制代价。

为了达到上述效果，定义一系列函数并进行求解，具体求解过程不做描述，大致思路是通过最优控制序列获得最小代价，将求解最优控制序列转化为动态规划问题，最后构造满足优化条件的求解方程。其算法求解过程可以总结为：

①令 P 等于最终状态权重矩阵。
②迭代黎卡提方程求出新的 P。
③当两次 P 的差值足够小时，计算反馈矩阵 K。
④根据反馈矩阵 K 获取最优控制量 u。

在 LQR 系统计算完成后，代入 x_t，u_t，即可得到系统所需的控制参数。

基于路径跟踪偏差系统状态方程，就可以分析在前轮转角控制输入作用下，车辆路径跟踪偏差的响应特性，如式（5-42）所示：

$$\dot{x} = Ax + B_1\delta \qquad (5-42)$$

期望的响应特性是指跟踪偏差能够快速、稳定地趋近于零，并保持平衡，同时前轮转角控制输入又尽可能小，这就是一个典型的多目标优化最优控制问题。且优化的目标函数可以表示为跟踪过程累计的跟踪偏差与累计的控制输入的加权和，如式（5-43）所示：

$$J = \int_0^\infty (\boldsymbol{x}^\mathrm{T}\boldsymbol{Q}\boldsymbol{x} + \boldsymbol{\delta}^\mathrm{T}\boldsymbol{R}\boldsymbol{\delta})\,\mathrm{d}t \qquad (5-43)$$

式中，$\boldsymbol{x}^\mathrm{T}\boldsymbol{Q}\boldsymbol{x}$ 为半正定的状态加权矩阵；$\boldsymbol{\delta}^\mathrm{T}\boldsymbol{R}\boldsymbol{\delta}$ 为正定的控制加权矩阵，且通常取为对角阵，矩阵元素变大意味着希望跟踪偏差能够快速趋近于零，希望控制输入能够尽可能小。则目标函数中第一项优化目标就表示跟踪过程路径偏差的累积大小，第二项优化目标表示跟踪过程控制能量的损耗，这样就将横向控制问题转化为一个最优控制问题：求解最优的前轮转角控制输入，使得目标函数可以取极小值。而关于状态变量和控制输入的二次型目标函数优化求解问题,是一个典型的 LQR 最优控制问题。

根据 LQR 最优控制理论,对上式目标函数优化求解,解出的最优控制规律是关于状态变量的线性函数,如式(5-44)所示:

$$\delta^* = -[(R + B_d^T P B_d)^{-1} B_d^T P A_d] \cdot x \quad (5-44)$$

式中,A_d 和 B_d 代表状态方程离散化后的 B_1 矩阵,黎卡提方程的解为式(5-45):

$$P = A_d^T P A_d - A_d^T P B_d (R + B_d^T P B_d)^{-1} B_d^T P A_d + Q \quad (5-45)$$

因此,根据式(5-46)可以设计一个状态反馈调节器,通过状态反馈实现闭环最优控制,如图 5-11 所示。

$$K = (R + B_d^T P B_d)^{-1} B_d^T P A_d \quad (5-46)$$

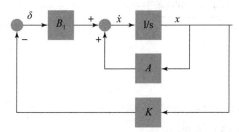

图 5-11 LQC 反馈控制原理

根据求解的状态反馈调节器增益,则可以得到最优的状态反馈前轮转角,如式(5-47)所示:

$$\delta_{fb} = \delta^* = -Kx \quad (5-47)$$

由于在 LQR 状态反馈控制求解过程中没有考虑路径本身的动态变化特性,因此只有反馈控制输入时会存在稳态误差,为了消除该稳态误差,还需要加上一个前馈控制输入量 δ_{ff},前馈控制考虑了路径的曲率及车辆的转向不足特性,如式(5-48)和式(5-49)所示:

$$\delta_{ff} = \frac{L}{R} + K_V a_y + k_3 e_{2ss} \quad (5-48)$$

$$K_V = \frac{l_r m}{2 C_{\alpha_f}(l_f + l_r)} - \frac{l_f m}{2 C_{\alpha_r}(l_f + l_r)} \quad (5-49)$$

因此,总的 LQR 轮转角输入为式(5-50):

$$\delta = \delta_{ff} + \delta_{fb} \quad (5-50)$$

【扩展阅读】

对制动方面的安全要求,博世一直都在强调两套完全独立的执行器,100%各自有单独执行的制动功能。除了执行器是独立的,由于执行命令来自大脑,因此在上层、中层通信系统也都设置了冗余,如此,一旦某个网络故障,另外一个网络立刻就会接替传递这个信息。此外,感知系统也设置了备份,以避免由于一个传感器失效导致整个系统的失效。解决自动驾驶的安全性问题,除了执行器要冗余、大脑要冗余、网络要冗余、传感器要冗余,电源也需要冗余。总之通过冗余解决方案,让底盘更安全。

【知识小结】

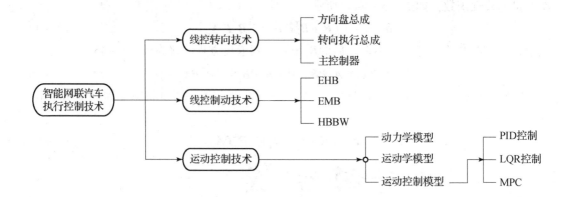

【复习题】

1. 简述线性二自由度汽车模型的简化原则。
2. 简述 PID 控制的优势和不足。
3. 自行查询资料对比 LQR 控制与 MPC 之间的区别。
4. 简述线控制动技术的三种类型及其优缺点。
5. 简述 MPC 的基本原理。

第6章 智能网联汽车网联技术

【学习目标】

通过本章的学习,学生应该掌握智能网联汽车网联技术的定义及各种无线通信技术的基础知识,熟悉车载网络技术和V2X通信技术,并初步了解车路协同技术。

【案例引入】

2020年10—11月,《中华人民共和国国民经济和社会发展第十四个五年规划和2035年远景目标纲要》提出发展壮大新能源汽车产业,国务院《新能源汽车产业发展规划(2011—2035)》提出加快C-V2X标准制定和技术升级,推动汽车智能网联化。

请带着以下几个问题来进行本章的学习:

1. 车联网的作用是什么?
2. 车载网络技术和V2X通信技术的作用及原理有哪些?

6.1 智能网联汽车网联技术介绍

智能汽车的智能有两种模式,分为自主式智能汽车(Autonomous Vehicle)和网联式智能汽车(Connected Vehicle)。这两种智能模式都在各自不断发展和融合,其融合的结果就是智能网联汽车,因此智能汽车的网联化即为车联网。

假想下列场景:炎热的夏天,从办公室下班回家,如果能提前打开车内的空调,上车后就很舒适;车辆将要通过路口,如果车辆能及时接收到信号灯的状态,就可以提前做出通过路口或减速的预判,有效减少闯红灯的现象;前方车辆在急刹车时,如果能及时将信息告知后方车辆,就可以避免发生连环追尾事故。

所有上述场景的实现都依赖于汽车和外界的连接,即车联网。

6.1.1 车联网技术

1. 车联网的定义

车联网即利用先进传感技术、网络技术、计算技术、控制技术、智能技术对交通进行全面感知,对每辆汽车进行交通全程控制,对每条道路进行交通全时空控制,实现道路的零堵塞、零伤亡、极限通行能力的专门控制网络,如图6-1所示。

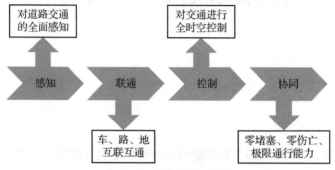

图6-1 车联网控制网络

根据上述车联网的通信方式,中国汽车工程协会对车联网给出了另一种阐释:车联网是以车内网、车际网和车云网为基础,按照约定的通信协议和数据交互标准,在车与车、车与人、车与环境之间进行通信和信息传输,实现车辆智能化控制、智能动态服务和智能交通管理的一体化网络。

2. 车联网的分类

智能网联汽车主要包括三种网络:以车内总线通信为基础的车内网,也称为车载网络;以短距离无线通信为基础的车际网,即车载自组织网络;以远距离通信为基础的车云网,即车载移动互联网络。因此,智能网联汽车的网络系统由车内网、车际网和车云网三网融合而成,如图6-2所示。

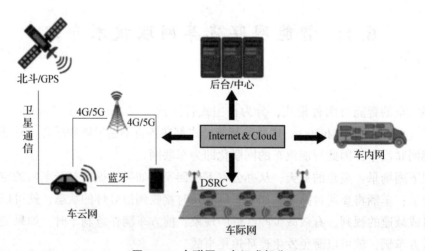

图6-2 车联网三个组成部分

①车内网，是指由数据总线和电控单元组成的集中式网络系统。为了简化线路、减少线束、提高信息传输的速度和可靠性，CAN等数据总线技术得到了广泛的应用，解决了车辆的线束问题，整合汽车电子领域的各种先进技术，同时使得电控单元之间的数据交换变得更为快捷方便。

②车际网，是指基于特定无线局域网络的动态网络，专用中短距离通信技术，实现车车/车路协同，包括DSRC、LTE-V、5G，时延极短，可靠性高，需要支撑主动安全应用。

③车云网，是指车载单元通过4G/5G等通信技术与互联网进行无线连接，提供车与云端的连接。目前用于Telematics的通信，覆盖范围广，能够与Internet连接，时延较大，不适合紧急安全应用。

车联网技术主要面向道路交通，为交通管理者提供决策支持，为车辆与车辆、车辆与道路提供协同控制，为交通参与者提供信息服务。车联网是智能交通系统与互联网技术发展的融合产物，是智能交通系统的重要组成部分，更多表现在汽车基于现实中的场景应用，目前主要停留在导航和娱乐系统的基础功能阶段，在主动安全和节能减排方面还有待开发。从目前发展形势来看，三网融合是车联网的发展趋势。

3. 网联化的分级

网联化按照实现功能的不同分为网联辅助信息交互、网联协同感知、网联协同决策与控制三个等级（如表6-1所示）。网联化强调的是汽车接入网络系统，包含车与车、车与人、车与路、车与云之间的交互。

表6-1 网联化等级

网联化等级	等级名称	等级定义	控制	典型信息	传输需求
1	网联辅助信息交互	基于车—路、车—后台通信，实现导航等辅助信息的获取以及车辆行驶与驾驶人操作等数据上传	人	地图、交通流量、交通标志、油耗、里程等信息	传输实时性、可靠性要求较低
2	网联协同感知	基于车—车、车—路、车—人、车—后台通信，实时获取车辆周边交通环境信息，与车载传感器的感知信息融合，作为自主决策与控制系统的输入	人与系统	周边车辆、行人、非机动车位置，信号灯相位，道路预警等信息	传输实时性、可靠性要求较高
3	网联协同决策与控制	基于车—车、车—路、车—人、车—后台通信，实时并可靠获取车辆周边交通环境信息及车辆决策信息，车—车、车—路等各种交通参与者之间进行信息交互融合，形成车—车、车—路等各种交通参与者之间的协同决策与控制	人与系统	车—车、车—路间的协同控制信息	传输实时性、可靠性要求较高

网联化等级越高,智能网联汽车网联化程度越高。截至 2021 年,已经量产的汽车产品的网联化水平最高停留在 1 级水平,部分实验室阶段的产品只能达到 2 级,基本没有产品达到 3 级水平。

无论怎样分级,从驾驶员对车辆控制权来看,都可以分为驾驶员拥有车辆全部控制权、驾驶员拥有车辆部分控制权、驾驶员不拥有车辆控制权三种形式。当驾驶员拥有车辆部分控制权时,根据 ADAS 的配备和技术成熟程度,决定驾驶员拥有车辆控制权的多少,ADAS 装备越多,技术越成熟,驾驶员拥有车辆控制权越少,车辆自动驾驶程度越高。

6.1.2 无线通信技术

无线通信技术是智能网联汽车实现的基础,它直接决定了信息交互的实时性和有效性。用于智能网联汽车的无线通信技术有短距离无线通信技术和远距离无线通信技术。无线通信是利用电磁波信号可以在自由空间中辐射和传播的特性进行信息交换的一种通信方式,它可以传输数据、图像、音频和视频等。无线通信系统一般由发射设备、传输介质和接收设备组成,其中传输介质为电磁波,发射设备和接收设备上需要安装天线,完成电磁波的发射与接收(如图 6-3 所示)。

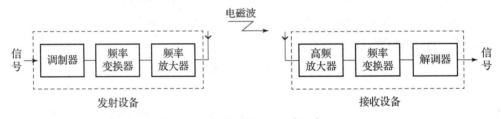

图 6-3 无线通信系统组成

发射设备是将原始的信号源转换成适合在给定传输介质上传输的信号,其中包括调制器、频率变换器、功率放大器等。调制器将低频信号加到高频载波信号上,频率变换器进一步将信号变换成发射电波所需要的频率(如短波频率、微波频率等),经功率放大器放大后,再通过天线发射出去进行传输。接收设备是将收到的信号还原成原来的信息送至接收端。接收设备把天线接收下来的射频载波信号,经过信号放大、频率变换,最后经过解调的过程再将原始信息恢复出来,完成无线通信。

无线通信系统可以按传输信号形式、无线终端状态、电磁波波长、传输方式和通信距离等进行分类。

根据通信距离,无线通信系统可以分为短距离无线通信系统和远距离无线通信系统。

1. 短距离无线通信

短距离无线通信和远距离无线通信在传输距离上至今并没有严格的定义,一般来说,只要通信收发两端是以无线电方式传输信息,并且传输距离被限定在较短的范围内(一般是几厘米至几百米),就可以称为短距离无线通信,它具有低成本、低功耗和对等通信三个重要特征。短距离无线通信技术主要有 Bluetooth(蓝牙技术)、ZigBee(紫蜂)技术、

Wi-Fi（无线保真）技术、UWB（超宽带）技术、60 GHz 技术、IrDA（红外）技术、RFID（射频识别）技术、NFC（近场通信）技术、VLC（可见光）技术、DSRC（专用短程通信）技术等。

(1) 蓝牙技术

蓝牙技术是由爱立信、诺基亚、东芝、IBM 和英特尔 5 家公司于 1998 年联合宣布共同开发的一种短距离无线通信技术。

目前，随着蓝牙技术的不断发展，蓝牙技术在汽车上的应用也越来越广泛。例如，蓝牙技术可以对汽车进行解锁以及获取汽车的实时信息；蓝牙技术也可以对街边的共享单车进行解锁；蓝牙技术还能将手机与汽车后视镜相连以此来显示来电号码。未来蓝牙技术的应用将可以随着开发人员的想象力，无边无界地拓展。

①蓝牙技术定义。蓝牙是一种支持设备短距离通信的无线电技术，能在包括移动电话、掌上电脑、无线耳机、笔记本电脑、智能汽车、相关外设等众多设备之间进行无线信息交互。利用蓝牙技术能够有效地简化移动通信终端设备之间的通信，也能够简化设备与因特网之间的通信，从而使数据传输变得更加迅速高效，为无线通信拓宽道路。蓝牙采用分散式网络结构以及快跳频和短包技术，支持点对点及点对多点通信，工作在全球通用的 2.4 GHz ISM（即工业、科学、医学）频段，采用时分双工传输方案实现全双工传输。

②蓝牙系统组成。蓝牙系统一般由无线单元、链路控制（固件）单元、链路管理（软件）单元和软件（协议栈）单元组成（如图 6-4 所示）。

图 6-4 蓝牙系统组成

③蓝牙技术特点：

a. 全球范围适用。蓝牙工作在 2.4 GHz 的 ISM 频段，全球大多数国家 ISM 频段的范围是 2.4~2.483 5 GHz，使用该频段无须向各国的无线电资源管理部门申请许可证，便可直接使用。

b. 通信距离为 0.1~10 m，发射功率 100 mW 时可以达到 100 m。

c. 同时可传输语音和数据。蓝牙采用电路交换和分组交换技术，支持异步数据信道、三路语音信道以及异步数据与同步语音同时传输的信道。

d. 可以建立临时性的对等连接。根据蓝牙设备在网络中的角色，可分为主设备和从设备。主设备是组网连接主动发起连接请求的蓝牙设备，几个蓝牙设备连接成一个皮网时，其中只有一个主设备，其余都是从设备。皮网是蓝牙最基本的一种网络形式，最简单的皮网是一个主设备和一个从设备组成的点对点的通信连接。

e. 抗干扰能力强。工作在 ISM 频段的无线电设备有很多种，为了很好地抵抗来自这些设备的干扰，蓝牙采用了跳频方式来扩展频谱。蓝牙设备在某个频点发送数据之后，再跳到另一频点发送，而频点的排列顺序是伪随机的，每秒钟频率改变 1 600 次，每个频率持续 625 μs。

f. 蓝牙模块体积很小，便于集成。

g. 功耗低。蓝牙设备在通信连接状态下，有四种工作模式——激活模式、呼吸模式、保持模式和休眠模式。激活模式是正常的工作状态，另外三种模式是为了节能所规定的低功耗模式。

h. 接口标准开放。蓝牙技术联盟（SIG）为了推广蓝牙技术的应用，将蓝牙的技术标准全部公开，全世界范围内的任何单位和个人都可以进行蓝牙产品的开发，只要最终通过SIG的蓝牙产品兼容性测试，就可以推向市场。

i. 成本低。随着市场需求的扩大，各个供应商纷纷推出自己的蓝牙芯片和模块，蓝牙产品价格逐渐下降。

④蓝牙技术的应用。蓝牙技术在汽车上的应用还包括车载蓝牙电话、车载蓝牙音响、车载蓝牙导航、蓝牙汽车防盗等。

a. 车载蓝牙电话（如图6-5所示）：是专为行车安全和舒适性而设计的。在车辆行驶中，驾驶员可以利用车载的蓝牙系统和蓝牙耳机对接进行无线（免提）拨打电话，从而可以解放驾驶员的双手，安心驾驶，降低交通事故发生的概率。

图6-5　车载蓝牙电话

b. 车载蓝牙音响（如图6-6所示）：是以稳定的、高度通用的蓝牙无线技术为基础的无线有源音箱，蓝牙音响内设锂电池，可以随时充电。车载蓝牙音响的使用方式是将手机和音响进行蓝牙配对，方便快捷。在开车的时候，可以通过蓝牙接手机，播放手机中的歌曲，同时，还可以作为手机的音响，接打电话；想户外听歌的时候，可以插卡播放，充当一个便携式音响。

图6-6　车载蓝牙音响

c. 车载蓝牙导航（如图6-7所示）：能为驾驶员提供定位导航的同时，还能作为蓝牙耳机，实现免提接听，极大地方便驾驶员，也大大加强驾驶员行车途中接打电话的安全性，还可以传送图片和文件，充分支持用户的各种需求。

图6-7　车载蓝牙导航

d. 蓝牙汽车防盗：把驾驶员的蓝牙手机当作汽车的第二把锁，如果蓝牙手机不在车内，一旦汽车被起动，系统就会认定汽车被盗，从而开启报警装置。智能蓝牙连接技术将在汽车与可穿戴技术连接的实现过程中发挥至关重要的作用，包括实现监测驾驶员疲劳驾驶、血液中酒精含量以及血糖水平等生物计量指标的连接，智能手表、血压计、脉搏监测仪、酒精监测仪或者血糖监测仪等将成为与汽车连接的可穿戴设备。随着蓝牙技术的不断发展，蓝牙技术在汽车上的应用会越来越多。

（2）ZigBee技术

ZigBee是以IEEE802.15.4标准为基础发展起来的短距离无线通信技术。2000年12月成立工作小组起草IEEE802.15.4标准。为了促进ZigBee技术的发展，2001年8月成立ZigBee联盟，目前该联盟已经有400多家成员，研发和推广ZigBee无线通信技术。

随着ZigBee标准的进一步完善，许多公司均在着手开发基于ZigBee的产品。采用ZigBee技术的无线网络应用领域有家庭自动化、家庭安全、工业与环境控制、医疗护理、检测环境、监测、监察保鲜食品的运输过程及保质情况等。

①ZigBee技术定义。ZigBee技术是基于IEEE802.15.4标准的低功耗局域网协议。根据国际标准规定，ZigBee技术是一种短距离、低功耗的无线通信技术。这一名称（又称紫蜂协议）来源于蜜蜂的8字舞，由于蜜蜂（Bee）是靠飞翔和"嗡嗡"（Zig）地抖动翅膀的"舞蹈"来与同伴传递花粉所在方位信息，也就是说蜜蜂依靠这样的方式构成了群体中的通信网络。其特点是近距离、低复杂度、自组织、低功耗、低数据速率，主要适合用于自动控制和远程控制领域，可以嵌入各种设备。

②ZigBee网络结构。ZigBee支持三种网络拓扑结构，即星形网、对等网和混合网（如图6-8所示）。

③Zigbee网络组成。在ZigBee网络中存在三种逻辑设备类型：协调器、路由器和终端设备。ZigBee网络由一个协调器以及多个路由器和多个终端设备组成（如图6-9所示）。

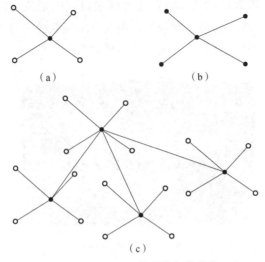

图6-8 ZigBee 的网络拓扑结构
(a) 星形网；(b) 对等网；(c) 混合网

图6-9 ZigBee 网络组成

协调器的主要功能是整个网络的初始配置和启动。协调器首先需要选择一个信道和一个网络 ID（也称 PANID），然后再开始启动整个网络。协调器也可以协助在网络安全和应用层的工作。一旦这些都完成后，它的角色就转化成一个路由器。

路由器的功能主要是允许终端设备以节点的身份加入网络，实现多跳路由和协助终端设备的通信。

终端设备没有特定的维持网络结构的责任，它可以睡眠或者唤醒，因此它可以是一个电池供电设备。通常，终端设备对存储空间的需求比较小。

④ZigBee 技术特点。

a. 低功耗：由于 ZigBee 技术的传输速率低，发射功率仅为 1 mW，而且采用了休眠模式，功耗低，因此，ZigBee 设备非常省电。

b. 低成本：通过大幅简化协议（不到蓝牙的 1/10），降低了对通信控制器的要求，而且 ZigBee 技术免协议专利费。

c. 低速率：ZigBee 技术的工作速率为 20~250 kbit/s，分别提供 250 kbit/s（2.4 GHz）、40 kbit/s（915 MHz）和 20 kbit/s（868 MHz）的原始数据吞吐率，满足低速率传输数据的应用需求。

d. 短距离：ZigBee 技术的传输范围一般介于 10~100 m，在增加发射功率后，也可增加到 1~3 km，这指的是相邻节点间的距离。如果通过路由器和节点间通信的接力，传输距离可以更远。

e. 短时延：ZigBee 技术的响应速度较快，一般休眠激活的时延只需 15 ms，节点连接进入网络只需 30 ms，活动设备信道接入只需 15 ms，进一步节省了电能。相比较，蓝牙需要 3~10 s，Wi-Fi 需要 3 s。

f. 高容量：ZigBee 技术可采用星型、对等和混合网络结构，由一个主节点管理若干子节点，最多一个主节点可管理 254 个子节点；同时主节点还可由上一层网络节点管理，最多可组成 65 000 个节点的大网；一个区域内可以同时存在最多 100 个 ZigBee 网络，而且网络组成灵活。

g. 高安全：ZigBee 技术提供了三级安全模式，包括无安全设定、使用访问控制清单防止非法获取数据以及采用高级加密标准（AES-128）的对称密码，以灵活确定其安全属性。

h. 高可靠：ZigBee 技术采取了碰撞避免策略，同时为需要固定带宽的通信业务预留了专用时隙，避开了发送数据的竞争和冲突。媒体访问控制层采用了完全确认的数据传输模式，每个发送的数据包都必须等待接收方的确认信息，如果传输过程中出现问题可以进行重发。

i. 免执照频段：ZigBee 技术使用工业科学医疗（ISM）频段、915 MHz（美国）、868 MHz（欧洲）、2.4 GHz（全球）。

⑤ZigBee 技术应用。随着 ZigBee 技术的进一步完善，基于 ZigBee 技术的产品正逐渐被开发。采用 ZigBee 技术的无线网络应用领域有数字家庭领域、工业领域、智能交通领域等。

a. 数字家庭领域：ZigBee 技术可以应用于家庭的照明、温度、安全控制等。ZigBee 模块可安装在电视、灯具、遥控器、儿童玩具、游戏机、门禁系统、空调系统和其他家电产品上。例如，在灯具中装置 ZigBee 模块，人们要开灯时，就不需要走到墙壁开关处，直接通过遥控就可以；当打开电视机时，灯光会自动减弱；当电话铃响起时或拿起话机准备打电话时，电视机会自动静音。通过 ZigBee 终端设备可以收集家庭各种信息，传送到中央控制设备，或通过遥控达到远程控制的目的，提供家居生活自动化、网络化与智能化服务。

b. 工业领域：通过 ZigBee 网络自动收集各种信息，并将信息反馈到系统进行数据处理与分析，以便掌握工厂整体信息。例如火警的感测和报警、照明系统的感测、生产机台的流程控制等，都可由 ZigBee 网络提供相关信息，以达到工业与环境控制的目的。基于

ZigBee 技术的自动抄表系统，无须手动读取电表、天然气表及水表。

　　c. 智能交通领域：如果沿着街道、高速公路及其他地方分布式地装有大量 ZigBee 终端设备，就不再担心会迷路。安装在汽车里的器件将告诉你，你当前所处位置，正向何处去。GPS 也能提供类似服务，但是这种新的分布式系统能够提供更精确更具体的信息，即使在 GPS 覆盖不到的地方，仍能继续使用此系统。从 ZigBee 无线网络系统能够得到比 GPS 多很多的信息，如限速、道路是单行线还是双行线、前面每条道路的交通情况或事故信息等。基于 ZigBee 技术的系统还可以开发出许多其他功能，如在不同街道根据交通流量动态调节红绿灯、追踪超速的汽车或被盗的汽车等。

　　ZigBee 技术可以用于智能网联汽车。根据智能网联汽车的需要与用户的需求，可以在车内加入多种传感器，如酒精探测器、加速度传感器等，用来采集用户所需信息，再用基于 ZigBee 协议的无线模块作为节点，进行数据的处理，并向后台及周围车辆进行数据传输。

　　(3) Wi-Fi 技术

　　Wi-Fi（Wireless Fidelity，无线保真技术）是由接入点（Access Point，AP）和无线网卡组成的无线局域网络。

　　随着网络的普及，越来越多的人享受到了网络给生活带来的方便，但是上网地点的固定、上网工具不方便携带等问题，使人们对无线网络更加渴望。Wi-Fi 技术的诞生，正好满足了人们的渴望，也使得 Wi-Fi 技术越来越受到人们的关注。目前，国内平均每天 Wi-Fi 联网请求用户数超过 1 亿，Wi-Fi 已经成为人们生活中必不可少的工具。

　　①Wi-Fi 技术定义。Wi-Fi 是以 IEEE 802.11 标准为基础发展起来的短距离无线通信技术。随着技术的发展以及 IEEE 802.11a、IEEE 802.11g、IEEE 802.11n 等标准的出现，现在 IEEE 802.11 这个标准已统称为 Wi-Fi 技术。

　　②Wi-Fi 技术特点：

　　a. 覆盖范围大：覆盖半径可以达到数百米，而且解决了高速移动时数据的纠错问题和误码问题，Wi-Fi 设备与设备、设备与基站之间的切换和安全认证都得到了很好的解决。

　　b. 传输速率快：不同版本传播速率不同，基于 IEEE 802.11n 的传播速率可以达到 600 Mbit/s。

　　c. 健康安全：IEEE 802.11 规定的发射功率不可超过 100 mW，实际发射功率为 60~70 mW，辐射非常小。

　　d. 无需布线：可以不受布线条件的限制，不需要网络布线，适合移动设备。

　　e. 组建容易：只要在需要的地方设置接入点，并通过高速线路将互联网接入，用户只需将支持无线局域网的设备拿到该区域，就可进入互联网。

　　Wi-Fi 信号会随着离接入点距离的增加而减弱，而且无线电信号遇到障碍物会发生不同程度的折射、反射、衍射，使信号传播受到干扰，无线电信号也容易受同频率电波的干扰和雷电天气的影响，这些都会造成网络信号的不稳定和速率下降。Wi-Fi 技术作为高速有线接入技术的补充，具有可移动性、价格低廉的优点，Wi-Fi 技术广泛应用于有线接入需要无线延伸的领域。

③Wi-Fi技术应用。由于Wi-Fi的频段在世界范围内是无需任何电信运营执照的，因此，无线局域网提供了一个世界范围内可以使用的、费用极其低廉且数据带宽极高的无线空中接口。

用户可以在Wi-Fi覆盖区域内快速浏览网页，随时随地接听拨打电话，收发电子邮件，下载音乐，传递数码照片等。Wi-Fi在智能手机的应用与蓝牙技术不同，Wi-Fi具有更大的覆盖范围和更高的传输速率。如今Wi-Fi的覆盖范围在国内越来越广泛，宾馆、商场、飞机场、车站以及咖啡厅等都有Wi-Fi接口。厂商在人员较密集的地方设置"热点"，并通过高速线路将因特网接入这些场所。由于"热点"所发射出的电波可以达到距接入点半径数十米至数百米的地方，用户只要将支持Wi-Fi的笔记本电脑、智能手机等拿到该区域内，即可高速接入因特网。

Wi-Fi技术凭借其低成本、低功耗、灵活、可靠等优势在物联网产业中发挥着重要作用。Wi-Fi技术在物联网中广泛应用于电力监控、油田监测、环境监测、气象监测、水利监测、热网监测、电表监测、机房监控、供水监控等。

采用Wi-Fi互联技术的车载影音系统，可以直接与手机相连，实现手机与车载影音系统的同步互联操作，除了具备传统的视频播放、车载导航功能，还可以实现同屏传送、收发邮件、网络登录、网络下载等移动互联功能。基于Wi-Fi互联技术的车载影音系统具有以下功能：Wi-Fi双屏互动功能，可将手机屏幕显示内容传送到车载影音屏幕上；支持导航功能；Wi-Fi上网、蓝牙通信；支持耳机模式和外部功放模式；支持标清视频播放。

汽车制造商可以把汽车变成带有Wi-Fi功能的系统，连接车载仪表设备与各种通信设备，让整辆车就好比一个可以移动的Wi-Fi热点。在IEEE 802.11ac标准的基础上集成5G Wi-Fi技术，将能够让驾驶员与乘客通过畅通的5 GHz信道把移动设备中的内容同步并传输到车辆的信息娱乐系统以及后座显示屏上。

对于智能网联汽车，驾驶员可以使用移动设备远程查看其车辆位置、轮胎气压、油量与里程等，同样也可以在同一移动设备上接收关于车辆性能与诊断的预警信息。此外，车载Wi-Fi技术还可以搭建移动热点，在不依赖蜂窝设备且移动的状态下实现与网络的连接。Wi-Fi同样有望在V2X通信和实现无人驾驶的过程中发挥关键作用。在支持千兆及以上速率的相关标准不断发展的情况下，Wi-Fi的优势更加明显。

(4) UWB技术

UWB（Ultra Wide Band，超宽带）技术，是一种能够为无线局域网和个人域网的接口卡和接入技术带来低功耗、高带宽并且相对简单的无线通信技术，已经成为短距离、高速无线网络最热门的物理层技术之一。

由于UWB技术具有抗干扰性能强、传输速率高、带宽极宽、消耗电能小、发送功率小等诸多优势，因此该技术广泛应用于智能巡检、人脸识别、生命体征检测和实时检测人员心率等方面。

①UWB技术定义。UWB是指信号宽带大于500 MHz或者信号宽带与中心频率之比大于25%。例如一个中心频率为1 GHz的UWB系统，它的射频带宽应在250 MHz以上。

UWB技术是一种无载波通信技术,它采用极短的脉冲信号来传送信息,通常每个脉冲持续的时间只有十几皮秒到几纳秒的时间。UWB技术也称为脉冲无线电、脉冲雷达、时域技术或无载波技术等。

②UWB技术特点:

a. 传输速率高,空间容量大:在UWB系统中,信号宽带高达0.5~7.5 GHz,传输速率可达到几百兆至1 Gbit/s,因此,将UWB技术应用于短距离高速传输场合是非常合适的,可以极大地提高空间容量。

b. 适合近距离通信:按照FCC规定,UWB系统的辐射功率非常有限,3.1~10.6 GHz频段总辐射功率仅为0.55 MW,远低于传统窄带系统。随着传输距离的增加,信号功率将不断衰减。另外,超宽带信号具有极其丰富的频率成分,无线信道在不同频率表现出不同的衰减特性。由于随着传输距离的增加高频信号衰减极快,导致UWB信号产生失真,严重影响系统性能。研究表明,当收发信机之间距离小于10 m时,UWB系统的信道容量高于5 GHz频段的WLAN系统,当收发信机之间距离超过12 m时,UWB系统的容量急剧下降。因此,UWB系统特别适合近距离通信。

c. 隐蔽性好:UWB的频谱非常宽,能量密度非常低,因此信息传输安全性高。另外,由于能量密度低,UWB设备对其他设备的干扰就非常低。

d. 多径分辨能力强:由于UWB极高的工作频率和极低的占空比而具有很高的分辨率,窄脉冲的多径信号在时间上不易重叠,很容易分离出多径分量,所以能充分利用发射信号的能量。实验表明,对比常规无线电信号多径衰落深达10~30 dB的多径环境,UWB信号的衰落最多不到5dB。

e. 定位精度高:冲击脉冲具有很高的定位精度,采用超宽带无线通信,可在室内和地下进行精确定位,而GPS只能工作在GPS定位卫星的可视范围之内。与GPS提供绝对地理位置不同,超短脉冲定位器可以给出相对位置,其定位精度可达厘米级。

f. 抗干扰能力强:UWB扩频处理增益主要取决于脉冲的占空比和发送每个比特所用的脉冲数。UWB的占空比一般为0.001~0.01,具有比其他扩频系统高得多的处理增益,抗干扰能力强。一般来说,UWB抗干扰处理增益在50 dB以上。

g. 穿透能力强:在具有相同绝对带宽的无线信号中,UWB脉冲的频率最低,相对于毫米波信号具有更强的穿透能力。

h. 体积小,功耗低:UWB无线通信系统接收机没有本振、功放、锁相环、压控振荡器、频器等,因而结构简单,设备成本低。由于UWB信号无需载波,而是使用间歇的脉冲来发送数据,脉冲持续时间很短,一般在0.20~1.5 ns,有很低的占空因数,所以它只需要很低的电源功率。一般UWB系统只需要50~70 mW的电源,是蓝牙技术的十分之一。

③UWB技术应用。UWB技术是一种技术手段先进且性价比较高的短距离无线通信技术,除上述应用场景之外,在办公及家庭环境、军事领域、成像、传感器网络、智能交通等领域同样具有广阔的应用前景。

a. 办公及家庭环境:应用UWB技术,对于办公及家庭设备可以实现快捷使用。传统的传输技术需要在电子设备间进行有线连接,继而才能进行信息传输,而UWB技术所采用的无线方式,为信息传输活动提供很大的便利性,利用超宽带信息大容量、设备便捷等优势,可以对办公以及家庭环境进行有效优化。

b. 军事领域:UWB 技术具有良好的信号隐蔽性能,在军事领域中应用该技术,可以对新型雷达系统进行有效创新,对无人驾驶飞机进行技术完善。现阶段,军事隐身战术受到了大力推广,应用 UWB 技术,可以探测出隐身战斗机,因此,UWB 技术在未来发展中,必将受到军事领域的高度重视。

c. 成像:UWB 技术具有良好的障碍物穿透能力,可以利用该技术研发穿墙雷达探测墙体后方人员;还可以将穿墙技术应用在搜寻工作中,如地震中可以帮助搜救人员对受灾人员进行快速且准确的定位,有效提高搜救效率与质量。

d. 传感器网络:利用 UWB 低成本、低功耗的特点,可以将 UWB 用于无线传感器网络。在大多数的应用中,传感器被用在特定的局域场所。作为无线传感器网络的通信技术必须是低成本和低功耗,UWB 是无线传感器网络通信技术的最合适候选者。

e. 智能交通领域:UWB 技术可以对目标进行快速搜索与准确定位,在智能交通中,可以利用该技术研发雷达系统,这样可以有效提升雷达系统的防障碍物性能;在汽车中安装该系统,可以为驾驶员提供智能化服务;在汽车行驶过程中,可以帮助驾驶员避开障碍物;还可以帮助驾驶员对汽车进行定位测量、获取相关道路信息等。

由于 UWB 技术具有明显的优势,其应用领域非常广泛。UWB 技术可以用于低截获率的内部无线通信系统、超宽带雷达、防撞雷达、高精度定位系统、无人驾驶飞行和探地雷达等;UWB 技术在智能交通系统、成像应用、无线传感器网络以及射频标识等领域都有很大的应用前景。

(5) 60 GHz 技术

在无线通信频谱资源越来越紧张以及数据传输速率越来越高的必然趋势下,60 GHz 频段无线短距离通信技术也越来越受到关注,成为未来无线通信技术中最具潜力的技术之一。由于低延迟、高带宽和最小化接口的突出优势,60 GHz 技术成为众多工业应用的理想选择。目前该技术已广泛应用于监控、医疗等领域,例如,60 GHz 技术能为医生提供质量更高的图像来保证精确的手术,基于 60 Ghz 技术可实现机器人自由移动等。

①60 GHz 技术定义。60 GHz 技术是指通信载波为 60 GHz 附近频率的短距离无线通信技术。60 GHz 通信载波是波长为 5 mm 的无线电磁波,属于毫米波,具有频带宽、波长短的基本特征,这些频率特征决定了 60 GHz 频段的电磁波具有极强的数据传输能力和极高的波形分辨率。

②60 GHz 技术特点:

a. 频谱资源丰富:60 GHz 波段可用于无线通信的连续频率带宽达 7~9 GHz,并且是免许可的免费资源。目前无线低频段大部分已被占用,大量的低频无线电的频谱空间被分配给了无线本地通信的应用,例如 2.4 GHz 的无线低频段就挤满 ZigBee、蓝牙、微波和其他应用。各国政府都在 60 GHz 频率附近划分出免许可的连续免费频谱,专门用于短距离的无线通信,比如,韩国和北美划出了 57~64 GHz 频段,日本和欧洲划出了 59~66 GHz

频段，中国划出了59~64 GHz频段。随着无线频谱资源的越来越稀缺，60 GHz毫米波无线通信技术在60 GHz频率周围能够利用的资源之多、频段之广，要远远超出其他几种无线通信技术，因此，60 GHz毫米波无线通信技术可以提供更快的传输速率和更优质的通信质量。

b. 传输速率高：由于60 GHz毫米波无线通信技术拥有极大的带宽，而传输速率是随着带宽的增加而增加的，其理论传输速率极限可以达到千兆级。对于其他几种无线通信技术来说，由于频谱资源和带宽的限制，要达到千兆级的传输速率从理论可以实现，但是必须要采用高阶调制等极其复杂的技术，大大增加了实现的难度，并且对信道的信噪比要求更高，在现实中几乎不可能实现。而60 GHz毫米波无线通信技术有足够的带宽资源，无须使用复杂技术就可以在较低的信噪比条件下达到兆比特级的传输速率，其性能是其他无线传输技术的数十倍。

c. 抗干扰性强：60 GHz无线信号的方向性很强，使得几个不同方向的60 GHz通信信号之间的相互干扰非常小，几乎可以忽略不计。目前使用该频段进行无线通信的技术很少，而且主要使用的无线通信技术的载频基本远远小于60 GHz，因此，通信系统之间的干扰也很小，同样可以忽略不计。

d. 安全性高：传输路径的自由空间损耗在60 GHz附近频率时约为15 dB/km，并且墙壁等障碍物对毫米波的衰减很大，这使得60 GHz无线通信在短距离通信的安全性能和抗干扰性能上存在得天独厚的优势，有利于近距离小范围组网。

e. 方向性强：99.9%的波束集中在4.7°范围内，极强的窄波束特别适合点对点的无线通信。

f. 易于实现频率复用：60 GHz电磁波的路径损耗大，传输距离近，适合在近距离内实现频率复用；加之载波方向性强，抗干扰能力也强，使得多条同频传输链路可在同一空间内共存，实现空间复用，有效提升网络通信容量。

g. 最大发射功率限制小：60 GHz波段占用的频率少，相对比较空闲，且远离传统通信系统的工作频段，使用较高的发射功率也不会对别的无线通信系统造成干扰，因此，60 GHz波段所允许的最大发射功率限制小，可利用较高的发射功率来提高数据速率。

h. 天线尺寸小和电路可集成化：天线的尺寸与载波波长的数量级相比，由于60 GHz载波波长处于毫米级别，其天线的尺寸相对于低波段天线大为减小，可以弥补载波在传输过程中的路径损耗，也有利于实现电路的集成。此外，与低波段电磁波相比，60 GHz的载波更短，除了能降低天线的尺寸，还可以显著降低元器件的尺寸，提高通信设备的集成度。

由于60 GHz的无线频点处于大气传播中的衰减峰值，频段不适合长距离通信（大于2 km），故可以全部分配给短距离通信。在以60 GHz为中心的8 GHz范围内，衰减也不超过10 dB/km。因此，无线本地通信有8 GHz的带宽可用，对短距离通信来说，60 GHz的频段最具有吸引力。

③ 60 GHz技术应用：由于60 GHz技术具有高速率、大容量、抗干扰、安全性能好等优点，特别适合高速率、短距离内的通信，在无线个域网、无线高清多媒体接口、海量文

件的传输和汽车防撞报警系统等方面也同样应用广泛。

a. 无线个域网：无线个域网可以连接计算机、数码产品、移动终端等电子设备，实现电子终端间的无线通信。但由于网络带宽和频谱资源的限制，目前的无线个域网络的数据传输速率不高，无法支持超高速数据通信的要求。60 GHz 无线通信具有数据传输速率高的优势，有利于信息设备之间的数据传输，降低通信时间，提高通信效率，可广泛应用于无线个域网中，取代目前广泛应用在家庭宽带和办公室通信中的光纤传输线路，降低无线通信组网的复杂度和成本。

b. 无线高清多媒体接口：高清多媒体接口是数字高清电视技术的接口标准。目前，机顶盒或 DVD 等电子设备通过光纤线路向电视机或显示器传送高清视频和音频信号，随着数字技术的发展，电视机或显示器已具备接收完全非压缩方式的高清多媒体信号能力。因此，可以利用 60 GHz 技术，通过无线的方式，使机顶盒或智能家电等终端，向电视机、显示器或扬声器等系统传送非压缩方式的音视频信号，实现高清播放的需求。

c. 海量文件的传输：60 GHz 技术的通信速率高，可支持高达 7 Gbit/s 或更高的数据传输速率，因此可用于短距离内海量文件的高速传输。比如，可利用 60 GHz 技术，通过无线的方式，将城市街头或车站设置的自助服务终端中的视频、音乐及其他海量文件，以极高的速率传输到支持毫米波通信的手机或移动智能终端上。

d. 汽车防撞报警系统：汽车防撞报警系统由汽车雷达和信息处理单元组成，担负着汽车目标的快速识别预警和预警信号数据的快速传输功能。在复杂气候和汽车高速运行状况下，实现对其他目标的快速识别和预警信号的高速传输，对于交通安全非常重要。因此，可利用 60 GHz 技术实现汽车雷达的快速识别和数据的高速传输。

在目前所有的汽车防撞雷达中，毫米波雷达因其带宽大、分辨率高、体积小以及全天候工作的优点，近年来成为国际上汽车防撞雷达的主流技术，被广泛应用于军事及民用领域。由于受到以往技术及器件设备的限制，国内对毫米波雷达的研究大多数集中在 40 GHz 频段以下。随着技术的发展，60 GHz 频段的毫米波以其更宽的带宽、更高的分辨率得到了更广泛的关注。基于 60 GHz 技术的双模汽车防撞雷达，不但能通过探测前方目标的相对距离和移动速度，向驾驶员发出预警信号，提醒驾驶员提前采取措施避免事故，而且前后两辆汽车之间能够实现快速识别和数据的高速传输功能，后方汽车与前方汽车之间能相互知道两车的相对速度和距离，双方共同努力、互相协作可以使汽车行驶得更加安全。另外，60 GHz 技术也开始应用于智能网联汽车的车载信息娱乐系统。

(6) IrDA 技术

IrDA（The Infrared Data Association，红外通信）技术，是由红外线数据标准协会制定的一种无线协议。

①IrDA 技术定义。IrDA 技术是一种利用红外线进行点对点短距离无线通信的技术。IrDA 技术小型化和低成本的特点，很适合应用在手机、电子商务、数字照相机等便携式产品中，相对简单的红外连接使它能适应不同的操作系统和大范围的传输速率。

②IrDA 技术特点：

a. 稳定性好：采用的是模拟传输方式，并不像蓝牙、无线射频等技术采用数字信号传输,所以几乎没有任何相似的信号对它产生干扰。

b. 私密性强:由于红外线的波长较短,对障碍物的衍射能力差,所以适合进行短距离无线通信。正因为如此,红外传输具有很强的私密性,比如家庭中使用红外遥控器时,邻居家的电器是不会受到控制影响的,所以遥控器的选材会优先选择红外线穿透的 PC 材料。

c. 功率低:功率小于 40 mW。

d. 成本低廉:IrDA 技术已非常成熟,上下游产业链也极为发达,相对于蓝牙、Wi-Fi 等无线传输技术,在成本上有明显优势。

IrDA 技术虽有各种优点,但也存在局限性:

a. IrDA 技术是两个具有 IrDA 端口的设备之间的数据传输,中间不能有阻挡物,这在两个设备之间是容易实现的,但在多个电子设备间就必须彼此调整位置和角度等。

b. 由于红外线发射角度一般不超过 30°,所以可控性比较小,发送和接收方的位置要相对固定,移动性差。

c. 如果红外线频率过高,就会导致人类眼睛与皮肤受到损伤,所以在设置红外无线通信时,需要严格控制红外发射强度。

③IrDA 技术应用:

a. 家庭生活:IrDA 技术在家庭生活中应用广泛,家用电器中用得最多的就是红外遥控方式,如数字电视、机顶盒、家庭影院等。红外遥控的特点是不影响周边环境,不干扰其他电气设备。由于红外线不能穿透墙壁,所以不同房间的家电可使用通用的遥控器且不会产生干扰;电路简单,只要按电路连接正确,一般就可投入使用;编解码容易,可进行多路遥控。

b. 军事:基于红外线不受电磁波干扰、安全性高且不易受天气影响等优点,IrDA 技术在军事上得到广泛的应用。红外制导系统就是实例之一,它是利用红外自动跟踪测量的方法,控制和引导导弹射向目标的技术。这种技术利用红外探测器捕捉和跟踪目标所辐射的红外能量,经光电转换和信号处理后,给出目标相对于导弹的角度、角速度等信息,控制导弹按一定规律接近并命中目标。此外,红外线在军事侦察方面也起到了重要的作用。在卫星上安装红外侦察系统可利用其上的红外望远镜及时发现大气层中射来的飞弹,并监视其飞行,也可利用卫星上的高分辨率的红外成像设备,昼夜侦察和监视对方的活动。

c. 医学:按照物理知识,自然界中一切温度高于绝对温度的物体都不断向外辐射红外线,这种现象称为热辐射。人体也有自身的红外线辐射特性,当人生病时,人体的热平衡受到破坏,红外辐射会发生变化,因此,人体温度变化是医学上诊断疾病的一项重要依据。采用红外热像仪记录人体的温度变化,将病变时的人体热像和正常生理状态下的人体热像进行比较,便可从热像是否有异常变化来判断病理状态。

d. 遥感探测:IrDA 技术在遥感探测方面的应用主要是利用红外光获取目标。由于物体都能辐射和反射电磁波且辐射和反射的特性都不同,利用光学遥感器远距离探测物体所反射和辐射的红外特性的差异,经光学、电子技术处理后,就可确定目标的位置。

e. 智能汽车:IrDA 技术在汽车上可以用于夜视辅助系统。在夜间行车时,驾驶员的视线范围变得狭窄，对于暗中物体的识别能力会显著下降；同时当打开汽车前照远光灯来拓宽视野范围时，如果前方有相向行驶的车辆，由于远光灯亮度极高，极易让驾驶员产生炫目感，给行车带来安全隐患。由于人眼能感应到380~780 nm的可见光波段，对于近红外波段的光不敏感，因此，为了拓宽人眼的视觉范围，同时减少光对人眼的直接炫目刺激，一般采用红外波段和微光放大来拓宽视野范围。IrDA技术也可以用在遥控钥匙上。

（7）RFID技术

RFID（Radio Frequency Identification，射频识别技术），是20世纪90年代开始兴起的一种自动识别技术。

目前RFID技术的应用十分广泛，例如：将RFID技术应用于食品药品安全管理，结合后台信息系统，实现对食品药品的定位和跟踪，达到安全管理目的；采用RFID远距离识别技术，学生只需正常佩戴校牌进出校门，系统将自动保存数据并结合短信平台，让家长时刻掌握学生在校离校情况。

①RFID技术定义。RFID技术也称为电子标签，是一种短距离无线通信技术，可以通过无线电信号识别特定目标并读写相关数据，而无须识别系统与特定目标之间建立机械或者光学接触，所以它是一种非接触式的自动识别技术。

②RFID系统组成。RFID系统主要由标签、阅读器和天线三部分组成，如图6-10所示。

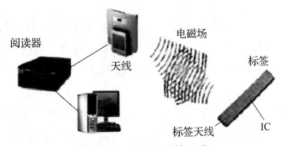

图6-10　RFID系统组成

a. 标签：由耦合元件及芯片组成，每个电子标签都具有唯一的电子编码，附着在物体上标识目标对象；每个标签都有一个全球唯一的ID号码——UID（用户身份证明），其在制作标签芯片时存放在ROM中，无法修改，这对物联网的发展有着很重要的影响。

b. 阅读器：是读取或写入标签信息的设备，可设计为手持式或固定式等多种工作方式。对标签进行识别、读取和写入操作，一般情况下会将收集到的数据信息传送到后台系统，由后台系统处理数据信息。

c. 天线：用来在标签和阅读器之间传递射频信号。射频电路中的天线是联系阅读器和电子标签的桥梁，阅读器发送的射频信号能量，通过天线以电磁波的形式辐射到空间，当电子标签的天线进入该空间时，接收电磁波能量，但只能接收其很小的一部分。阅读器和电子标签之间的天线耦合方式有两种：一种是电感耦合方式，适用于低频段射频识别系统；另一种是反向散射耦合模式，适用于超高频段的射频识别系统应用。天线可视为阅读器和电子标签的空中接口，是RFID系统的一个非常重要的组成部分。

③RFID 技术特点：

a. 读取方便快捷：数据的读取无需光源，甚至可以透过外包装来进行。有效识别距离更大，采用自带电池的主动标签时，有效识别距离可达到 30 m 以上。

b. 识别速度快：标签一进入磁场，阅读器就可以即时读取其中的信息，而且能够同时处理多个标签，实现批量识别。

c. 数据容量大：数据容量最大的二维条形码，最多也只能存储 2 725 个数字，若包含字母，存储量则会更少；RFID 标签则可以根据用户的需要将存储量扩充到数万个数字。

d. 穿透性和无屏障阅读：在被覆盖的情况下，RFID 能够穿透纸张、木材和塑料等非金属或非透明的材质，并能够进行穿透性通信。

e. 使用寿命长，应用范围广：无线通信方式使 RFID 可以应用于粉尘、油污等高污染环境和放射性环境，而且封闭式包装使得 RFID 标签寿命大大超过印刷的条形码。

f. 标签数据可动态更改：利用编程器可以向标签写入数据，从而赋予 RFID 标签交互式便携数据文件的功能，而且写入时间相比打印条形码更少。

g. 安全性好：不仅可以嵌入或附着在不同形状、类型的产品上，还可以为标签数据的读写设置密码保护，从而具有更高的安全性。

h. 动态实时通信：标签以每秒 50～100 次的频率与阅读器进行通信，所以只要 RFID 标签所附着的物体出现在阅读器的有效识别范围内，就可以对其位置进行动态的追踪和监控。

④RFID 技术应用：RFID 技术凭借其实时、准确地对高速移动目标的快速识别特性，在汽车无钥匙系统、汽车防伪查询和电子不停车收费系统等方面上也有着广泛的应用，将成为未来交通信息采集与监管的主要手段，它在交通管理中的广泛应用也必将成为未来智能交通的发展趋势。

a. 汽车无钥匙系统：汽车无钥匙系统是由射频识别技术、无线编码技术等发展起来的。它的工作原理是：遥控钥匙的携带者进入距离汽车一定范围内，或者按下车门上的触动开关，即可唤醒遥控钥匙控制模块。首先，遥控钥匙控制模块发射出低频信号，唤醒遥控钥匙；接着，遥控钥匙上的高频模块开始工作，发送出高频解码信号给接收天线，天线收到信号后传送给钥匙控制模块，微控制器首先查看密钥信息，如果正确就对钥匙进行区域检测，判断钥匙的位置，从而做出相应的动作，如对车门的开、闭锁等；如果密钥不正确，则不做任何动作。

b. 汽车防伪查询：汽车防伪查询的基本原理是将车牌号、发动机号、车辆类型、颜色、车主信息、驾驶证号、发证机关、年审情况等基本信息保存在射频芯片中，可以使用验证器（阅读器）读出这些数据，通过核对这些信息，以验证车辆、车主及车牌的身份，如图 6-11 所示。芯片不断发射车辆的 ID 号码，在任何天气和车速下均可识别，撞击、油污或者破坏均不影响车牌工作，并且不能从一辆车拆下而安装到另一辆车。通过核对这些信息，来判断车辆、车主、车牌的真伪和查验车辆违规违纪、年检的状况。

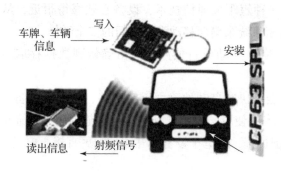

图 6-11 汽车防伪查询

c. 电子不停车收费系统：目前，高速公路电子不停车收费系统（Electronic Toll Collection，ETC）已在全国推广使用。电子不停车收费系统应用 RFID 技术，通过路侧天线与车载电子标签之间的专用短程通信，在不需要驾驶员停车和其他收费人员采取任何操作的情况下，自动完成收费处理全过程（如图 6-12 所示）。应用电子不停车收费系统可以提高通过效率，是缓解收费站交通堵塞的有效手段。

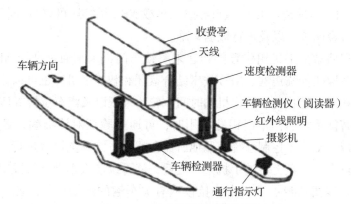

图 6-12 电子不停车收费系统

（8）NFC 技术

NFC（Near Field Communication，近场通信）技术是由飞利浦公司发起，由诺基亚、索尼等厂商联合主推的一项无线通信技术。

NFC 技术近年来发展迅速，尤其在支付方面应用广泛，利用 NFC 技术只需要在收银台支持近场通信的设备上刷一下手机就可以付款；支持 NFC 支付的公交车上，乘客可以使用借记卡、信用卡或充值卡在 NFC 读取器上支付交通费用。

①NFC 技术定义：NFC 技术又称近距离无线通信技术，是一种短距离的高频无线通信技术，允许电子设备之间进行非接触式点对点信息传输，交换数据、图片和视频等。该技术结合了非接触式射频识别及无线连接技术，作用于 13.56 MHz 频率，传输距离一般在 20 cm 内，传输速率有 106 kbit/s、212 kbit/s 和 424 kbit/s 三种。

②NFC 技术特点：

a. 近距离感应：NFC 设备之间的极短距离接触，主动通信模式为 20 cm，被动通信模式为 10 cm，让信息能够在 NFC 设备之间点对点快速传递。

b. 安全性：NFC 是一种短距离通信技术，设备必须靠得很近，从而提供了固有的安全性；也可以通过加/解密系统来确保移动设备之间的安全通信。

c. 处理速度快：从 NFC 移动设备侦测、身份确认到数据存取只需 0.1 s 时间即可完成。

d. 连接快速：NFC 能够快速自动地建立无线网络，为蜂窝设备、蓝牙设备、Wi-Fi 设备提供一个"虚拟连接"，使电子设备可以在短距离范围内进行通信。NFC 短距离交互大大简化了整个认证识别过程，使电子设备间互相访问更直接、更安全和更清楚。

③NFC 技术应用：

a. 智能媒体：对于配备 NFC 技术的手机，利用其读写器功能，用户只需接触智能媒体即可获取丰富的信息或下载相关内容。此智能媒体带有一个成本很低的 RFID 标签，可以通过移动手机读取，借此发现当前环境下丰富多样的服务项目。且手机可以启动移动网络服务请求，并立即按比例增加运营商的网络流量。

b. 智能汽车：车载 NFC 系统可以提高车内应用的易用性和功能性，例如智能手机通过 NFC 功能和汽车连接后，便可启动多媒体或导航系统，驾驶员可在手机中输入地址，通过 NFC 即可自动将地址传至 GPS 执行导航。车载 NFC 系统还可以自动将智能手机所存储的用户个性化参数同步，以及进行数据共享。

NFC 技术可以将智能手机用作智能钥匙来解锁车门，未来通过利用 NFC 技术，智能手机甚至可能彻底取代传统钥匙。NFC 技术结合蓝牙和智能手机，也可以让驾驶员在智能手机上便能查看汽车油量状况、更换机油时间、轮胎气压以及汽车位置等信息。

当驾驶员把智能手机当作车门钥匙使用时，可通过验证对话框确认解除车门锁。同时，驾驶员也可以通知汽车控制系统按照他所保存的舒适性调整设置进行工作。当驾驶员把智能手机放到汽车仪表盘上方的手机架中之后，就可以使汽车做好行驶前的一切准备工作；还可以通过扩展槽从智能手机中直接读取有关车辆的数据，如油耗、行驶里程和时间、用户服务信息或者最近的直达行驶路线等。

宝马公司对智能汽车钥匙进行了多次野外实地测试。例如车主可以通过智能汽车钥匙购买飞机票，并把所购买机票的数据信息保存在智能汽车钥匙中。其他的辅助功能，如当作信用卡、存储宾馆客房预订数据或者作为工作证、家门备用钥匙以及其他出入大门控制系统的钥匙等。总之，在有了合适的 NFC 接口之后，就能够方便地实现汽车钥匙的智能化。

（9）VLC 技术

VLC（Visible Light Communication，可见光通信）技术是一种在白光（LED）技术上发展起来的，利用可见光波段的光作为信息载体，不使用光纤等有线信道的传输介质，而在空气中直接传输光信号的新兴的光无线通信技术。

VLC 技术在航空、水下通信等领域优势明显。例如：可见光 LED 已经在新一代商用飞机上得到推广应用，通过可见光替代光缆或电缆进行通信能够减少体积和重量、减少电磁干扰（EMI）及降低成本等，波音商用飞机平台也在开展未来无线光网络方案研究；无线电波在海水中会受到高度衰减，声波在海洋中延迟时间长，带宽受限，误码率高且会对海豚和鲸鱼等海洋动物产生干扰，而 VLC 技术在水下可以很好地克服衰减和电磁干扰等问题。

①VLC 技术定义。VLC 技术是指利用可见光波段（380~780 nm）的光作为信息载体，无需光纤等有线信道的传输介质，在空气中直接传输光信号的通信技术。VLC 技术的核心就是在 LED 灯里加入微小芯片成为通信基站，甚至还具备 GPS 无法达到的精准定位功能。由此可见，利用照明 LED 灯光传输信息将是一种新兴的、绿色的及高速的无线通信方式，此技术具有极大的发展前景，已引起人们广泛的关注和研究。

②VLC 技术特点：

a. 广泛性：LED 的响应时间短、寿命长和无辐射，所有的 LED 灯都可成为互联网的基站。

b. 高速率性：通信速度可以达到每秒数十兆甚至数百兆，未来的传输速率还有可能超过光纤的传输速率。

c. 宽频谱：频谱的宽度是射频频谱的 1 万倍，无需频谱的使用许可执照，也解决全球无线频谱资源严重短缺现状。

d. 低成本：利用已有的照明线路可实现光通信，不必新建基础设施。

e. 高保密性：只要遮住光线，信息就不可能向照明区以外泄漏。

f. 实用性：可以对无线通信覆盖的盲区作填补，如地铁、隧道、航海、机舱及矿井等无线通信不畅的区域。

VLC 技术有很多优点，却也面临很多技术难题：

a. 信号易被切断。LED 灯光若被阻挡，网络信号无法穿透阻挡物。

b. 数据难回传。数据线与电力线不能很好融合，反向链路受干扰导致数据无法回传。

c. 无专用探测器，光线散乱而多方向，在光源和探测器间存在不同光路。现广泛使用的硅基探测器灵敏度差，不能准确地接收信号，导致用户使用时无法准确接入，也不能准确切换等。

d. 码间干扰。因不同光路径到接收端的时间不一样，过程有码间干扰。

e. 无专业集成芯片。想要与 Wi-Fi 一样实现广泛应用及产业化，必须有相当成熟的专用芯片，但目前无可见光通信系统芯片，限制了可见光通信技术的产业化发展。目前，VLC 技术并不能成为传统无线通信技术的竞争对手，只能作为其应用的补充，与传统无线通信技术相辅相成，相融共生。但如能突破以上瓶颈，产生撒手锏式的应用，那么 VLC 技术也会有无限的发展前景。

③VLC 技术应用：

a. 可用于照明与智能通信领域：白光 LED 可以同时被用于照明与通信，因此信息可以在室内环境下进行传播，并同时满足照明的需要，利用 LED 灯光为信息终端建立起的可见光通信网络还可以实现对家用电器和安全防范设备等控制终端的智能控制。照明、智能通信、智能控制三者的有机融合，将提供更加节能、环保、方便和现代的城市生活方式。

b. 可用于信息安全和安全通信领域：在政府、金融、海关等由于信息安全需要不能采用传统射频无线通信系统的行业，由于白光不会绕射穿墙，因此具有较高的保密性，可开发的市场容量巨大。此外，VLC 技术还可以实现手持终端之间的点对点通信，并在智能门禁、手机支付、防伪及手机数据安全传输等智能移动设备的近距离安全通信领域有广泛的应用空间。

c. 可用于室内定位领域：传统的卫星定位方法很难实现室内移动用户的精确定位，而 VLC 技术则可以将用户位置信息通过 LED 照明设施进行传递，从而实现精确的室内定位。

d. 可运用于视觉信号和数据传输领域：信号灯在航海和地面交通领域有着非常广泛的应用，它通过颜色的变化给人们提供信号，而将数据通信与信号灯相结合则可以为交通管理提供更好的安全性和可靠性。

e. 可用于智能交通和车联网领域：车辆前照灯与车辆后照灯之间的可见光通信、车辆前照灯与 LED 交通灯之间的可见光通信、车辆与 LED 路灯之间的可见光通信；当车灯照到了路边的路牌，路牌马上可以给车辆导航仪传输附近的路况，并告知到达目的地最通畅的道路，让用户拥有更好的驾驶体验；当车辆靠近时，主动提示刹车信息，或实现自动刹车等。

（10）DSRC 技术

①DSRC 技术定义。DSRC（Dedicate Short Range Communication，专用短程通信）技术是专门用于道路环境的车辆与车辆、车辆与基础设施、基础设施与基础设施间通信距离有限的一种无线通信技术，是智能网联汽车系统最重要的通信技术之一。

DSRC 技术具有大容量、高速率、低时延的特点，是交通管理系统的关键技术，在汽车上具有广泛的应用，例如专门用于机动车辆在高速公路上实现不停车自动收费的 ETC 技术。DSRC 技术应用于交通安全领域，能够提高交通安全系数，减少交通事故，降低直接和非直接的经济损失；DSRC 技术还可以用在电子地图的下载和交通调度等方面，可以选择最优路线，能够缓解交通拥堵等。

②DSRC 标准。目前，GB/T 31024《合作式智能运输系统专用短程通信》标准分为 4 个部分：总体技术要求、媒体访问控制层和物理层规范、网络层和应用层规范与设备应用规范。

其中第 1 部分和第 2 部分已经发布实施。第 1 部分规定了合作式智能运输系统对象关系及 DSRC 参考架构、DSRC 支持的主要智能运输系统业务以及 DSRC 的技术要求、设备要求、安全要求及时间管理等，适用于合作式智能运输系统中 DSRC 子系统应用的设计、开发、运行和维护，是制定合作式智能运输系统中 DSRC 应用的技术实现标准、质量评测标准及工程标准的依据。

第 2 部分规定了合作式智能运输系统 DSRC 的媒体访问控制层技术要求和物理层技术要求，包括系统参考模型、有中心节点通信模式的 MAC 层帧格式和 MAC 层功能、无中心节点通信模式的 MAC 层帧格式及功能、有中心节点通信模式的物理层参数及功能、无中心节点通信模式的物理层参数及功能等，适用于合作式智能运输系统车辆与车辆之间以及车辆与道路基础设施之间的无线通信设备。

③DSRC 技术应用。智能交通系统（Intelligent Transport System，ITS）是将先进的信

息技术、数据通信传输技术、电子传感技术、电子控制技术以及计算机处理技术等有效地集成运用于整个交通运输管理体系，而建立起的一种在大范围内、全方位发挥作用的，实时、准确、高效的综合运输和管理系统。DSRC 技术应用于 ITS 系统主要提供以下服务：

a. 信息提供服务：DSRC 技术提供及时、具体的交通信息，满足多种服务需求，如车辆导航、安全驾驶、车辆调度、紧急车辆处理等。

b. 数据交换服务：DSRC 技术不仅可以完成车辆身份信息、电子收费等数据传输，还可以与联网的车道工控机、收费站计算机、结算中心以及管理计算机高效率互通信息。

c. 实时检测服务：道路上时刻运行着各类特殊车辆，如违章、盗窃、军警和公安等，所有这些都需要实时检测、严密监控、妥当处理，最大限度地保障人民生命财产安全。

d. 数据加密服务：基于 DSRC 技术对需要保密的信息如收费、安全等进行高强度的加密处理，确保信息安全、畅通传输，因此 DSRC 技术可以运用到 ITS 系统中的诸多子项目中，如交通管理、旅行者信息提供、公共运输管理，商用车辆运营、车辆控制与安全、电子收费等。

2. 远距离无线通信

当无线通信传输距离超过短距离无线通信的传输距离时，称为远距离无线通信。远距离无线通信技术主要有移动通信技术、微波通信技术和卫星通信技术等。

（1）移动通信技术

自 1986 年第一代通信技术发明起，移动通信技术经过三十多年的爆发式增长，极大地改变了人们的生活方式，并成为推动社会发展的最重要动力之一。移动通信已成为现代综合业务通信网中不可缺少的一环，它和卫星通信、光纤通信一起被列为三大新兴通信手段。目前，移动通信已从模拟技术发展到了数字技术阶段，并且正朝着个人通信这一更高级阶段发展。

①移动通信技术定义。移动通信技术是指通信的双方至少有一方在运动中实现通信的方式，包括移动台与固定台之间、移动台与移动台之间、移动台与用户之间的通信技术。在移动通信中，常处于移动状态的电台称为移动台，常处于固定状态的电台称为基地台或基站。

②移动通信系统组成。典型的移动通信系统通常由移动台（MS）、基站子系统（BSS）、移动业务交换中心（MSC）等组成，如图 6-13 所示。

移动台是移动通信系统的用户设备，它包括收发信机、天线、电源等，可以是手机、对讲机或车载台等。

基站子系统建在覆盖区域的中央或边缘，包括收发信机、天线公用设备、天线、馈线和电源等部分。基站一般具有较大的发射功率，并且天线架设较高，同时开通多个射频频道，形成一个可靠的通信覆盖区域，称为无线小区。在这个区域内的所有移动用户之间的无线信号都由基站进行射频频道的实时分配和控制以实现信号的转发。

移动业务交换中心主要由交换和控制设备组成，其作用除了交换无线电信号，还对整

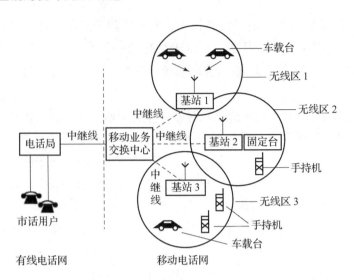

图 6-13　移动通信系统组成

个移动通信系统进行控制管理，是协调呼叫路由的控制中心。移动业务交换中心还可以通过中继线与市话局连接，实现移动用户与市话用户的通信，从而构成有线、无线相结合的综合通信网。

③移动通信技术的发展历程如图 6-14 所示。

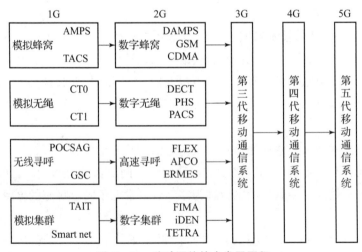

图 6-14　移动通信技术发展历程

a. 第一代移动通信系统（1G）：1G 是在 20 世纪 80 年代初提出的，它实现于 20 世纪 90 年代初。1G 技术主要指蜂窝式模拟移动通信，技术特征是蜂窝网络结构，克服了大区制容量低、活动范围受限的问题，其特点是业务量小、质量差、交互性差、没有加密且速度低。

b. 第二代移动通信系统（2G）：2G 起源于 20 世纪 90 年代初期，其主要特征是蜂窝数字移动通信，使蜂窝系统具有数字传输所能提供的综合业务等优点。与第一代模拟移动通信系统相比，第二代数字移动通信系统的频谱利用率高，可以提供更大容量；抗干扰和抗衰落能力增强，能够保证较好的语言质量；可以提供更多业务；系统保密性较好。2G尽管在发展中不断得到完善，但随着用户规模和网络规模不断扩大，频率资源已接近枯竭，语音质量不能达到用户满意标准，数据通信速率太低，无法在真正意义上满足移动多媒体业务需求。

c. 第三代移动通信系统（3G）：3G是指以IMT-2000（意指2000年左右开始商用并工作在2 000 MHz频段）为基础的移动通信系统，除了能提供2G所拥有的各种优点、克服了其缺点，还能够提供宽带多媒体业务，能提供高质量视频宽带多媒体综合业务并能实现全球漫游。它支持速率高达2 Mbit/s的业务，业务种类涉及语音、数据、图像等多媒体业务。然而，3G的频谱利用率还比较低，不能充分地利用宝贵的频谱资源且支持的速率还不够高，这些不足点远远不能适应移动通信发展的需要。

d. 第四代移动通信系统（4G）：4G是集3G与WLAN于一体并能够传输高质量视频图像，其系统能够以100 Mbit/s的速率下载，上传的速率也能达到20 Mbit/s，并能够满足几乎所有用户对于无线服务的要求。显然，4G有着不可比拟的优越性。

e. 第五代移动通信系统（5G）：5G是4G的延伸，是对现有无线接入技术（包括3G、4G和Wi-Fi）的技术演进，以及一些新增的补充性无线接入技术集成后解决方案的总称。从某种程度上讲，5G将是一个真正意义上的融合网络，以融合和统一的标准，提供人与人、人与物以及物与物之间高速、安全和自由的连通。除了要满足超高速的传输需求，5G还需满足超大带宽、超高容量、超密站点、超可靠性、随时随地可接入性等要求。因此，通信界普遍认为，5G是一个广带化、泛在化、智能化、融合化、绿色节能的网络。5G技术能够满足未来移动互联网业务的发展需求，并带给移动互联网用户一种前所未有的全新体验。

综上，1G主要解决语音通信问题；2G可支持窄带的分组数据通信，最高理论速率为236 kbit/s；3G在2G的基础上，发展了如图像、音乐、视频流的高宽带多媒体通信，并提高语音通话安全性，解决部分移动互联网相关网络及高速数据传输问题，最高理论速率为14.4 Mbit/s；4G是专为移动互联网而设计的通信技术，从网速、容量、稳定性上相比之前的技术都有了跳跃式的提升，传输速率可达100 Mbit/s甚至更高；5G与4G相比，在容量方面实现单位面积移动数据流量增长1 000倍，典型用户数据传输速率提高10~100倍，峰值传输速率可达10 Gbit/s，端到端时间缩短4/5。5G有望全球共用一个标准；5G将多种新型无线接入技术和现有无线接入技术融合，成为一个真正意义的融合网络。

④移动通信技术特点。与固定通信相比，移动通信技术具有以下特点：

a. 移动性：要保持物体在移动状态中的通信，必须是无线通信，或无线通信与有线通信的结合。移动通信的传输信道是无线信道，也称无线移动信道。

b. 电波传播环境复杂多变：因移动体可能在各种环境中运动，电磁波在传播时会产生反射、折射、绕射、多普勒效应等现象，产生多径干扰、信号传播延迟和展宽等效应。另外，移动台相对于基地台距离远近变化会引起接收信号场强的变化，即存在远近效应。

c. 噪声和干扰严重：包括在城市环境中的汽车噪声、各种工业噪声，移动用户之间的互调干扰、邻道干扰、同频干扰等。

d. 系统和网络结构复杂：移动通信是一个多用户通信系统网络，必须使用户之间互不干扰，能协调一致地工作。此外，移动通信系统还应与市话网、卫星通信网、数据网等互联，使得整个网络结构很复杂。

e. 用户终端设备要求高：用户终端设备除技术含量很高外，对于手持机还要求体积小、质量轻、防振动、省电、操作简单、携带方便，对于车载台还应保证在高低温变化等恶劣环境下也能正常工作。

f. 要求有效的管理和控制：由于系统中用户终端可移动，为了确保与指定的用户进行通信，移动通信系统必须具备很强的管理和控制功能，如用户的位置登记和定位、呼叫链路的建立和拆除、信道的分配和管理、越区切换和漫游的控制、鉴权和保密措施、计费管理等。

⑤5G 技术应用。5G 为智能网联汽车发展创造良好的技术条件，其商业化应用改善了全云化、无缝体验、全在线、智慧终端，促进了路、人、车、端、网、云的融合，实现了位置、行驶路径的共享与传输，可以显著降低堵车问题的发生率，也能够优化交通运行效率，为人们的出行提供便利。

在 4G 时代，受到网络传输速率等因素的影响，智能网联汽车的发展一直未取得突破性成就，只是实现了简单的信息交互，而 5G 技术的应用可实现人、车、路、端、云之间的协同交互。与 4G 技术相比，5G 技术在速度、带宽上，得到了成倍增加，利用 5G 技术，能够将丰富的信息、媒体引入汽车仪表板中。同时，5G 采用的是双向连接方式，无论是汽车制造商，还是驾驶员，都可以在智能网联汽车中得到大量的数据，为汽车的远程控制、远程监控提供有效支持。5G 技术有着低延迟的特征，可以在短时间内处理大量信息，不会延迟，可让信息的处理更为便捷。5G 技术的应用可简化移动设备、智能网联汽车、网络之间的连接，可以对电池电量进行全程监测，为智能网联汽车提供更多的信息支持。

随着 5G 技术的广泛应用，智能网联汽车未来会朝着高效率、高安全性、低排放的方向发展，也将会进一步融入智慧城市的建设中。

（2）微波通信技术

由于微波通信技术（Microwave Communication Technology）频率范围宽，通信容量大，传播相对较稳定，通信质量高，采用高增益天线时可实现强方向性通信，抗干扰能力强，可实施点对点、一点对多点的特点，因此被广泛应用于众多领域。例如：电话、网络数据、彩色电视信号、传真等都可借助微波链路进行传输；微波通信存在非常好的抗灾性能，关于地震、水灾等自然灾害能够进行信息报警。

微波通信技术是现代通信网的主要传输方式之一，也是空间通信的主要方式。

①微波通信技术定义。微波通信技术是使用波长在 0.1 mm~1 m 的电磁波 – 微波进行的通信技术。该波长段电磁波所对应的频率范围是 0.3~3 000 GHz。与同轴电缆通信、光纤通信和卫星通信等现代通信网传输方式不同的是，微波通信是直接使用微波作为介质进行的通信，不需要固体介质，当两点间直线距离内无障碍时就可以使用微波传送。微波通信容量大、质量好并可传至很远的距离，因此是国家通信网的一种重要通信手段，也普遍适用于各种专用通信网。

②微波通信系统组成。微波通信系统一般是由天馈系统、发信机、收信机、多路复用设备以及用户终端设备等组成，如图6-15所示。

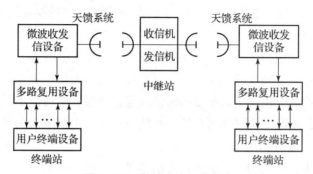

图6-15 微波通信系统组成

天馈系统是用来发射、接收或转接微波信号的设备，由馈线、双工器及天线组成。馈线主要用波导或同轴电缆，微波天线的基本形式有喇叭天线、抛物面天线、喇叭抛物面天线和潜望镜天线等。

发信机用于将基带信号转变成大功率的射频信号，主要由调制器、中频放大器、上变频器和射频功率放大器组成。在发信机中，调制器把基带信号调制到中频，再经上变频器变至射频，也可直接调制到射频；中频放大器为上变频器提供足够大的混频激励信号用以补偿变频损耗；上变频器则将已调中频信号变为射频信号，并为射频功率放大器提供激励；射频功率放大器最后将功率提高到所需电平。

收信机用于将基带信号的射频信号转变成基带信号，主要由低噪声放大器、下变频器、中频放大器及解调器组成。在收信机中低噪声放大器用于放大接收到的微弱的射频信号，为下变频器提供具有足够变频电平的射频信号；下变频器用于将射频信号变为中频信号；解调器为调制的逆过程。

多路复用设备是把多个用户的电信号构成共用一个传输信道的基带信号。

用户终端设备把各种信息变换成电信号。

③微波通信技术特点：

a. 快速安装：微波通信系统的每个终端站或中继站一般由体积较小的室外单元和一副定向天线连接在一起，室外单元再通过中频电缆和室内单元接连，完成信号传输和馈电。微波通信占用面积小，安装维护方便，便于快速组网。

b. 抵御自然灾害和人为破坏能力强：微波通信的通信链路是空间介质，传输路线不易因自然灾害和人为破坏而受到影响，即使站点受到自然或人为因素的破坏，也会因其易于安装和维护的特点而避免遭受大的损失。

c. 受地理条件制约小：数字微波通信因其空间介质传输的特点而基本不受地理条件的影响与制约，因此在许多地形复杂的山区、大草原、沙漠、沼泽地带和被水面、公路隔断的区域，可以快速建立微波通信网络。

d. 设备体积小、功耗低：微波传输设备由于大量采用集成电路，所以体积小、电源损耗小。数字信号在传播的过程中抵抗干扰能力强，因此可以降低设备的发射功率，使功放体积和输出功率减小、功耗降低。

④微波通信技术应用。微波通信传输可靠、质量高、发射功率较小,天线口径一般在3 m以下,设备易小型化,主要用于电话和电视的传输,也是军事通信网中重要的传输方式。

微波对流层散射通信的单跳距离为100~500 km,跨越距离远,所以在军事通信中受到重视。此外,各种车、舰及机载移动式或可搬移式微波通信系统也是通信网的重要组成部分,可用于救灾或战时快速抢通被毁的通信线路,开通新的通信干线或建立地域通信网等,在数字化战场,微波系统可作为广域子系统节点在视距范围内的扩展,也可充分地用于10 km以内的由广域网到局域网的节点之间,包括无线个人子系统节点之间的中继连接。在现代通信网中,微波通信已成为重要的宽带无线接入手段。

(3) 卫星通信技术

①卫星通信技术定义。卫星通信是指利用人造地球卫星作为中继站转发无线电信号,在两个或多个地面站之间进行的通信。地面站是指在地球表面(包括地面、海洋和大气中)的无线电通信站。卫星通信是在地面微波中继通信和空间技术的基础上发展起来的,通信卫星的作用相当于离地面很高的微波中继站。

②卫星通信系统组成。卫星通信系统由卫星端、地面端、用户端三部分组成,如图6-16所示。

图6-16 卫星通信系统组成

卫星端在空中起中继站的作用,即把地面站发上来的电磁波放大后再返送回另一地面站。

地面端是卫星系统与地面公众网的接口,地面用户也可以通过地面端出入卫星系统形成链路,地面端还包括地面卫星控制中心及其跟踪、遥测和指令站。

用户端即是各种用户终端。

卫星通信网络结构有点对点、星状网、网状网和混合网等形式。点对点是指两个卫星站之间互通,小站间信息的传输无需中央站转接,组网方式简单;星状网是指外围边远站仅与中心站直接发生联系,各边远站之间不能通过卫星直接相互通信;网状网是指网络中的各站，彼此可经卫星直接沟通；混合网是星状网和网状网的混合形式。

③卫星通信技术特点：

a. 通信距离远，建站成本几乎与通信距离无关：以静止卫星为例，卫星距地面35 000 km，其视区可达地球表面的42%，最大通信距离可达18 000 km，中间无需再加中继站。只要视区内的地面站与卫星间的信号传输满足技术要求，通信质量便有保障，建站经费不因通信距离的远近而变化。因此，在远距离通信中，卫星通信比微波通信中、电缆通信、光缆通信等有明显优势。

b. 通信容量大，业务种类多，通信线路稳定可靠：由于卫星通信采用微波频段，可供使用的频带资源较宽，一般在数百兆赫以上，所以适于多种业务传输。随着技术的发展，卫星通信的容量越来越大，传输业务的类型越来越多样化。卫星通信的电波主要在大气层以外的宇宙空间传输，而宇宙空间近乎真空状态，电波传播比较稳定，且受地面和环境条件影响小，通信质量稳定可靠。

c. 覆盖面积大，便于实现多址连接：通信卫星所覆盖的区域内，所有地面站都能利用该卫星进行通信，即可多址连接。这是卫星通信的突出优点，它为通信网络的组成提供高效性和灵活性。同时，为移动站或小型地面终端提供高度的机动性。

d. 卫星通信机动灵活：地面站的建立不受地理条件的限制，可建在边远地区、岛屿、汽车、轮船和飞机上。

e. 可以自发自收进行监测：只要地面站收发端处于同一覆盖区，通过卫星向对方发送的信号可以自动接收，从而可以监视本站所发信息是否正确传输，以及判断通信质量的优劣。

卫星通信也有以下不足：

a. 卫星的发射和控制技术比较复杂：卫星从发射到精确定位，并保持很小的漂移，技术难度大；由于通信距离较远、传播损耗大，为保证信号质量，星站之间需要采用高增益的天线、大功率的发射机、低噪声的接收设备和高灵敏度的调解器等，这就提高了设备成本，也降低了其便携性。

b. 有较大的传播时延：在静止卫星通信系统中，星站之间的单程传播时延约为0.27 s，进行双向通信时，往返的传输时延约为0.54 s。

④卫星通信技术应用。卫星通信技术在智能交通中的应用涉及了多个方面，如GPS及其在智能交通系统中的应用、基于卫星定位和无线通信技术的道路电子收费系统、卫星通信技术在交通运输管理中的应用等。

在交通运输管理中，GPS与GIS电子地图、无线电通信网络及计算机车辆管理信息系统相结合，可以实现车辆跟踪和交通管理等许多功能，如车辆跟踪、提供出行路线的规划和导航、信息查询、语音服务、紧急援助等。

综上，无线通信技术有多种类型，智能网联汽车选用何种无线通信技术，要根据有关标准，综合考虑使用条件、传输性能、成本等多种因素，当然还要考虑不同企业生产汽车之间的无线通信的兼容性，因此智能网联汽车必须统一通信标准。

6.2 车载网络技术

6.2.1 车载网络技术定义

车载网络是基于 CAN、LIN、FlexRay、MOST、以太网等总线技术建立的标准化整车网络，实现车内各电器、电子单元间的状态信息和控制信号在车内网上的传输，使车辆具有状态感知、故障诊断和智能控制等功能（如图 6-17 所示）。

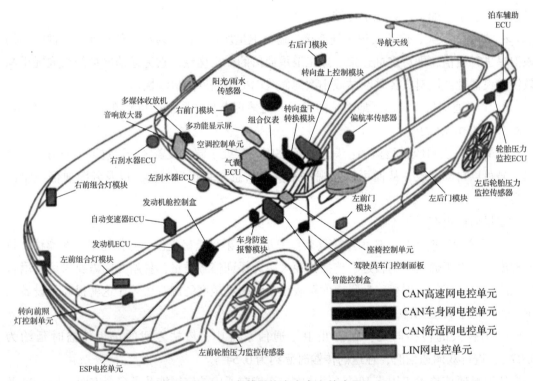

图 6-17 车载网络在汽车上的应用

美国汽车工程师学会将车载网络划分为 5 种类型，分别为 A 类低速网络、B 类中速网络、C 类高速网络、D 类多媒体网络和 E 类安全网络。不同类型的车载网络需要通过网关进行信号的解析交换，使不同的网络类型能够相互协调，保证汽车各系统正常运转。

A 类低速网络传输速率一般小于 10 kbit/s，有多种通信协议，该类网络的主流协议是 LIN（Local Interconnect Network，局域互联网络）。LIN 是用于连接智能传感器、执行器的低成本串行通信网络。LIN 采用通用硬件接口，配以相应的驱动程序，成本低廉，配置灵活，适应面较广，主要用于电动门窗、电动座椅、车内照明系统和车外照明系统等。

B 类中速网络传输速率为 10~125 kbit/s，对实时性要求不太高，主要面向独立模块之间数据共享的中速网络。目前，该类网络的主流协议是低速 CAN（Controller Area Network，控制器局域网络），主要用于故障诊断、空调、仪表显示等。

C 类高速网络传输速率为 125~1 000 kbit/s，对实时性要求高，主要面向高速、实时闭环控制的多路传输网。该类网络的主流协议是高速 CAN、FlexRay 等协议，主要用于牵引力控制、发动机控制、ABS、ASR、ESP、悬架控制等。

D 类多媒体网络传输速率为 250 kbit/s~100 Mbit/s，该类网络协议主要有 MOST、以太网、蓝牙、ZigBee 技术等，主要用于要求传输效率较高的多媒体系统、导航系统等。

E 类安全网络传输速率为 10 Mbit/s，主要面向汽车安全系统的网络。

汽车车载网络结构如图 6-18 所示。

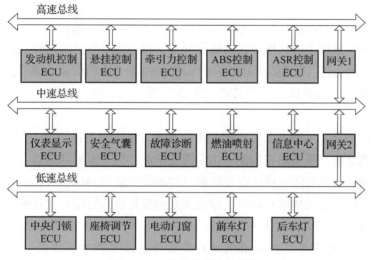

图 6-18 汽车车载网络结构

6.2.2 常用车载网络

常用车载网络有 CAN 总线网络、LIN 总线网络、FlexRay 总线网络、MOST 总线网络和以太网等。

1. CAN 总线网络

CAN 是德国博世公司在 1985 年时为了解决汽车上众多测试仪器与控制单元之间的数据传输而开发的一种支持分布式控制的串行数据通信总线。国际化标准组织（ISO）在 1993 年提出了 CAN 总线的国际标准 ISO 11898，使得 CAN 总线的应用更为标准化和规范化。目前，CAN 总线已经是国际上应用最广泛的网络总线之一，它的数据信息传输速率最大为 1 Mbit/s，属于中速网络，通信距离（无需中继）最远可达 10 km，最有可能成为世界标准的汽车局域网。

(1) CAN 总线网络特点

CAN 总线采用双绞线作为传输介质，媒体访问方式为位仲裁，是一种多主总线。CAN 总线为事件触发的实时通信网络，其总线仲裁方式采用基于优先级的载波侦听多路访问冲突检测（CSMA/CD）法。CAN 总线网络具有以下特点：

①多主控制。多主控制是指在总线空闲时，所有的单元都可开始发送消息；最先访问总线的单元可获得发送权（CSMA/CA 方式）；多个单元同时开始发送时，发送高优先级 ID（标识符）消息的单元可获得发送权。

②消息的发送。在 CAN 协议中，所有的消息都以固定的格式发送。总线空闲时，所有与总线相连的单元都可以开始发送新消息。两个以上的单元同时开始发送消息时，根据 ID 决定优先级。ID 并不是表示发送的目的地址，而是表示访问总线的消息的优先级。两个以上的单元同时开始发送消息时，对各消息 ID 的每个位进行逐个仲裁比较。仲裁获胜（被判定为优先级最高）的单元可继续发送消息，仲裁失利的单元则立刻停止发送而进行接收工作。

③系统的柔软性。与总线相连的单元没有类似于"地址"的信息，因此，在总线上增加单元时，连接在总线上的其他单元的软硬件及应用层都不需要改变。

④高速度和远距离。当通信距离小于 40 m 时，CAN 总线的传输速率可以达到 1 Mbit/s。通信速度与其通信距离成反比，当其通信距离达到 10 km 时，其传输速率仍可以达到约 5 kbit/s。

⑤远程数据请求。可通过发送"遥控帧"请求其他单元发送数据。

⑥错误检测功能、错误通知功能、错误恢复功能。错误检测功能是指所有的单元都可以检测错误；错误通知功能是指正在发送消息的单元一旦检测出错误，会强制结束当前的发送，并立即同时通知其他所有单元；错误恢复功能是指强制结束发送的单元会不断反复地重新发送此消息，直到成功发送为止。

故障封闭 CAN 总线可以判断出错误的类型是总线上暂时的数据错误（如外部噪声等），还是持续的数据错误（如单元内部故障、驱动器故障、断线等），根据此功能，当总线上发生持续的数据错误时，可将引起此故障的单元从总线上隔离出去。

连接 CAN 总线可以同时连接多个单元，可连接的单元总数理论上是没有限制的，但实际上可连接的单元数受总线上的时间延迟及电气负载的限制。降低传输速率，可连接的单元数增加；提高传输速率，则可连接的单元数减少。

总之，CAN 总线具有实时性强、可靠性高、传输速率快、结构简单、互操作性好、总线协议具有完善的错误处理机制、灵活性高和价格低廉等特点，在车载网络上已经得到广泛的应用。

（2）CAN 总线网络的分层结构

CAN 协议包含了 ISO 规定的 OSI（Open System Interconnection）模型中的物理层、数据链路层和传输层（如图 6-19 所示）。

OSI 模型是国际标准化组织制定的一个用于计算机或通信系统间互联的标准体系，它是一个 7 层的、抽象的模型，不仅包括一系列抽象的术语或概念，也包括具体的协议。

①物理层。物理层的主要功能是利用传输介质为数据链路层提供物理连接，实现相邻节点之间比特流的透明传输，尽可能屏蔽具体传输介质和物理设备的差异，使其上面的数据链路层不必考虑网络的具体传输介质。

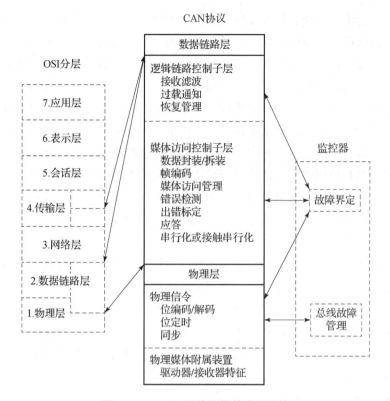

图 6-19　CAN 总线网络的分层结构

②数据链路层。数据链路层负责建立和管理节点间的链路，其主要功能是通过各种控制协议，将有差错的物理信道变为无差错的、能可靠传输数据帧的数据链路。数据链路层通常又被分为介质访问控制（MAC）和逻辑链路控制（LLC）两个子层。MAC 子层的主要任务是解决共享型网络中多用户对信道竞争的问题，完成网络介质的访问控制；MAC 子层也受一个名为"故障界定"的管理实体监管，此故障界定为自检测机制，以便把永久故障和短时扰动区别开来。LLC 子层的主要任务是建立和维护网络连接，执行差错校验、流量控制和链路控制。数据链路层的具体工作是接收来自物理层的位流形式的数据，并封装成帧，传送到上一层；同样，将来自上层的数据帧，拆装为位流形式的数据转发到物理层；并且，负责处理接收端发回的确认帧的信息，以便提供可靠的数据传输。

③网络层。网络层是 OSI 模型中最复杂的一层，也是通信子网的最高一层。它在下两层的基础上向资源子网提供服务。其主要任务是通过路由选择算法，为报文或分组通过通信子网选择最适当的路径。该层控制数据链路层与传输层之间的信息转发，建立、维持和终止网络的连接。具体来说，数据链路层的数据在这一层被转换为数据包，然后通过路径选择、分段组合、顺序、进/出路由等控制，将信息从一个网络设备传送到另一个网络设备。一般数据链路层处理同一网络内节点之间的通信，而网络层主要处理不同子网间的通信。例如在广域网之间通信时，必然会遇到路由（即两节点间可能有多条路径）选择问题。

④传输层。OSI 模型下 3 层的主要任务是数据通信，上 3 层的任务是数据处理。传输层是通信子网和资源子网的接口和桥梁，起到承上启下的作用。传输层的主要功能有传输

连接管路、处理传输差错和监控服务质量,其中传输连接管理提供建立、维护和拆除传输连接的功能,传输层在网络层的基础上为高层提供"面向连接"服务时,通过这一层传输的数据将由目标设备确认,如果在指定的时间内未收到确认信息,数据将被重发。

⑤会话层。会话层是用户应用程序和网络之间的接口,具体功能有会话管理、会话流量控制、寻址和出错控制。其中会话管理是指允许用户在两个实体设备之间建立、维持和终止会话,并支持它们之间的数据交换,如提供单方向会话或双向同时会话,并管理会话中的发送顺序,以及会话所占用时间的长短;会话流量控制是指提供会话流量控制和交叉会话功能;寻址是指使用远程地址建立会话连接;出错控制是负责纠正错误。

⑥表示层。表示层是对来自应用层的命令和数据进行解释,对各种语法赋予相应的含义,并按照一定的格式传送给会话层。其主要功能是处理用户信息的表示问题,如编码、数据格式转换和加密解密等。

⑦应用层。应用层是计算机用户以及各种应用程序和网络之间的接口,其功能是直接向用户提供服务,完成用户希望在网络上完成的各种工作。它负责建立网络中应用程序与网络操作系统之间的联系,建立与结束使用者之间的联系,并完成网络用户提出的各种网络服务及应用所需的监督、管理和服务等各种协议。此外,该层还负责协调各个应用程序间的工作。由于 OSI 模型是一个理想的模型,因此一般网络系统只涉及其中的几层,很少有系统能够具有所有的 7 层,并完全遵循它的规定。

(3) CAN 总线网络帧类型

CAN 总线网络传输的帧主要包括数据帧、远程帧、错误帧和过载帧。

数据帧用于传输数据,主要由帧起始、仲裁域、控制域、数据域、CRC 校验、应答域和帧结束构成,如图 6 – 20 所示。

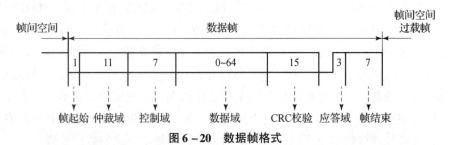

图 6 – 20　数据帧格式

远程帧主要用于接收单元向发送单元请求主动发送数据,包含了数据帧中除数据段以外的部分,其实质是没有数据段的数据帧,其格式如图 6 – 21 所示。

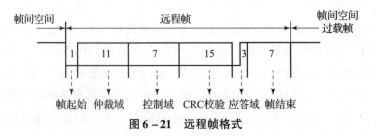

图 6 – 21　远程帧格式

错误帧用于在接收和发送消息时检测出错误并向网络节点通知错误发出的帧，主要包含错误标志和错误界定符，其格式如图6-22所示。

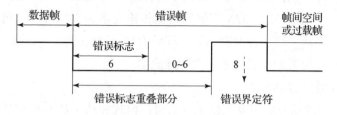

图6-22 错误帧格式

当总线数据传输量过大，接收节点对接收的数据无法及时处理时，会在相邻的两个数据帧之间穿插发送一个过载帧，以告知发送节点延迟下一帧消息的发送。过载帧由过载标志叠加区和过载界定符组成，其格式如图6-23所示。

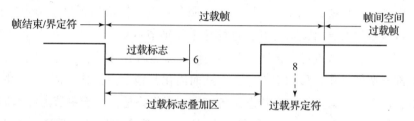

图6-23 过载帧格式

(4) CAN 总线在汽车上的应用

CAN 总线的最大传输速率可达 1 Mbit/s。目前汽车上的网络连接方式需采用两条 CAN 总线，一条是用于驱动系统的高速 CAN 总线，速率达到 500 kbit/s；另一条是用于车身系统的低速 CAN 总线，速率为 100 kbit/s。高速 CAN 总线主要连接发动机、自动变速器、ABS/ASR、ESP 等对通信实时性有较高要求的系统。低速 CAN 总线主要连接灯光、电动车窗、自动空调及信息显示系统等，多为低速电动机和开关量器件，对实时性要求低而数量众多。不同速度的 CAN 网络之间通过网关连接。对汽车 CAN 总线上的信号进行采集时，需要确定所采集的信号处于哪个 CAN 网络中，以便设置合适的 CAN 通道波特率。汽车 CAN 网络拓扑结构如图6-24所示。

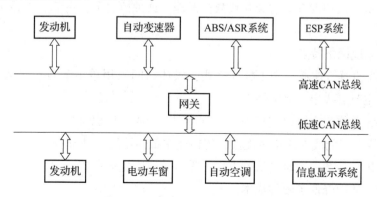

图6-24 汽车 CAN 网络拓扑结构

2. LIN 总线网络

LIN 也称为局域网子系统,是专门为汽车开发的一种低成本串行通信网络,用于实现汽车中的分布式电子系统控制。LIN 网络的数据传输速率为 20 kbit/s,属于低速网络,媒体访问方式为单主多从,是一种辅助总线,辅助 CAN 总线工作。在不需要 CAN 总线的带宽和多功能的场合,使用 LIN 总线可大大降低成本。

(1) LIN 总线网络通信方法

LIN 总线网络的数据通信主要包括主－从通信模式和从－从通信模式,两种通信模式都由主节点控制,有各自的优势和劣势。

主－从通信模式是主节点传输信息 ID,进而发送数据传输命令。网络上所有 LIN 节点将该信息进行转换,然后再进行相应的操作。根据主－从通信模式,主节点内部有一个从节点正在运行,它对正确的 ID 进行响应,然后将规定的比特传输到 LIN 总线。不同 LIN 节点在网络中都拥有完整的 LIN 帧,同时还按照各自的不同应用提供主节点数据和流程。例如主节点可能希望所有门锁都打开,这样每个门锁节点被设定为对单个信息进行响应,然后完成开锁;或者主节点可能传输 4 条不同信息,然后有选择性地打开门锁。主－从通信模式将大部分调度操作转移到主节点上,从而简化其他节点操作,因此,LIN 从节点硬件大幅减少,甚至可能减少为单个状态设备。另一个优势是,由于主节点能够同时与所有节点通信,已知信息和要求的 ID 数量都大大减少。主节点将所有数据通信发送到全部节点,然后在所有数据传输到其他设备之前,从节点上接收该数据,这样可以检查传输数据的有效性。该操作允许主节点对所有通信进行监测,减少并消除潜在错误。但是,这种通信模式速度缓慢,LIN 节点很难及时地接收和处理数据,并有选择性地将它传输给其他节点。

从－从通信模式相比主－从通信更加迅速,各个信息帧上的节点共用信息,从而极大地提高响应速度。例如单个信息可以打开两扇车窗,关闭一个车门,打开三个车门或者移动车窗,这样就可以明显减少网上的数据流量。但是,从－从通信模式有很大的局限性,各个从节点的时钟源未知,因此从节点将数据传输到网络时(根据主节点请求),数据可能发生漂移。主节点有一个精确度很高的时钟,数据漂移有较大的误差范围,但另一个接收数据的 LIN 从节点却没有,这会导致数据误译。这种情况下,主节点不显示从－从通信已经失效。

(2) LIN 总线网络特点

①LIN 总线的通信是基于 SCI 数据格式,媒体访问采用单主节点、多从节点的方式,数据优先级由主节点决定,灵活性好。

②一条 LIN 总线最多可以连接 16 个节点,共有 64 个标识符。

③LIN 总线采用低成本的单线连接,传输速率最高可达 20 kbit/s。

④不需要进行仲裁,同时在从节点中无需石英或陶瓷振荡器,只采用片内振荡器就可以实现自同步,从而降低了硬件成本。

⑤几乎所有的 MCU 均具备 LIN 所需硬件,且实现费用较低。

⑥网络通信具有可预期性,信号传播时间可预先计算。

⑦通过主节点可将 LIN 与上层网络(CAN)相连接,实现 LIN 的子总线辅助通信功能,从而优化网络结构,提高网络效率和可靠性。

LIN 总线规范中,除定义了基本协议和物理层,还定义了开发工具和应用软件接口。因此,从硬件、软件以及电磁兼容性方面来看,LIN 总线保证了网络节点的互换性,这极大地提高了开发速度,同时保证了网络的可靠性。

(3) LIN 网络结构

LIN 网络采用单主机多从机模式,一个 LIN 网络包括一个主节点和若干从节点。由于过多的网络节点将导致网络阻抗过低,因此,一般情况下网络节点总数不宜超过 16 个。如图 6-25 所示,所有的网络节点都包含一个从任务,提供通过 LIN 总线传输的数据,主节点除了从任务还包括一个主任务,负责启动网络中的通信。

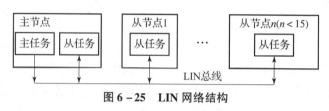

图 6-25 LIN 网络结构

(4) LIN 报文帧

LIN 总线上传输的数据有确定的格式,称作报文帧,它由报头和响应组成,如图 6-26 所示。其中报头由主任务提供,响应由主任务或从任务提供。可以看出,报头由同步间隔场、同步场和标识符场组成;响应由数据场和校验和场组成;报头和响应由帧内响应空间分隔。

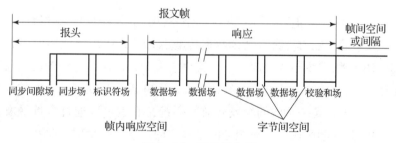

图 6-26 LIN 报文帧

同步间隔场表示 LIN 报文帧的开始,是由主任务产生的,告诉从任务为即将传送的帧做好同步准备;同步场包含时钟的同步信息,在 8 个位定时中有 5 个下降沿和 5 个上升沿,使从任务能与主时钟同步;标识符场描述报文的内容和长度;数据场由 8 位数据的字节场组成;校验和场是帧的最后一部分,它是以 256 为模的所有数据字节算术和的反码。

(5) LIN 总线网络在汽车上的应用

由于一个 LIN 网络通常由一个主节点、一个或多个从节点组成,所以 LIN 网络为主从式控制结构。各个 LIN 主节点是车身 CAN 总线上的节点,通过 CAN 总线连接成为低速车身 CAN 网络,并兼作 CAN/LIN 网关。引入带 CAN/LIN 网关的混合网络有效地降低了主干网的总线负载率。LIN 网络主要应用于车门、转向盘、座椅、空调系统、防盗系统等。LIN 网络将模拟信号用数字信号代替，实现对汽车低速网络的需求，结构简单，维修方便。图 6-27 所示为 LIN 总线在车门控制模块中的应用。

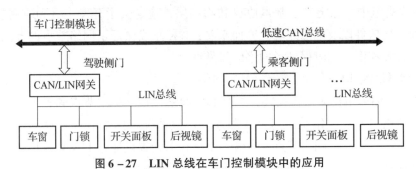

图 6-27　LIN 总线在车门控制模块中的应用

3. FlexRay 总线网络

FlexRay 是一种用于汽车的高速可确定性的、具备故障容错的总线系统。汽车中的控制器件、传感器和执行器之间的数据交换主要是通过 CAN 网络进行的。然而新的 X-by-Wire 系统设计思想的出现，导致车辆系统对信息传送速度尤其是故障容错与时间确定性的需求不断增加。FlexRay 通过在确定的时间槽中传送信息，以及在两个通道上的故障容错和冗余信息的传送，可以满足这些新增加的要求。

（1）FlexRay 总线网络特点

①数据传输速率高。FlexRay 网络最大传输速率可达到 10 Mbit/s，双通道总数据传输速率可达到 20 Mbit/s，因此，应用在车载网络上，FlexRay 的网络带宽可以是 CAN 网络的 20 倍。

②可靠性好。FlexRay 能够提供很多 CAN 网络所不具有的可靠性特点，尤其是 FlexRay 具备的冗余通信能力。具有冗余数据传输能力的总线系统使用两个相互独立的信道，每个信道都由一组双线导线组成，一个信道失灵时，该信道应传输的信息可在另一条没有发生故障的信道上传输。此外，总线监护器的存在进一步提高了通信的可靠性。

③确定性。FlexRay 是一种时间触发式总线系统，它也可以通过事件触发方式进行部分数据传输。在时间控制区域内，时隙分配给确定的信息。一个时隙是指一个规定的时间段，该时间段对特定信息开放，对时间要求不高的其他信息则在事件控制区域内传输。确定性数据传输用于确保时间触发区域内的每条信息都能实现实时传输，即每条信息都能在规定时间内进行传输。

④灵活性。灵活性是 FlexRay 总线的突出特点，反映在以下方面：支持多种方式的网络拓扑结构，例如点对点连接、串级连接、主动星型连接、混合型连接等；信息长度可配置，可根据实际控制应用需求，为其设定相应的数据载荷长度；双通道拓扑既可用于增加带宽，也可用于传输冗余的信息；周期内静态、动态信息传输部分的时间都可根据具体应用而改变。

为了满足不同的通信需求，FlexRay 在每个通信周期内都提供静态和动态通信段。静态通信段可以提供有界延迟,而动态通信段则有助于满足在系统运行时间内出现的不同带宽需求。FlexRay 帧的固定长度静态段用固定时间触发的方法来传输信息,而动态段则使用灵活时间触发的方法来传输信息。

(2) FlexRay 网络拓扑结构

FlexRay 网络拓扑结构分为总线型、星型和混合型。

①总线型拓扑结构。FlexRay 总线型拓扑结构如图 6-28 所示,节点通过总线驱动器直接连接到总线的两个通道上。节点可以选择同时连接两条通信通道,进行双通道冗余或非冗余配置,也可以选择只连接一条通信通道。总线上任意一个节点都可以接收总线数据,且任意节点发出的信息可以被总线上的多个节点接收。

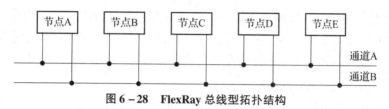

图 6-28 FlexRay 总线型拓扑结构

②星型拓扑结构。FlexRay 星型拓扑结构如图 6-29 所示,连接着 ECU 的有源星型设备,具有将一个分支的数据位流传输到所有其他分支的功能。有两个分支的有源星型设备可以被看成继电器或集线器以增加总线长度。

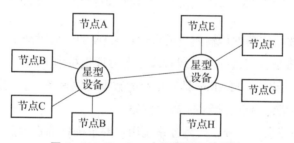

图 6-29 FlexRay 有源星型拓扑结构

③混合型拓扑结构。FlexRay 混合型网络拓扑结构如图 6-30 所示,由总线型拓扑结构和星型拓扑结构组成。混合型拓扑结构适用于较复杂的车载网络,其兼具总线型拓扑结构和星型拓扑结构的特点,在保证网络传输距离的同时可以提高传输性能。

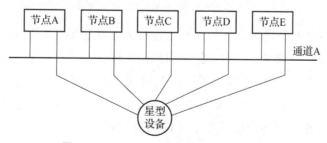

图 6-30 FlexRay 混合型网络拓扑结构

④FlexRay 数据帧格式。FlexRay 数据帧格式如图 6-31 所示,它由头部段、负载段和尾部段组成。

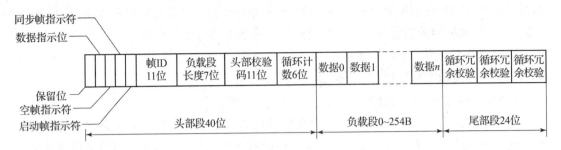

图6-31 FlexRay数据帧格式

头部段包括1位保留位，1位数据指示位表示静态消息帧是否包含NMVector或动态消息帧是否包含信息ID，1位空帧指示符表示负载段的数据是否为空，1位同步帧指示符表示是否为同步帧，1位启动帧指示符表示是否为起始帧、11位帧ID、7位有效数据长度、11位CRC循环校验码和6位循环计数位。负载段包含0~254B的数据、信息ID和网络管理向量。尾部段主要是CRC校验域。

FlexRay网络上的通信节点在发送一个报文帧时，先发送头部段，再发送负载段，最后发送尾部段。

(3) FlexRay网络在汽车上的应用

FlexRay网络具有速度快、效率高、容错性强等特点，可用于汽车动力和底盘系统的控制数据传输。

①替代CAN总线。在数据传输速率要求超过CAN的应用时会采用两条或多条CAN总线来实现，FlexRay将是替代这种多总线解决方案的理想技术。

②用作"数据主干网"。FlexRay具有很快的数据传输速率，且支持多种拓扑结构，非常适合于汽车主干网络，用于连接多个独立网络。

③用于分布式测控系统。分布式测控系统用户要求确切知道消息到达时间，且消息周期偏差非常小，这使得FlexRay成为首选技术，如动力系统、底盘系统的一体化控制中。

④用于高安全性要求的系统。FlexRay本身不能确保系统安全，但它具备大量功能以支持面向安全的系统设计。图6-32所示是奥迪某款车中的FlexRay总线型拓扑结构。该车型使用FlexRay总线可以实现驾驶动态控制、车距控制、自适应巡航控制和图像处理等功能。

FlexRay总线的拓扑结构可以分为点对点连接的主动星型拓扑结构（支路3）和总线型拓扑结构（支路1、2和4）。数据总线诊断接口J533用作控制器，上面有4个支路接口。其他总线用户围绕着数据总线诊断接口J533分布在若干支路上。每条支路上最多连接2个控制单元，其中主动星型连接器以及支路上的末端控制单元始终接低电阻（内电阻较低），而中间控制单元则始终接高电阻（内电阻较高）。冷态启动和同步控制单元有数据总线诊断接口J533、ABS控制单元J104、电子传感器控制单元J849。非冷态启动控制单元有车距控制装置控制单元J428、车距控制装置控制单元2J850、图像处理控制单元J851、四轮驱动系统控制单元J492、水平高度调节系统控制单元J197。

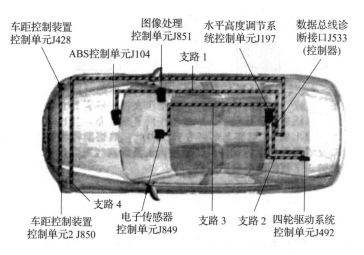

图6-32 奥迪某款车中的FlexRay总线型拓扑结构

4. MOST总线网络

MOST（Media Oriented Systems Transport，多媒体定向系统传输）总线网络是使用光纤或双绞线作为传输介质的环形网络，可以同时传输音/视频流数据、异步数据和控制数据，支持高达150 Mbit/s的传输速率。MOST总线标准已经发展到第三代。MOST25是第一代总线标准，最高可支持24.6 Mbit/s的传输速率，以塑料光纤作为传输介质；第二代标准MOST50的传输速率是MOST25的2倍，除了采用塑料光纤作为传输介质，还可采用非屏蔽双绞线作为传输介质；第三代标准MOST150，不仅最高可支持147.5 Mbit/s的传输速率，还解决了与以太网的连接等问题，MOST150将成为MOST总线技术发展的趋势。

（1）MOST总线网络特点

①保证低成本的条件下，最高可以达到147.5 Mbit/s的数据传输速率。

②无论是否有主控计算机都可以工作。

③支持声音和压缩图像的实时处理。

④支持数据的同步和异步传输。

⑤发送/接收器嵌有虚拟网络管理系统。

⑥支持多种网络连接方式，提供MOST设备标准，方便、简洁地应用系统界面。

⑦通过采用MOST，不仅可以减轻连接各部件的线束的质量、降低噪声，而且可以减轻系统开发技术人员的负担，最终在用户处实现各种设备的集中控制。

⑧光纤网络不会受到电磁辐射干扰与搭铁环的影响。

（2）MOST网络拓扑结构

MOST网络允许有不同的总线拓扑结构，最常见的是环型拓扑结构，如图6-33所示。

MOST网络支持一条物理数据线上同时传送音频和视频等同步数据和数据包形式的异步数据。MOST网络的经典拓扑结构为环型，各种组件通过一根塑料光纤连接，每个组件都称为网络的一个节点。该网络是一个一点到多点的数据传输网络，系统支持的最大节点数为64个。

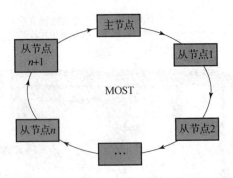

图 6-33 MOST 网络环型拓扑结构

(3) MOST 网络的分层结构

MOST 网络包含了 ISO 规定的 OSI 模型的所有 7 层结构,如图 6-34 所示。

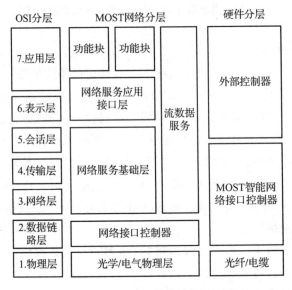

图 6-34 MOST 网络的分层结构

物理层对应的是光学/电气物理层;数据链路层对应的是网络接口控制器;网络层、传输层、会话层、表示层、应用层对应的是网络服务层和功能块。与之相对应的硬件分别是光纤/电缆、智能网络接口控制器和外部控制器。MOST 网络应用层主要包括功能块以及相应的动态特性。功能块定义了由"属性"和"方法"构成的应用层协议接口。"属性"用于描述功能块的相关属性,"方法"用于执行相应的操作,利用"属性"和"方法",可以对整个 MOST 网络进行控制。网络服务层可分为网络服务基础层和网络服务应用接口层两部分。网络服务基础层主要提供管理网络状态、信息接收/发送驱动和流信道分配等底层服务;网络服务应用接口层提供与功能块的接口和命令解释等。

(4) MOST 数据帧格式

MOST 数据帧格式如图 6-35 所示,它是由传播流媒体数据的同步数据区、传播数据包的异步数据区和专门传输控制数据的控制信道组成。

图 6-35 MOST 数据帧格式

MOST25 数据帧长度为 512 bit，64 字节；MOST50 数据帧长度为 1 024 bit，128 字节。MOST25 中，每一帧有 2 字节长度用于控制消息的传输，16 帧才能构成一个控制信息块。MOST25 数据帧格式如图 6-36 所示。

图 6-36 MOST25 数据帧格式

前导符占 4bit，每个节点是利用前导符与网络同步的。边界描述符占 4bit，边界描述符由时间主节点确定，取值范围为 6~15，表明后面数据段同步区与异步区各自所占的带宽。同步数据区占 24~60 字节，异步数据区占 0~36 字节，两个区共占用 60 个字节，它们的分界靠边界描述符限定，以每 4 个字节为单位进行调节。控制信道占 2 个字节，控制数据可以用控制信道进行传递。帧控制和校验位占 1 个字节。

（5）MOST 网络在汽车上的应用

MOST 可以实现实时传输声音和视频，以满足高端汽车娱乐装置的需求，主要用于车载电视、车载电话、车载 CD、车载 Internet、DVD 导航等系统的控制中，也可以用于车载摄像头等行车系统。如图 6-37 所示为宝马某款乘用车 MOST 总线系统。图中 A51 是中央网关模块；A71 是组合仪表模块；A42 是高级主机模块；A23 是 DVD 机模块；A38 是后座显示器；A52 是高保真放大器模块；A2 是电子信息控制单元；A168 是接口盒模块；A188 是 Combox 多媒体和紧急呼叫模块；A169 是高速接口盒模块；A25 是视频模块；A86 是卫星数字音频广播服务。

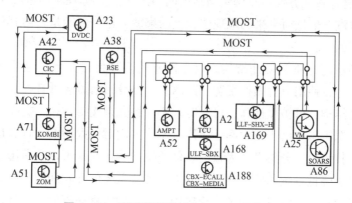

图 6-37 宝马某款乘用车 MOST 总线系统

四种常用总线网络传输速率与成本的比较如图 6-38 所示。

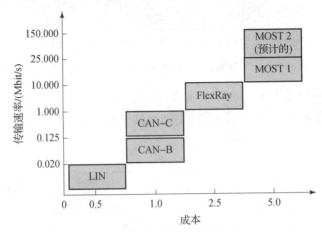

图 6-38　四种常用总线网络传输速率与成本的比较

5. 以太网

以太网（Ethernet）是由美国施乐（Xerox）公司创建，并由 Xerox、英特尔（Intel）和 DEC（数字装备）公司联合开发的基带局域网规范，是当今现有局域网采用的最通用的通信协议标准。以太网包括标准以太网（10 Mbit/s）、快速以太网（100 Mbit/s）、千兆以太网（1 000 Mbit/s）和万兆以太网（10 Gbit/s）。

（1）以太网特点

①数据传输速率高。现在以太网的最大传输速率能达到 10 Gbit/s，并且还在提高，比其他任何一种现场总线都快。

②应用广泛。基于 TCF/IP 协议的以太网是一种标准的开放式网络，不同厂商的设备很容易互联。这种特性非常适合于解决不同厂商设备的兼容和互操作的问题。以太网是目前应用最广泛的局域网技术，遵循国际标准规范 IEEE 802.3，受到广泛的技术支持，几乎所有的编程语言都支持以太网的应用开发，如 Java、C++、VB 等。

③容易与信息网络集成，有利于资源共享。由于具有相同的通信协议，以太网能实现与 Internet 的无缝连接，方便汽车网络与地面网络的通信。汽车网络与 Internet 的接入极大地解除了为获取汽车信息而带来的地理位置上的束缚，这一性能是目前其他任何一种现场总线都无法比拟的。

④支持多种物理介质和拓扑结构。以太网支持多种传输介质，包括同轴电缆、双绞线、光缆、无线等，使用户可根据带宽、距离、价格等因素做多种选择。以太网支持总线型和星型等拓扑结构，可扩展性强，可同时采用多种冗余连接方式，提高网络的性能。

⑤软硬件资源丰富。由于以太网已应用多年，人们对以太网的设计、应用等方面有很多的经验，对其技术也十分熟悉，大量的软件资源和设计经验可以显著降低系统的开发成本，从而可以显著降低系统的整体成本，并大大加快系统的开发和推广速度。

⑥可持续发展潜力大。以太网的广泛应用，使它的发展一直受到广泛的重视和大量的技术投入。车载网络采用以太网，可以避免其发展游离于计算机网络技术的发展主流之

外，从而使车载网络与信息网络技术互相促进，共同发展。

(2) 以太网协议分层结构

对应于 ISO 规定的 OSI 模型，以太网协议在物理层和数据链路层均采用了 IEEE 802.3 规范，在网络层和传输层则采用 TCP/IP（传输控制协议/网际互联协议）协议簇，它们构成了以太网协议的第 4 层。在高层协议上，以太网通常省略会话层、表示层，而在应用层广泛使用一些应用协议。以太网协议分层结构如图 6-39 所示。

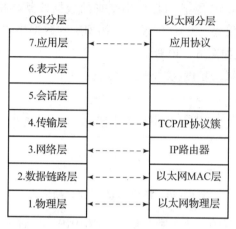

图 6-39 以太网协议分层结构

物理层是 OSI 的最底层，为设备之间的数据通信提供传输媒介及互联设备，为数据的传输提供可靠的环境。物理层的主要功能是为数据设备提供数据通路、传输数据，并完成物理层的一些管理工作。对于以太网物理层，有各种粗细同轴电缆、双绞线、多模/单模光纤、光电接收器/发送器、中继器、各类接头和插头等。

数据链路是通信期间收发两端通过建立通信联络和拆除通信联络等过程而建立起来的数据收发关系。数据链路层的主要功能是负责链路的建立、拆除和分离，实现帧或分组的定界、同步与收发顺序控制，进行差错检测与恢复，并负责链路标识和流量控制等。在以太网中，数据链路层分为逻辑链路控制（LLC）层和媒体访问控制（MAC）层。在 LLC 不变的条件下，只需改变 MAC 便可适应不同的媒体和访问方法。

网络层是负责复用、路由、中继、网络管理、流量控制以及更高层次的差错检测与恢复、排序等。网络层设备主要有网关和路由器。在以太网中，网络层的寻址、排序、流量控制和差错控制等功能均可由数据链路层承担，因此，既可以选择 3 层技术也可以选择 2 层技术。

TCP/IP 协议簇是指包括 TCP、UDP、IP、HTTP 等在内的一组协议。TCP/IP 协议分为 4 层，每一层负责完成不同的功能：

a. 网络接口层或链路层：通常包括操作系统中的设备驱动程序和嵌入式设备中对应的网络接口卡，它们一起处理通信电缆的物理接口细节。

b. 网络层：处理报文分组在网络中的活动，例如报文分组的路径选择。在 TCP/IP 协议簇中网络层协议包括 ARP 协议、RlARP 协议、IP 协议、ICMP 协议以及 IGMP 协议。

c. 传输层：主要为两台主机上的应用程序提供端到端的通信。在 TCP/IP 协议簇中，有两个互不相同的协议 TCP 和 UDP。

d. 应用层：负责处理特定的应用程序细节。应用层的协议内容包括域名服务协议 DNS、文件传输协议 FTP、简单网络管理协议 SNMP、简单邮件传输协议 SMTP、超文本传输协议 HTTP 等。

（3）以太网数据帧结构

以太网发送数据时，MAC 层把 LLC 层递交来的数据按某种格式再加上一定的控制信息，然后再经物理层发送出去。MAC 层递交给物理层的数据格式称为 MAC 帧格式。IEEE 802.3 规定的 MAC 帧格式如图 6-40 所示，它包含 6 部分，分别是前导域及帧起始定界符、目的地址域、源地址域、长度/类型域、数据域和 FCS 域。

前导域	帧起始定界符	目的地址域	源地址域	长度/类型域	数据域	FCS域
8字节		6字节	6字节	2字节	46~1500字节	4字节

图 6-40　IEEE 802.3MAC 帧格式

前导域及帧起始定界符的前 7 个字节都是 10101010，最后一个字节是 10101011，用于将发送方与接收方的时钟进行同步；主要是由于以太网类型的不同，同时发送接收速率也不会是完全精确的帧速率传输，因此需要在传输之前进行时钟同步。

目的地址（DA）域标识了目的（接收）节点的地址，由 6 字节组成。DA 可以是单播地址、多播地址或广播地址。

源地址（SA）域标识了最后一个转发此帧的设备的物理地址，也由 6 字节组成，但 SA 只能是单播地址。

长度/类型域由 2 字节组成，同时支持长度域和类型域，允许以太网多路复用网络层协议，可以支持除了 IP 协议之外的其他不同网络层协议，或者是承载在以太网帧里的协议（如 ARP 协议）。接收方根据此字段进行多路分解，从而达到解析以太网帧的目的，将数据字段交给对应的上层网络层协议，这样就完成了以太网作为数据链路层协议的工作。

数据域是上层递交来的要求发送的实际数据，该域的长度被限制在 46~1500 字节。如果超过 1500 字节，就要启用 IP 协议的分片策略进行传输；如果不够 46 字节必须要填充到 46 字节。

FCS 域是 4 字节的检验域，该域由前面的目的地址域、源地址域、长度/类型域及数据域经过 CRC 算法计算得到。接收节点将依次收到的目的地址域、源地址域、长度/类型域及数据域进行相同的计算，如计算结果与收到的 FCS 域不一致，则表明发生了传输错误。

（4）以太网拓扑结构

以太网拓扑结构有总线型、环型和星型。

总线型结构简单，实现容易，易于扩展，可靠性较好，总线不封闭，便于增加或减少节点。多个节点共享一条总线，使用广播通信方式，即总线上任何一个节点发送的信息，能被总线上的其他所有节点接收，信道利用率高，通信速度快。但由于同一时刻只允许一个设备发送，总线型结构会出现节点之间竞争总线控制权的现象，而降低传输效率，因此需要软件控制，以消除这种对总线的竞争。节点本身的故障对整个系统的影响较小，但对通信总线要求较高，因为如果通信总线发生故障，所有节点的通信都会中断，总线网络结构通常会采用冗余总线技术来确保通信总线可靠工作。另外，总线型结构的故障诊断、隔离较为困难，接入节点数有限，通信的实时性较差。

环型结构由节点和连接节点的链路组成一个闭合环。所有节点共享一条环形传输总线，以广播方式把信息在一个方向上从源节点传输到目的节点，节点之间也有竞争使用环型传输总线的问题，对此，需用软件协调控制。这种结构的优点是结构简单、信道利用率高、电缆长度短、控制方式比较简单，每个节点只是以接力的方式把数据传输到下一个节点，传输信息误码率低，数据传输效率高。其缺点是当某个节点或某段环线发生故障时，都会导致整个网络瘫痪，可靠性较差，故障诊断、排除困难。为了提高可靠性，可采用双环或多环等冗余措施。

星型结构管理方便，容易扩展，需要专用的网络设备作为网络的核心节点，需要更多的网线，对核心设备的可靠性要求高。此外，星型结构可以通过级联的方式很方便地将网络扩展到很大的规模，因此得到了广泛的应用，被绝大部分的以太网所采用。

（5）以太网在汽车上的应用

以太网在汽车上的应用刚刚开始（如图6-41所示），它优越的性能得到汽车业界的重视，有望成为重要的车载网络。东芝公司旗下半导体与存储产品公司推出了面向车载信息娱乐系统（IVI）和其他汽车应用的汽车级以太网桥接解决方案TC9560XBG，它支持IEEE 802.1AS和IEEE 802.1Qav等标准，这些标准通常被称作以太网音视频桥接标准。以太网音视频桥接标准支持稳定、可靠的多媒体传输，因此非常适合IVI和远程信息处理。此外，此元件还符合AEC-Q100标准的要求，可确保在严苛汽车环境下的性能表现。博通、飞思卡尔和OmniVision推出的三方共同开发的360°全景停车辅助系统是世界上第一款基于以太网的停车辅助系统。

图6-41 以太网在汽车上的应用

随着先进传感器、高分辨率显示器、车载摄像头、先进驾驶辅助系统及其数据传输和控件的加入,汽车电子产品正变得更加复杂。采用标准的以太网协议将这些设备连接起来,可以帮助简化布线,节约成本,减少线束质量并增加行驶里程。汽车以太网的需求将超过1亿个节点,这一增长源自更多车载和车内电子设备的推动,包括摄像头、传感器、显示器、各种系统。对自动驾驶系统来说,可靠的高速通信网络是一项基本要求。

6.3 V2X通信技术

V2X技术是将车辆与一切事物相连接的新一代信息通信技术。其中,V代表车辆;X代表任何与车交互信息的对象,当前X主要包含车辆、人、基础设施和网络。V2X交互的信息模式包括:车辆与车辆之间、车辆与基础设施之间、车辆与人之间、车辆与道路之间、车辆与网络之间(如图6-42所示)。

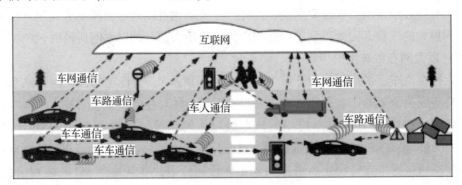

图6-42 V2X系统示意图

1. V2V

V2V是Vehicle to Vehicle的英文缩写,即车辆自身与其他车辆之间的信息交换。V2V技术允许车辆通过转发自身及前方的实时信息而预防事故的发生,从而减少驾驶时间、改善交通环境、减少交通拥堵。其应用场景如图6-43所示。

车辆自身与外界车辆之间的信息交换内容,主要包括以下几方面:
①当前本体车辆的行驶速度与附近范围内车辆的行驶速度进行信息内容的交换。
②当前本体车辆的行驶方向与附近范围内车辆的行驶方向进行信息内容的交换。
③当前本体车辆紧急状况与附近范围内车辆的行驶状况进行信息内容的交换。

2. V2I

V2I是Vehicle to Infrastructure的英文缩写,即车辆自身与基础设施之间的信息交换,基础设施主要包括红绿灯、公交站台、交通指示牌、立交桥、隧道、停车场等。其应用场景如图6-44所示。

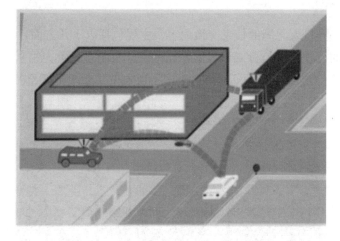

图 6-43 V2V 应用场景

车辆自身与基础设施之间的信息交换内容，主要包括以下几方面：
①车辆的行驶状态与前方红绿灯的实际状况进行信息内容的交换。
②车辆的行驶状态与途经公交站台的实际情况进行信息内容的交换。
③车辆当前行驶的方向和速度与前方交通标志所提示的内容进行信息交换。
④车辆的行驶状态与前方立交桥或隧道的监控情况进行信息内容的交换。
⑤车辆的导航目的地与停车场空位情况进行信息内容的交换。

V2I 技术将推动交通设施智能化，包括禁止驶入灯标、天气信息系统等交通设施都可改进为通过多种算法识别高风险情况并自动采取警示措施的智能交通设施。

图 6-44 V2I 应用场景

3. V2P

V2P 是 Vehicle to Pedestrian 的英文缩写，即车辆自身与外界行人之间的信息交换。V2P 技术通过智能手机使得行人成为 V2X 通信环境中的一个节点。它可以发送或接收警示信号，例如，可以预先告知联网信号灯自身是否需要延长过马路的时间，也可以提示附近车辆前方路口有行人要过马路，或者提示车辆相邻车道有自行车在骑行。其应用场景如

图6-45所示。

车辆自身与外界行人之间的信息交换内容,主要包括以下几方面:
①车辆自身的行驶速度与行人当前位置进行信息内容的交换。
②车辆自身的行驶方向与行人当前位置进行信息内容的交换。

图6-45 V2P应用场景

4. V2R

V2R是Vehicle to Road的英文缩写,即车辆自身与道路之间的信息交换。按照道路的特殊性,V2R又可分为两大类型:一类是车辆自身与城市道路之间的信息交换;另一类是车辆自身与高速道路之间的信息交换。其应用场景如图6-46所示。

车辆自身与道路之间的信息交换内容,主要包括以下几方面:
①车辆自身的行驶路线与道路当前路况进行信息内容的交换。
②车辆自身的行驶方向与前方道路发生的事故进行信息内容的交换。
③车辆行驶的导航信息与道路前方的路标牌进行信息内容的交换。

图6-46 V2R应用场景

5. V2N

V2N是Vehicle to Network的英文缩写,即车辆自身或驾驶人与互联网之间的信息交换。V2N技术使得车载设备通过接入网/核心网与云平台连接并进行数据交互,对获取的数据进行存储和处理，提供车辆所需要的各类应用服务。V2N 通信主要用于车辆导航、车辆远程监控、紧急救援、信息娱乐服务等。其应用场景如图 6-47 所示。

图 6-47　V2N 应用场景

车辆驾驶人与互联网之间的信息交换，主要包括：车辆驾驶人通过车载终端系统向互联网发送需求，从而进行诸如娱乐应用、新闻资讯、车载通信等；车辆驾驶人通过应用软件可及时从互联网上获取车辆的防盗信息。

车辆自身与互联网之间的信息交换，主要包括：

①车辆自身的行驶信息和传感器数据，与互联网分析的大数据结果进行信息内容的交换。

②车辆终端系统与互联网上的资源进行信息内容的交换。

③车辆自身的故障系统与互联网远程求助系统进行信息内容的交换。

智能网联汽车 V2X 功能的实现条件是必须首先实现车辆自身的智能化，车辆的智能化主要包括车载传感器的感知功能、汽车数据通信处理能力，以及数据分析后的决策功能。只有在实现了车辆智能化的基础上，才能利用网络通信技术实现智能网联汽车 V2X 的功能，如图 6-48 所示。

目前，实现智能网联汽车 V2X 功能的网络通信技术主要有移动网络通信技术和物联网无线通信技术。

6. DSRC 通信技术

DSRC（Dedicated Short Range Communication，专用短程通信）技术，是一种高效的短程无线通信技术，它可以实现在特定较小区域内对高速运动下的移动目标的识别和双向通信，例如车辆与车辆（V2V）、车辆与基础设施（V2I）双向通信，实时传输图像、语音和数据信息，将车辆和道路有机连接。

（1）DSRC 系统的参考架构

DSRC 系统的参考架构如图 6-49 所示。车辆与车辆之间，以及车辆与路侧基础设施之间，通过 DSRC 进行信息交互。

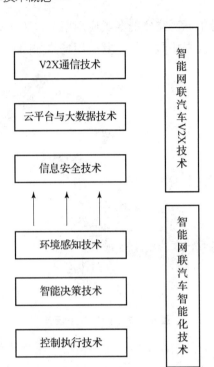

图 6-48 实现 V2X 功能的条件

图 6-49 DSRC 系统的参考架构

DSRC 系统包含物理层、媒体访问控制层（MAC）、网络层和应用层。

物理层是建立、保持和释放专用短程通信网络数据传输通路的物理连接的层，位于协议栈的最底层。

媒体访问控制层是提供短程通信网络节点寻址及接入共享通信媒体的控制方式的层，位于物理层之上。

网络层是实现网络拓扑控制、数据路由，以及设备的数据传送和应用的通信服务手段的层，位于媒体访问控制层之上。

应用层是向用户提供各类应用及服务手段的层，位于网络层之上。车载单元的媒体访问控制层和物理层负责处理车辆与车辆之间，车辆与路侧基础设施之间的专用短程无线通信连接的建立、维护和信息传输。应用层和网络层负责把各种服务和应用信息传递到路侧基础设施及车载单元上，并通过车载子系统与用户进行交互、管理。将安全功能覆盖专用短程通信整个框架。

（2）DSRC 系统的组成

DSRC 系统主要包含 RSU（Rate Sensor Unit，路侧单元）和 OBU（On Board Unit，车载单元）两部分，此外还包括控制中心及一些辅助设备。其中，RSU 最为重要，通过有线光纤的方式介入网络。车与车之间的信息交换通过 RSU 和 OBU 之间的通信实现，无线通信技术（如 Telematics）的车载计算机系统通过 802.11p + RSU 回程的方式实现，因此 DSRC 架构中需要部署大量的 RSU 才能较好地满足业务需求。DSRC 通信系统结构如图 6 – 50 所示。

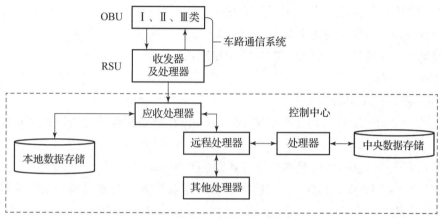

图 6 – 50　DSRC 系统的组成

OBU 是一种具有微波通信功能和信息存储功能的移动识别设备。OBU 本身可以作为独立的数据载体成为单片式电子标签，也可以附加一个智能卡读写接口实现扩展的数据存储、处理、访问和控制功能，从而成为双片式电子标签。同时，它具有 CAN 接口，可以通过该接口和车内网进行数据传输。智能卡的引入，不仅使 OBU 电子标签的扩展存储空间增加、容纳更多的应用，而且还可以作为电子钱包形式的金融充值卡使用，降低系统营运的风险。

RSU 又称路边单元、车道单元、车道设备，主要是指车道通信设备——路侧天线，其参数主要有频率、发射功率、通信接口等。路侧天线能够覆盖的通信区域为 3~30 m。RSU 是 OBU 的读写控制器，由加密电路、编码器电路和微波通信控制器组成，以 DSRC 通信协议的数据交换方式和微波无线传递手段，实现移动车载设备与路侧设备之间安全可靠的信息交换。基于 DSRC 的 OBU 及 RSU 示例如图 6 – 51 所示。

图 6 – 51　基于 DSRC 的 OBU 及 RSU 示例

(3) DSRC 技术要求

①DSRC 总体功能包含无线通信功能和网络通信功能。

a. 无线通信功能要求：车路通信的路侧单元最大覆盖半径大于 1 km；车车通信单跳距离可达 300 m；支持 OBU 的最大运动速度不小于 120 km/h。

b. 网络通信功能要求：广播功能；多点广播功能；地域群播功能；消息优先级的功能管理；通道/连接管理功能；车载单元的移动性管理功能。

②媒体访问控制层技术要求媒体访问控制层技术有以下要求：

a. 车载单元与车载单元通信接口要求：为满足汽车辅助驾驶中紧急安全事件消息的传播，媒体访问控制层的通信时延应小于 40 ms。

b. 媒体访问控制层支持的并发业务数应大于 3。

c. 路侧单元支持的并发终端用户容量应大于 128。

③网络层技术有以下要求：

a. 网络层可适配不同的物理层。

b. 支持终端的运动最大速度不小于 120 km/h，在跨路侧设备覆盖区时，可保证业务连续性。

c. 紧急安全事件业务的端到端传输时延应小于 50 ms。

d. 可支持多种接入技术要求，网络层和应用层与接入层技术具有相对独立性，可以通过多种接入技术为网络层提供服务。

e. 支持传输技术多样性，网络层与数据传输技术相对独立，网络层不受底层传输技术的影响。

f. 服务质量（Quality of Service，QoS）保证，可为业务建立优先级，并具备 QoS 识别能力，以支持网络的 QoS 保证机制。

④应用层技术要求。应用层主要包括车车通信应用、车路通信应用以及其他通用交通应用，主要技术有如下要求：

a. 业务接口统一，制定标准格式。

b. 业务支撑管理。

c. 安全性。

(4) DSRC 技术的信息传输模式

DSRC 有两种信息传输形式：主动式和被动式。

①主动式。这种系统中 RSU 和 OBU 均有振荡器，都可以发射电磁波。当 RSU 向 OBU 发射询问信号后，OBU 利用自身电池能量发射数据给 RSU。主动式 DSRC 技术中 OBU 必须配置电池。

②被动式。被动式又被称为异频收发系统或反向散射系统，是指 RSU 发射电磁信号，OBU 被电磁波激活后进入通信状态，并以一种切换频率反向发送给 RSU 系统。被动式 OBU 可以是有电源的，也可以是无电源的。

(5) DSRC 技术标准

DSRC 是一种无线通信技术标准或协议，主要用于 ITS 领域。目前国际上应用的几种

DSRC标准如下：国际标准化组织的 ISO/TC 204、欧洲标准化组织的 CEN/TC 278、美国的 ASTM/IEEE 802.11p 和 1609、日本的 TC 204、中国的 TC 204（如表6-2所示）。

表6-2 现有DSRC技术标准比较

项目	ISO	CEN（欧洲）	美国	日本	中国
标准编号	TC 204	TC 278	ASTM/IEEE 802.11p 和 1609	TC 204	TC 204
工作频率	5.8 GHz 915 GHz	5.8 GHz (5.795~5.815 GHz)	5.8 GHz (5.795~5.815 GHz)，915 GHz (902~928 MHz)	5.8 GHz	5.8 GHz
工作方式	主、被动方式分别使用	被动式	主、被动方式共用、采用主-从通信方式	主动式	被动式
调制方式		ASK，BPSK		ASK	ASK，BPSK
通信协议		HDLC	TDMA	FCMS，MDS，ACTS	HDLC
编码方式		FMO，NRZ1	曼彻斯特	曼彻斯特	FMO，NRZI
传输速率		上行 500 kbit/s；下行 250 kbit/s	500 kbit/s	1 Mbit/s	上行 500 kbit/s；下行 250 kbit/s
审批机构	ISO 成员国	CEN 成员国	rTSAmericaFCC	邮政省、建设省	国家技术监督局、交通运输部无线电管理委员会

（6）DSRC技术支持的业务

①汽车辅助驾驶。包括辅助驾驶和道路基础设施状态警告。其中辅助驾驶包括碰撞风险预警、错误驾驶方式的警示、信号违规警告、慢速车辆指示、摩托车接近指示、车辆远程服务、行人检测、协作式自动车队等；道路基础设施警告包括车辆事故、道路工程警告、交通条件警告、气象状态及预警、基础设施状态异常警告等。

②交通运输安全。包括紧急救援请求及响应、紧急事件通告、紧急车辆调度与优先通行、运输车辆及驾驶员的安全监控、超载超限管理、交通弱势群体保护等。

③交通管理。包括交通法规告知、交通执法、信号优先、交通灯最佳速度指引、停车场管理等。

④导航及交通信息服务。包括路线实时指引和导航，施工区、收费、停车场、换乘、

交通事件信息、流量监控、建议行程、兴趣点通知等。

⑤电子收费。包括以电子化的交易方式向用户收取相关费用，如道路、桥梁和隧道通行费与停车费等。

⑥运输管理。包括运政稽查、特种运输监测、车队管理、场站区管理等。

⑦其他。包括车辆软件/数据配置和更新、车辆和 RUS 的数据校准、协作感知信息更新及发送等。

DSRC 技术在智能网联汽车上可实现 V2X 通信。DSRC 的有效通信距离为数百米，车辆通过 DSRC 以每秒 10 次的频率，向路上其他车辆发送位置、车速、方向等信息；当车辆接收到其他车辆所发出的信号，在必要时（例如马路转角有其他车辆驶出，或前方车辆紧急制动、变换车道）车内装置会以闪烁信号、语音提醒或座椅和转向盘震动等方式提醒驾驶员注意（如图 6-52 所示）。

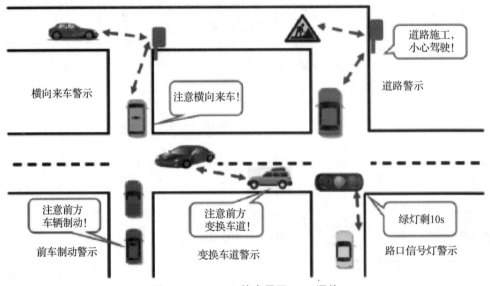

图 6-52 DSRC 技术用于 V2X 通信

（7）DSRC 技术工作频率

DSRC 技术的工作频率在 5.850~5.925 GHz 的 75MHz 频带上，将其分成 7 个独立的信道，分别是 CH172、CH174、CH176、CH178、CH180、CH182、CH184，并且每个信道间的带宽都是 10 MHz（如图 6-53 所示）。其中，CH178 属于控制信道，主要的功能是负责车用环境无线存取（Wireless Access in Vehicular Environments，WAVE）服务广播封包，播放一些和安全相关的信息，如车辆的速度和方向；CH174、CH176、CH180、CH182 则属于服务信道，主要的功能是传递一些和安全无关的 WAVE 短消息封包；信道 CH172 用于碰撞避免、车车通信等；信道 CH184 用于长距离、大功率通信。

（8）DSRC 拓扑结构

DSRC 是以 IEEE 802.11p 协议为物理层标准，以 IEEE1609 系列协议作为上层协议的车辆自组网（Vehicular Ad-Hoc Networks，VANET）短距离无线通信协议栈。它可以实现百米内数据安全可靠的双向传输，并支持图像和影音传输，是一种成熟稳定的车路互联方

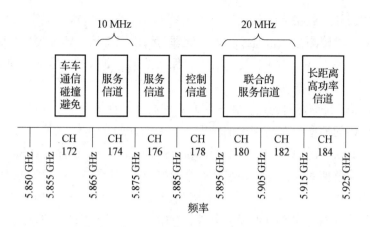

图6-53 DSRC信道划分

案。图6-54给出了DSRC拓扑结构。其中，RSU与核心网相连，RSU与OBU之间通过WAVE方式进行无线连接。当核心网有信息需要发送到OBU上时，需要先通过一个RSU作为中继，才能将信息发送给OBU。当OBU之间进行通信时，可以不借助于其他中继，两个OBU之间直接进行数据交换。

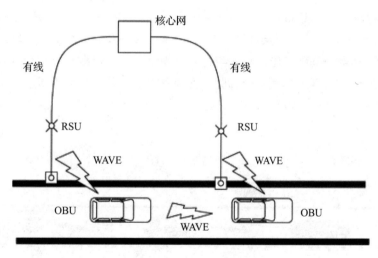

图6-54 DSRC拓扑结构

（9）DSRC技术的应用和发展

DSRC技术主要应用在ITS中，DSRC以大容量、高速率、低时延的特点搭建了ITS中的通信平台，是交通管理系统的关键技术，具有广泛的应用前景和发展意义。DSRC技术主要为ITS提供以下服务：

①信息提供服务。DSRC技术提供及时、具体的交通信息，满足多种服务需求，如车辆导航、安全驾驶、车辆调度、紧急车辆处理等。

②数据交换服务。DSRC技术不仅可以完成车辆身份信息、电子收费等数据的传输，还可以与联网的车道工控机、收费站计算机、结算中心及管理计算机高效率互通信息。

③实时检测服务。道路上时刻运行着各类特殊车辆，如违章、盗窃、军警和公安等，所有这些都需要实时检测，严密监控，妥当处理，最大限度地保障人民生命财产安全。

④数据加密服务。基于 DSRC 技术对需要保密的信息如收费、安全等进行高强度的加密处理，确保信息安全、畅通传输。

DSRC 技术面临的主要问题是：在车辆密集和高移动性情况下，IEEE 802.11p MAC 数据包冲突和介质访问拥塞。在高密度的情况下，每台车辆的传输范围内都有大量的设备，导致 IEEE 802.11p 载波侦听多路访问（Carrier Sense Multiple Access，CSMA）性能下降，信道拥塞严重。信道拥塞和数据包冲突必然会影响通过广播方式传递消息的安全应用的可靠性。由于 IEEE 802.11p 广播模式中缺少接收请求然后发送消息的消息收发模式，传输事件驱动的紧急消息的可靠性将下降。另外，DSRC 的覆盖范围较为有限，即使通过多跳通信来扩展 DSRC 的覆盖范围，也不能保证在任意时刻都能为车辆接入提供一条可用的链路。多级连跳通信及路由问题，不仅大大增加了通信时延，还降低了可靠性。除此之外，DSRC 要进行商用大规模部署的话，需要大量投入路边设施，然而其商业盈利模式不清晰，因此发展前景并不明朗。

7. LTE - V

LTE - V（Long Term Evolution - Vehicle，长期演进技术 - 车辆通信）是我国具有自主知识产权的 V2X 技术，是按照全球统一规定的体系架构及其通信协议和数据交互标准，在车辆与车辆、车辆与基础设施、车辆与行人之间组网，构建数据共享交互桥梁，助力实现智能化的动态信息服务、车辆安全驾驶、交通管控等（如图 6 - 55 所示）。

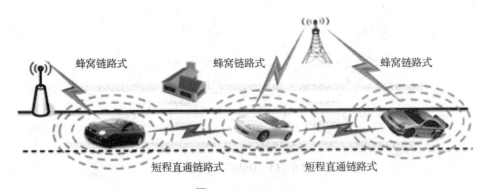

图 6 - 55 LTE - V

（1）LTE - V 的组成

LTE - V 由用户终端（User Equipment，UE）、路侧单元和 E - UTRAN 基站（E - UTRAN Node B，ENB）三部分组成（如图 6 - 56 所示）。LTE - V 针对车辆应用定义了两种通信方式，即蜂窝链路式（LTE - V - Cell）和短程直通链路式（LTE - V - Direct），其中蜂窝链路式通过 Uu 接口承载传统的车联网车载信息技术业务，操作于传统的移动宽带授权频段；短程直通链路式通过 PC5 接口实现 V2V、V2I 直接通信，促进实现车辆安全行驶。在短程直通链路式通信模式下，车辆之间的信息交互基于广播方式，可采用终端直通模式，也可经由 RSU 来进行交互，大大减少了 RSU 单元需要的数量。

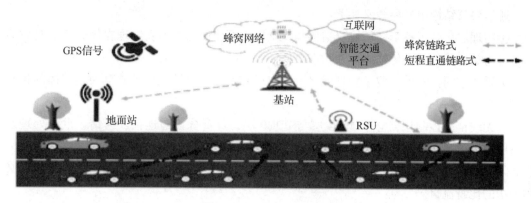

图 6-56　LTE-V 的组成

(2) LTE-V 网络拓扑结构

LTE-V 是基于 LTE 蜂窝网络的车辆与外界信息交互技术，是对现有蜂窝网络技术的延伸。LTE-V 基于 4.5G 网络，借助无线网络带宽优势，可实现高可靠性、低延时、大容量的车辆通信。

如图 6-57 所示，LTE-V 网络拓扑结构中无线基站与核心网相连，并且该无线基站可为 4G/5G 网络的无线基站。在该模型中，删除了原本在 DSRC 系统中的 RSU，将原本 RSU 的中继功能转移到了无线基站，使用基站来发送无线蜂窝数据，用来与车辆中的 OBU 进行数据交换。这种方式是 LTE-V 中的蜂窝协议，当需要进行车辆间通信时，采用 LTE-V 中的直通协议完成相关数据交换。

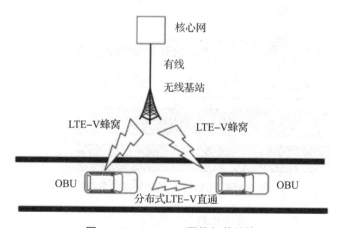

图 6-57　LTE-V 网络拓扑结构

(3) LTE-V 通信协议

C-V2X 是由 3GPP 定义的基于蜂窝通信的 V2X 技术。它包含基于 LTE 网络的 LTE-V2X 以及 5G 网络的 NR-V2X 系统，是 DSRC 技术的有力补充。通过我国现有部署的 LTE 网络设施，使 V2V、V2N、V2I、V2P 等信息功能的通信得以实现，这项技术能适应更复杂的安全应用场景，满足现阶段对车联网设备低延迟、高可靠性的要求，其通信协议参考结构如图 6-58 所示。

通信协议结构中各层含义如下：

①物理层，处于整个通信协议结构的基础层，可使通信数据在物理媒体介质上有效传输，可为数据通信提供传输媒体和物理介质。

②媒体访问控制层，位于物理层之上，提供网络节点寻址及接入共享通信媒体的控制方式。

③无线链路控制层，介于 MAC 层与 PDCP 层，负责分段与连接、纠错、重传处理及对高层数据的顺序传输。

④分组数据汇聚协议层，位于 RLC 层之上，主要负责执行头压缩以减少无线接口必须传送的比特流量。

⑤应用层，位于协议结构的最顶层，可以为用户提供具体服务，是与用户最紧密相关的一层。

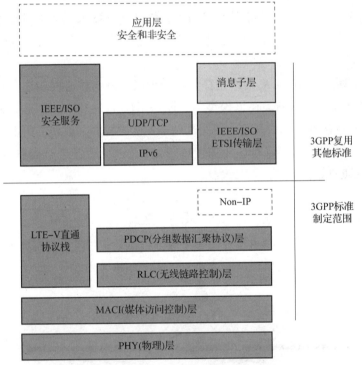

图 6-58　LTE-V 通信协议参考结构

8. LET-V 技术与 DSRC 技术的比较

V2X 技术包括 LTE-V 和 DSRC 两种，其中 LTE-V 是基于 LTE 的智能网联汽车协议，由 3GPP 主导制定规范，主要参与厂商包括华为、大唐、LG 等；DSRC 主要基于 IEEE 802.11p 与 IEEE 1609 系列标准，是一种专门用于 V2V 和 V2I 之间的通信标准，主要由美国、日本主导。

LTE-V 和 DSRC 均需要 RSU，但两种技术 RSU 承载的能力不尽相同。两种技术中，RSU 均会为车辆提供道路相关的信息，如红绿灯、限速等，在 V2I 的模式下将这些信息发给车辆。不同点在 V2V 模式下的信息交互：在 DSRC 技术下，V2V 的信息交流必须通过

RSU，因此 RSU 单元需求量很大；在短程直通链路式通信模式下，车辆之间的信息交互基于广播方式，可采用终端直通模式，也可经由 RSU 来进行交互，因此 RSU 单元需求的数量很小。LTE – V 技术与 DSRC 技术的比较如表 6 – 3 所示。

表 6 – 3　LTE – V 技术与 DSRC 技术比较

性能与特点	DSRC 技术	LTE – V 技术
支持车速	200 km/h	500 km/h
带宽	75 MHz	可扩展至 100 MHz
传输速率	3~27 Mbps，平均 12 Mbps	峰值速率上行 500 Mbps，下行 1 Gbps
通信距离	几百米容易被建筑遮挡，受 RSU 密度影响	约为 DSRC 的 2 倍
IP 接入方式	部署 RSU 作为网关	通过蜂窝基站接入，基站集中调度；业务连续性好，调度效率高
低延时安全业务（前车防撞预警、盲区预警等）	采用 IEEE 802.11p 协议	LTE 直通技术解决
优势	成熟度高，NXP 等芯片商和大量汽车厂商的产品已经接近商用化，V2V 应用场景较为成熟	采用蜂窝技术，可管控充分利用基础设施，V2I 实施有优势，移动性好，安全性高，可平滑演进至 5G 电信产业（系统、芯片和运营商）支持
劣势	CSMA/CA 机制存在隐藏节点、数据竞争碰撞问题，5.9 GHz 频段穿透性、传输距离受限，且由于干扰原因，在我国商用可能受阻，后续演进路线不明，V2I 场景技术实施难度大	尚未成熟，跨部门协调难度大

6.4　车路协同技术

6.4.1　车路协同技术定义

智能车路协同系统（Intelligent Vehicle Infrastructure Cooperative Systems，IVICS），简称车路协同系统，是智能交通系统的最新发展方向。该系统采用先进的无线通信和新一代互联网等技术，全方位实现车与车、车与路、车与人之间动态实时信息交互，并在全时空动态交通信息采集与融合的基础上开展车辆主动安全控制和道路协同管理，充分实现人车路的有效协同，保证交通安全，提高通行效率，从而形成安全、高效和环保的道路交通系统。车路协同能够加速自动驾驶规模商业化，其产业链潜力巨大，将成为新一轮科技创新和产业竞争的制高点，同时也是世界上交通发达国家研究、发展和应用的热点。

智能车路协同系统以路侧智能站（边缘计算节点）为核心，通过 DSRC、LTE - V2X 等多种通信方式接入本地化感知数据、业务平台数据等，辅以高精度地图、高精度定位环境，实时计算分析本地级交通运行状况、交通事件及其态势情况，实现路侧智能站交通管控精细化策略的生成、处理与发布。车路协同系统示意图如图 6 - 59 所示。

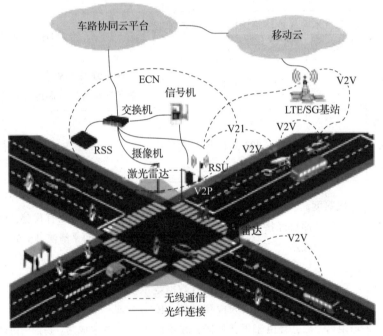

图 6 - 59　车路协同系统示意图

车路协同系统主要具有以下特点：

（1）交通要素的实时化和信息化

智能车路协同系统中的运输工具、交通基础设施和交通环境不再只被看作单一的对象，人、车、路和环境所对应的交通要素通过传感器的采集和融合过程，成为具有自主身份且可具备信息交互功能的智能物体。在交通系统实时数据的基础上借助信息融合、无线通信和云计算等技术，实现复杂交通系统的实时信息再现，进而能够掌握交通参与者、交通工具、交通对象、交通基础设施和交通环境的实际运行状态。

（2）海量信息的简明化和精确化

智能车路协同系统中交通参与者与车辆之间、车辆与车辆之间、车辆与基础设施之间、车辆与交通服务中心之间等可通过多种通信模式实现各类信息双向传输，系统可获得时间和空间上的高分辨度数据，同时将会产生表征复杂交通系统各类特性的海量信息，构成实现智能车路协同系统各种功能的基础信息,即目前所谓的交通大数据。在分布式云计算技术的支持下,通过基础设施或交通服务中心对信息的处理、过滤和优化,海量信息变得更加简明和精确,并具有智能化和自适应性,从而保证系统用户能够接收到更精确和更简明的相关信息。

(3) 用户参与的主动化和协同化

智能车路协同系统不再简单地以基于功能的信息采集模式构建整个交通体系,而是通过协作方式将整个交通系统看成由交通参与者、交通工具、交通基础设施和交通环境构成的有机整体。用户不仅能够在原先单一功能性的服务基础上获得更具综合性的服务功能,从而实现不同程度的协同服务;更能主动地参与对交通对象的感知、优化和调整的所有过程,如车辆行驶过程中的主动安全控制等;同时还可以根据自己的具体需求或偏好,设置符合自身需求的个性化服务。

(4) 服务组织的柔性化和绿色化

智能车路协同系统改变了传统智能交通系统从信息到功能服务的简单应用模式,有效地建立了以系统海量信息的采集、交互和应用为主线,全面实现交通参与者、交通工具、交通基础设施和交通环境的协同功能,从而构成突出不同层次的内容,为交通参与者创建了更为丰富多样的服务平台,提供了针对不同交通出行需求的系统级和自定义的解决方案;同时,也通过引入智能化的信息技术手段,改变了传统的交通管理和运行模式,实现了整个交通系统的智能化管理服务和最优化运行,提升了交通安全水平。

6.4.2 车路协同架构

智能交通技术和车联网的发展,为车路协同技术带来了很多重要的发展机遇,例如云计算、大数据、移动互联等技术,使高精度定位、精细化信息服务和新一代传感网络构建等都有了更加可靠的技术保证。发达国家基本建立了车路协同系统的体系框架,定义了一系列应用场景,开展了一些试验和应用,但车路协同系统的某些核心技术仍处于研究和试验阶段,制约了系统的应用。

目前车路协同技术发展具有以下趋势:

①车路协同系统体系框架的构建:车路协同系统的发展方向是由特例实验走向场景应用和制定通信协议标准。

②车路通信平台的开放性:将从单一通信模式向多种通信手段的互补与融合方向发展,可用于车路通信的方式包括 DSRC、Wi-Fi、DSR、GSM/GPRS、3G、RFID、WLAN、BlueTooth 等。由于通信技术各有优缺点,单一的通信方式很难满足车路通信需求,需建立一种多方式兼容的通信平台。

③车载单元的多功能一体化集成:由单项服务向集成服务转变,从单目标控制向多目标控制集成转换。例如,把 ETC 和北斗导航系统集成到一个系统里,形成多功能一体化的车载单元,即集成的车载终端装置能够提供路桥收费、信息发布、信息采集等多种服务。

④高速公路的安全管理信息服务走廊:通过车车、车路信息交互,在高速公路沿线构建一个安全信息服务走廊。例如,在高速公路汇流区,车辆进入主线以前,将主线交通运

行状况和安全信息发布给驾驶员,从而避免在交汇区发生交通事故。

⑤多通道信息采集技术:单一传感器无法满足信息实时采集的需求,因此,必须结合多传感器信息采集技术,通过多种信息的融合,从而提高路网交通状态实时检测精度。

⑥大范围内实现交通协调控制:如交通信号协调控制、实时路径诱导、公交优先控制等。

车路协同系统由三部分所构成,分别是云端系统、车载系统和路侧系统(如图6-60所示)。

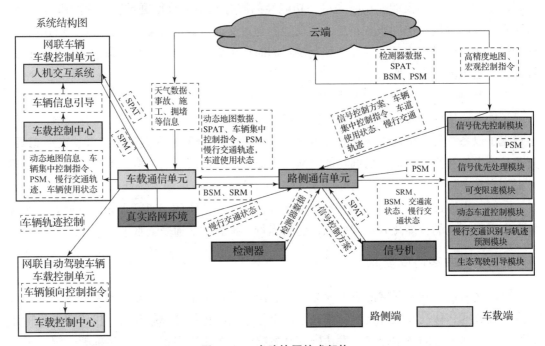

图6-60 车路协同技术架构

云端与第三方业务应用的信息中心,为路侧端和车载端发送全局的业务控制、业务共享信息,并存储全局设施、环境、用户、业务信息,可实现路侧设备与车载单元之间的交互,以及各种行车安全、交通控制和信息服务应用的打通。云端系统由以下内容构成:智能决策平台、指控中心、云基础设施(计算存储设备+传输网络)、核心智能网。

车载终端负责对车辆自身状态信息的控制及对周围行车环境的感知,并收集路侧控制信息、全局信息、周边环境信息进行动态感知及实时决策。车载终端由以下内容构成:V2X车辆、多源异构传感器、智能决策平台。

路侧系统由路侧端与路侧信号控制器或边缘服务器相连,可检测路况及交通信号标志等多种信息并收集驾驶、交通环境状态信息,进行路侧决策并发送路侧业务控制到车载端。路侧系统由以下内容构成:传感器、交通状况、交通设施、停车场、路由、DSRC/WIFV5G/微波、天气、智能决策平台。

车路协同系统由车载单元、路侧单元与通信平台构成,三者恰好构成智慧交通场景下协同感知与协同决策的闭环,其中路侧单元是突破车路协同技术的关键所在。

6.4.3 车路协同技术典型应用

智能交通技术正在从交通要素的单一智能化向交通要素的一体化方向发展，车路协同系统作为智能交通的重要子系统，正成为各国智能交通系统研发的热点，尤其是欧美等发达国家都在积极推进相关技术的研究。开展车路协同系统研究，突破车路协同的关键技术，抢占智能交通前沿技术的制高点，是关乎我国未来能否在智能交通产业形成核心竞争力的关键，这对提高我国交通运输系统的效率和安全，实现交通系统的可持续性发展具有重大意义。

车路协同技术研究，需要以场景做驱动，测试在不同场景下，车路之间、车车之间协同管理效果。例如，针对交叉口的车路协同，针对路段的行车安全，针对车路协同与信号灯之间的引导、闯红灯的定时和定位等。车路协同技术不但可以提升道路交通系统的安全性和通行效率，还可以缓解交通拥堵、优化利用系统资源。下面针对交叉口和危险路段场景，分析车路协同技术向车辆用户和交通管理部门提供的服务。

1. 交叉口场景车路协同技术应用

（1）交通信号信息发布系统

当车辆达到交叉口时，通过车路通信，向车辆发布红绿灯相位和配时信息，并提醒驾驶员不要危险驾驶和协助其做出正确判断和操作。另外，公交优先信号控制也可以通过车路协同技术实现。

（2）盲点区域图像提供系统

当车辆在视距不足或无信号交叉口转弯时，通过车路通信，可以向准备转弯或在停止标志前停车的车辆提供盲点区域的图像信息，从而防止车辆的直角碰撞事故。

（3）过街行人检测系统

当车辆达到交叉口时，通过车路通信，把人行道及其周围环境的行人、自行车的位置信息发布给车辆，以防止机非、人机冲突。

（4）交叉口通行车辆起停信息服务

当车辆达到交叉口时，前车通过车路通信把起动信息及时传递给后车，以提高交叉口的通行能力；另外，前车向后车传递紧急制动信息，以避免追尾事故的发生。

（5）先进的紧急救援体系

当发生交通事故或车辆故障时，自动把事故地点、性质和严重程度等求助信息发送给急救中心及管理机构，通过车路通信实现信号灯优先控制的调度，从而让急救车辆先行并及时救援受伤人员。

2. 危险路段场景车路协同技术应用

（1）车辆安全辅助驾驶信息服务

通过路侧设置的传感器检测前方道路转弯处或线死角区域，若发生交通阻塞、突发事件或路面存在障碍物等，通过车路通信系统向驾驶员传输实时的道路信息。

(2) 路面信息发布系统

把路面信息（冰冻、积水或积雪等）发布给接近转弯路段的车辆，以提醒驾驶员注意减速，防止追尾事故。

(3) 最优路径导航服务

路侧设备通过车路、车车通信系统以及车载终端显示设备，把检测到前方道路拥堵状况发布给驾驶员，提醒驾驶员避开拥挤道路，并为其优化一条达目的地的最佳路线。

(4) 前方障碍物碰撞预防系统

把危险信息（如障碍物的位置、速度等）通过车路、车车通信传递给车辆，从而避免车辆之间或车辆与其他障碍物之间发生碰撞。

(5) 弯道自适应车速控制

把前方弯道的相对距离、形状（曲率半径、车线等）等信息传递给车辆，车辆再结合自身运动状态信息，为驾驶员提供最优车速，避免车辆在转弯时发生侧滑或侧翻。

随着车辆不断地智能化和网联化，对路侧设备的互联需求会越来越大，完全依赖车辆实现自动驾驶存在很大的难度，自动驾驶90%会依赖智能车本身，而剩下的10%就可以通过路侧的感知数据提供辅助，这也有利于降低对于车端大算力的需求，减轻云端计算和传输的延时影响，对于实现完全自动驾驶会起到画龙点睛的作用。

道路的智能化也符合万物互联的大趋势，在道路基础设施建设好后，道路的智能化程度肯定会越来越高，路侧设备的需求会越来越多。

车路协同技术目前还处在发展的初级阶段，但在万物互联和数字化的大趋势下，必将在未来几年迎来高速的发展。车路协同技术，不仅会用在目前火热的自动驾驶，还会拓展出越来越多的应用场景，如智能交通、定制化服务等。在不同应用场景下，探索出一个合适的价值链，形成一种新的商业模式是车路协同技术发展的关键。

【扩展阅读】

智能网联与汽车密切相关，即车联网与智能车的有机联合，搭载先进的车载传感器、控制器、执行器等装置，并融合现代通信与网络技术，实现车与人、车、路、后台等智能信息交换共享，实现安全、舒适、节能、高效行驶，并最终可替代人来操作。

伴随着5G通信技术的到来，智能网联重新被提到了一个新的高度，有望成为新的经济增长点，但技术没有统一的标准或许难成今年的大热项目。智能网联时代到来，说明智能驾驶汽车离成功实现终极目标更进了一步。从国家战略来说，智能网联是一个良好的载体。显然，发展智能网联既有强大社会的需求，也有产业发展升级的需求，也是国家发展战略的需要。

【知识小结】

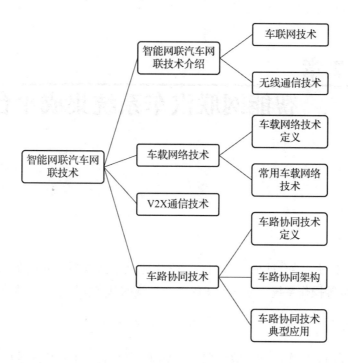

【复习题】

1. 简述智能网联汽车网联技术的定义。
2. 简述常见的车载网络技术。
3. V2X 通信技术都包含哪些场景？
4. 谈谈你对车路协同技术的理解。

第 7 章 智能网联汽车系统集成平台

【学习目标】

通过本章的学习，结合前面章节内容，学生应该掌握智能网联汽车系统，熟悉 ROS、Autoware、Apollo 等操作系统，并初步了解各个系统的基本应用。

【案例引入】

从 2017 年 Apollo 宣布全球开放计划起，Apollo 平均每 3 个月快速迭代一个版本。经过多次迭代，2018 年 7 月 Apollo 发布了 3.0 量产低速园区自动驾驶方案，面向量产，更加安全。目前平台已经有超过 230 000 行开源代码、11 000 多次开发者推荐使用、126 位生态合作伙伴、100 多个自动驾驶产品研发合作项目，Apollo 的代码已经跑通了园区物流、自动泊车、园区接驳、健康养老等场景，并稳步迈向量产和运营。

请带着以下几个问题来进行本章的学习：

1. 先进辅助驾驶系统的分类。
2. ROS 及 Autoware 各自的优点。

7.1 智能网联汽车系统介绍

智能网联汽车与一般汽车相比，主要增加了环境感知与定位系统、无线通信系统、车载自组织网络系统和先进驾驶辅助系统等。

1. 环境感知和定位系统

环境感知与定位系统的主要功能是通过各种传感技术和定位技术感知车辆本身状况和车辆周围状况。传感器主要包括车轮转速传感器、加速度传感器、微机械陀螺仪、转向盘转向传感器、超声波传感器、激光雷达、毫米波雷达、视觉传感器等，通过这些传感器，感知车辆行驶速度、行驶方向、运动姿态、道路交通情况等；定位技术主要使用 GPS 和中国北斗卫星导航系统。其中，中国北斗卫星导航系统技术先进，是中国大力推广的位置定位系统。

2. 无线通信系统

无线通信系统的主要功能是各种数据和信息的传输，分为短距离无线通信和远距离无线通信。短距离无线通信技术为车辆安全系统提供实时响应的保障，并为基于位置信息服务提供有力支持，主要有蓝牙技术、ZigBee 技术、Wi-Fi 技术、UWB 技术、60 GHZ 技术、IrDA 技术、DFID 技术、NFC 技术、DSRC 技术等。用于智能网络汽车上的短距离无线通信技术没有统一标准，处于起步阶段，但短距离无线通信技术在其他领域应用比较广泛。远距离无线通信技术用于提供即时的互联网接入，主要有移动通信技术、卫星通信技术等，在智能网联汽车上的应用主要是 5G 技术。

3. 车载自组织网络系统

车载自组织网络依靠短距离无线通信技术实现 V2X 之间的通信，它在一定通信范围内可以实现 V2V、V2I、V2P 之间相互交换各自信息，并自动连接建立起一个移动的网络。典型应用包括车辆行驶安全预警、辅助驾驶、分布式交通信息发布以及基于通信的纵向车辆行驶控制等。

4. 先进驾驶辅助系统

先进驾驶辅助系统的主要功能是提前感知车辆及其周围情况，发现危险及时报警，保障车辆安全行驶，是防止交通事故的前沿技术。先进驾驶辅助系统是智能网联汽车的重要组成部分，也是无人驾驶汽车的关键技术。世界各大汽车公司纷纷开发各种驾驶辅助系统，名称不尽相同，但是他们的目标都是一样的。

先进驾驶辅助系统是利用环境感知技术采集汽车、驾驶员和周围环境的动态数据并进行分析处理，通过提醒驾驶员或执行器介入汽车操纵以实现驾驶安全性和舒适性的一系列技术的总称（如图 7-1 所示）。先进驾驶辅助技术是智能网联汽车重点发展的技术，其成熟程度和使用程度代表智能网联汽车的技术水平，是其他关键技术的具体应用体现。

先进驾驶辅助系统按照环境感知系统的不同可以分为自主式和网联式两种。

自主式先进驾驶辅助系统是基于车载传感器完成环境感知，依靠行车电脑进行分析决策，技术比较成熟，多数已经装备量产车型。自主式先进驾驶辅助系统按照功能可以分为避险辅助类、视野改善类、倒车/泊车辅助类、驾驶员状态监测类等。

避险辅助是指自动监测车辆可能发生的碰撞危险并提醒驾驶员，必要时系统会主动介入，从而防止发生危险或减轻事故伤害。避险类先进驾驶辅助系统主要有汽车自适应巡航控制系统、车道偏离预警系统、车道保持辅助系统、汽车并线辅助系统、汽车自动制动辅助系统等。

视野改善是指提高在视野较差环境下的行车安全。视野改善类先进驾驶辅助系统主要有汽车自适应前照明系统、汽车夜视辅助系统、汽车平视显示系统等。

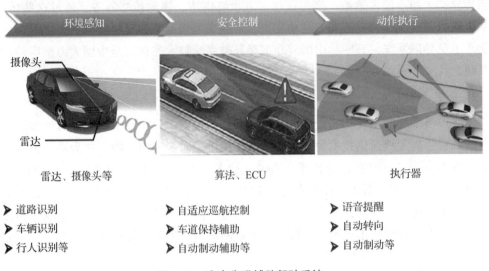

图 7-1　汽车先进辅助驾驶系统

倒车/泊车辅助是指辅助驾驶员进行倒车、泊车操作，防止在该过程中发生碰撞危险。倒车/泊车类先进驾驶辅助系统主要有倒车影像监视系统、全方位车身影像系统、自动泊车辅助系统等。

驾驶员状态监测是通过监测驾驶员自身的身体状态及驾车行为，以保证驾驶员处于安全健康的驾车状态。驾驶员状态监测先进驾驶辅助系统主要有驾驶员疲劳检测系统、禁酒闭锁系统等。

网联式先进驾驶辅助系统是基于汽车与外界的通信互联完成环境感知，依靠云端大数据进行分析决策，例如汽车自动引导系统等，处于试验阶段。网联式先进驾驶辅助系统功能主要有交通拥挤提醒、闯红灯警示、弯道车速警示、停车标志间隙辅助、减速区警示、限速交通标志警示、现场天气信息警示、违反停车标志警示、违规穿过铁路警示、过大车辆警示等。警示不仅告知车辆和驾驶员违反安全，而且可以通过 V2V、V2I 警示附近的车辆，从而协助防止相撞，例如有车辆在十字路口的死角闯红灯或违反停车标志时。

目前以自主式先进驾驶辅助系统为主，网联式先进驾驶辅助系统处于试验中，自主式和网联式融合是智能网联汽车先进驾驶辅助系统的发展趋势。如图 7-2 所示为自主式先进驾驶辅助系统具体分类。

汽车自适应巡航控制系统是在定速巡航控制系统基础上发展起来的新一代汽车先进驾驶辅助系统。它将汽车定速巡航控制系统和车辆前向撞击报警系统有机结合起来，既有定速巡航控制系统的全部功能，还可以通过车载雷达等传感器监测汽车前方的道路交通环境，一旦发现当前行驶车道的前方有其他前行车辆，将根据本车和前车之间的相对距离及相对速度等信息，对车辆进行纵向速度控制，使本车与前车保持安全距离行驶，避免追尾事故发生。

车道偏离报警系统是一种通过报警或振动等方式辅助驾驶员减少汽车因车道偏离而发生交通事故的系统。该系统通过摄像头检测前方车道线，计算出车身与车道线之间的距

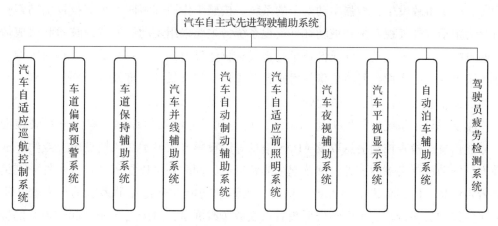

图 7-2 自主式先进驾驶辅助系统具体分类

离,判断汽车是否偏离车道;在驾驶员无意识(未打转向灯)偏离原车道时,系统能在偏离车道 0.5 s 之前发出警告或转向盘开始振动,提示驾驶员回到本车道内,减少因汽车偏离车道引发的危险。

车道保持辅助系统是在车道偏离报警系统的基础上对转向和制动系统协调控制,使汽车保持在预定的车道上行驶,减轻驾驶员负担,防止驾驶失误的系统。

汽车后视镜盲区汽车并线辅助系统也称盲区监测系统,它是通过车载传感器检测后方来车,在左右两个后视镜内或者其他地方提醒驾驶员后方安全范围内有无来车,从而消除视线盲区,提高行车安全。由于汽车后视镜本身存在视觉盲区(如图 7-3 所示),以致驾驶员无法及时、准确地获知盲区内车辆的动向,因此,车辆并线剐蹭或碰撞便成为常见的一种交通事故。

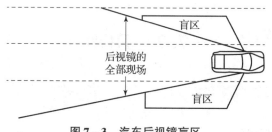

图 7-3 汽车后视镜盲区

汽车自动制动辅助系统可以预知潜在的碰撞危险并及时通知驾驶员,而且在必要的情况下,此系统会自动控制制动踏板完成刹车操作,以避免或减轻碰撞伤害。

汽车自适应前照明系统是一种照明装置,它能够根据天气情况、外部光线、道路状况以及行驶信息来自动改变前照明系统的工作模式,调整照射光线的光形,消除因为夜间或者能见度低时转弯或者其他特殊行驶条件下带来的视野暗区,能够为驾驶员提供更宽范围更为可靠的照明视野,保证驾驶员和道路行人的安全。汽车自适应前照明系统是未来汽车照明系统的主要发展方向。

汽车夜视辅助系统是一种利用红外成像技术辅助驾驶员在黑夜中看清道路、行人和障碍物等，减少事故发生，增强主动安全的系统。按照工作原理不同，车载夜视辅助驾驶系统可分为主动红外夜视系统和被动红外夜视系统，主要采用主动红外成像技术和热成像技术。两者的区别在于主动红外成像技术是把目标物体反射或自身辐射的红外辐射图像，转换成人眼可观察的图像；而热成像技术则是基于目标与背景的温度及辐射率的差别，利用辐射测温技术接收目标的逐点辐射强度，而形成可见的目标热图像。

汽车平视显示系统也称抬头显示系统，它是利用光学反射原理，将汽车驾驶辅助信息、导航信息、检查控制信息以及 ADAS 信息等以投影方式显示在风挡玻璃上或约 2 m 远的前方、发动机罩尖端的上方，阅读起来非常舒适，同时还可以显示来自各个驾驶辅助系统的警告信息，例如车道偏离警告、自带行人识别功能的夜视辅助系统的行人避让警告等，避免驾驶员在行车过程中频繁低头看仪表或车载屏幕，对于行车安全起着很好的辅助作用。

自动泊车辅助系统是利用车载传感器探测有效泊车空间并辅助控制车辆完成泊车操作的一种汽车先进驾驶辅助系统。自动泊车辅助系统相比传统的电子辅助功能，比如倒车雷达、倒车影像显示等，智能化程度更高，减轻了驾驶员的操作负担，有效降低了泊车的事故率。

驾驶员疲劳预警系统是指驾驶员精神状态下滑或进入浅层睡眠时，系统会依据驾驶员精神状态指数分别给出语音提示、振动提醒、电脉冲警示等，警告驾驶员已经进入疲劳状态，需要休息。其作用就是监视并提醒驾驶员自身的疲劳状态，减少驾驶员疲劳驾驶的潜在危害。驾驶员疲劳预警系统也称为防疲劳预警系统、疲劳识别系统、注意力警示辅助系统、驾驶员安全警告系统等。

7.2　ROS

7.2.1　ROS 的特点

ROS 是 Robot（机器人）+ Operating（操作）+ System（系统）的简称，即为机器人操作系统。目前流行的 ROS 版本有 ROS Kinetic Kame、ROS Indigo Igloo、ROS Hydro Medusa 等。从严格意义上来讲，ROS 并不是一个真正的操作系统，而是一款用于机器人或人工智能的应用软件开发平台。要保证一个复杂的系统稳定、高效地运行，每个模块都应发挥出最大的潜能，ROS 提供了一个成熟有效的管理机制，使得系统中的每个软硬件模块都能有效地进行互动。ROS 提供了大量的程序库和工具，使得开发人员能够更好地在机器人或人工智能领域中进行学习与研究。另外，ROS 本身还具有许多功能，如硬件设备驱动、可视化工具、消息传递等。

1. ROS 的优点

（1）点对点设计

一个使用 ROS 的系统包括一系列进程，这些进程存在于多个不同的主机并且在运行过程中通过端对端的拓扑结构进行联系。虽然基于中心服务器的那些软件框架也可以实现多进程和多主机的优势，但是在这些框架中，当各电脑通过不同的网络进行连接时，中心数据服务器就会发生问题。

ROS 的点对点设计以及服务和节点管理器等机制可以分散由计算机视觉和语音识别等功能带来的实时计算压力，能够适应多机器人遇到的挑战。

（2）多语言支持

在写代码的时候，许多编程者会比较偏向某一些编程语言。这些偏好是个人在每种语言的编程时间、调试效果、语法、执行效率以及各种技术和文化的原因导致的结果。为了解决这些问题，将 ROS 设计成了语言中立性的框架结构。ROS 现在支持许多种不同的语言，例如 C++、Python、Octave 和 LISP，也包含其他语言的多种接口实现。

（3）精简与集成

大多数已经存在的机器人软件工程都包含了可以在工程外重复使用的驱动和算法，不过，由于多方面的原因，大部分代码的中间层都过于混乱，以至于很困难提取出它们的功能，也很难把它们从原型中提取出来应用到其他方面。

为了应对这种趋势，鼓励将所有的驱动和算法逐渐发展成为和 ROS 没有依赖性的单独的库。ROS 建立的系统具有模块化的特点，各模块中的代码可以单独编译，而且编译使用的 CMake 工具使它很容易地就实现精简的理念。ROS 将复杂的代码封装在库里，只是创建了一些小的应用程序作为 ROS 显示库的功能，就允许了对简单的代码超越原型进行移植和重新使用。

ROS 利用了很多现在已经存在的开源项目的代码，比如说从 Player 项目中借鉴了驱动、运动控制和仿真方面的代码，从 OpenCV 中借鉴了视觉算法方面的代码，从 Open-RAVE 借鉴了规划算法的内容，还有很多其他项目。在每一个实例中，ROS 都用来显示多种多样的配置选项以及和各软件之间进行数据通信，也同时对它们进行微小的包装和改动。ROS 可以不断地从社区维护中进行升级，包括从其他的软件库、应用补丁中升级 ROS 的源代码。

（4）工具包丰富

为了管理复杂的 ROS 软件框架，利用了大量的小工具去编译和运行多种多样的 ROS 组建，从而设计成了内核，而不是构建一个庞大的开发和运行环境。这些工具担任了各种各样的任务，例如，组织源代码的结构、获取和设置配置参数、形象化端对端的拓扑连接、测量频带使用宽度、生动的描绘信息数据、自动生成文档等。

（5）免费并且开源

ROS 所有的源代码都是公开发布的，这会促进 ROS 软件各层次的调试，不断地改正错误。当硬件和各层次的软件同时设计和调试的时候这一点是尤其真实的。ROS 以分布式的关系遵循 BSD 许可，允许各种商业和非商业的工程进行开发。ROS 通过内部处理的通信系统进行数据的传递，不要求各模块在同样的可执行功能上连接在一起。所以利用 ROS 构建的系统可以很好地使用它们丰富的组件，个别的模块可以包含被各种协议保护的软件。

2. ROS 的不足

（1）大数据传输性能瓶颈

实验性项目里面采用的主题是信息，数据量是比较小的，可能只有几千字节或者最多 1~2 M，但在实际自动驾驶场景里面数据量非常大。例如 Lidar 一帧数据大概是 7 M，一秒钟 10 帧，就会产生 70 M/s 的流量；一个相机按 5 M 计算，四个相机就是 20 M，如果是按 10 Hz 计算一秒钟会产生 200 M 左右的数据。ROS 架构对大数据传输存在很大的性能瓶颈，一种直接后果是时延非常高，这在自动驾驶整个系统里面是非常危险的。

（2）单中心的网络存在单点风险

中心化的网络存在明显的单点风险，整个 ROS 是一个松耦合的架构，它包含一个节点管理器，节点管理器介入的时候，只是在节点建立通信之前有一个简单的拓扑映射，这种关系虽说极大程度释放了各个节点之间开发的耦合，但同时也带来了比较大的风险。

（3）数据格式缺乏后向兼容

ROS 是基于信息的分发和订阅的消息通信框架，使用信息需要提前设置信息包含哪些类型的数据。把这个模块放到一个更复杂的系统里面的时候，要格外注意信息之间的数据兼容。

当在定义的障碍信息里面加一段文字，那么相应的下游所有订阅此障碍的节点都要去做对应的适配，同时对于之前的信息所录制的一些实验数据，想在新的框架下使用也都需要一个批量的转化。ROS 现有的数据格式缺少后向兼容。

7.2.2 ROS 系统架构

ROS 有三个层级的概念，分别是：文件系统级、计算图级和开源社区级。

1. 文件系统级

ROS 的内部结构、文件结构和所需的核心文件都在这一层里，理解 ROS 文件系统是入门 ROS 的基础。一个 ROS 程序的结构，是一些按不同功能进行区分的文件夹。一般的文件夹结构是：工作空间文件夹（Workspace）→源文件空间文件夹（Src）、编译空间文件夹（Build）和开发空间文件夹（Devel）。源文件空间文件夹再进一步放置功能包。

2. 计算图级

计算图级主要是指进程之间（节点之间）的通信。ROS 创建了一个连接所有进程的网络，通过这个网络节点之间完成交互，获取其他节点发布的信息。

计算图级是 ROS 为了处理各节点间的数据而建立的一种点对点的拓扑结构图，主要包括节点、节点管理器、主题、消息、服务、参数服务器和消息记录包（如图 7-4 所示）。

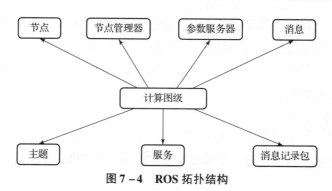

图 7-4　ROS 拓扑结构

（1）节点（Node）

一个节点即为一个可执行文件，它通过 ROS 与其他节点进行通信。在智能网联汽车中，可以把激光雷达、毫米波雷达、摄像头、GPS 等传感器设备都分别定义成为一个单一的节点。例如，首先把智能网联汽车本身的制动系统定义为一个节点，然后再把激光雷达定义为另一个节点。当激光雷达探测到前方有障碍时，激光雷达所在的这个节点就会发出通知告诉制动系统。制动系统接收到通知后，可根据探测情况，开始进行下一步操作的判断（减速、制动还是继续正常行驶）。

（2）节点管理器（Master）

节点管理器的作用主要有四个方面：为 ROS 节点提供命名和注册服务；方便 ROS 节点之间进行相互查找；有助于 ROS 节点之间建立相互的通信连接；提供参数服务器，帮助 ROS 管理全局参数。

（3）主题（Topic）

主题是节点之间进行通信的基本方式。节点之间通信时，可以不需要进行直接的连接，而是以发布和订阅的形式通过话题进行消息的传输。一个节点可以发布多个主题，同样，一个主题也可以被多个节点订阅。例如，可分别把智能网联汽车中的摄像头、转向系统、加速系统、制动系统定义成四个节点。由摄像头节点发布一个检测路面是否出现行人的主题，频率为 20 Hz，这样就使摄像头节点成为一个主题的发布者。再令转向系统、加速系统、制动系统分别去订阅这个检测路面行人的主题，使其成为主题的订阅者。如果前方没有出现行人，则转向系统和加速踏板将继续正常工作；如果前方出现行人，则转向系统和加速踏板在停止工作的同时会开启制动系统。

（4）消息（Message）

消息是节点之间进行通信传输的一种数据类型。消息类型包括了 ROS 提供的标准类型和用户自定义的类型。定义消息类型必须包含消息的字段和消息的取值两个部分。例如，定义一个名为障碍物的消息类型，消息类型中包含三个字段分别是障碍物的长度、宽度、高度。

（5）服务（Service）

服务建立通信的方式基于客户端—服务器的模式，一方面需要客户端发送服务请求到服务器；另一方面需要服务器接收到请求后，对客户端进行服务的响应。当节点之间需要进行直接通信时，只能采用服务的方式进行通信，而不能通过主题的方式进行。例如，智能网联汽车在行驶过程中想要提高车速,于是电子加速踏板节点向毫米波雷达节点发出服务请求,请求消息类型是方向为正前方,测量范围为 200 m。毫米波雷达节点接收到服务请求后,进行正前方 200 m 以内的探测后,将探测结果的响应给电子加速踏板节点,响应消息类型是无任何障碍物。

(6) 消息记录包（Bag）

消息记录包是一种文件格式,主要用于在 ROS 中对消息数据、主题数据、服务数据以及其他信息数据进行保存。通过记录包可实现情景再现功能,主要应用于智能网联汽车相关功能的测试。

3. 开源社区级

开源社区级主要是指 ROS 资源的获取和分享。通过独立的网络社区,可以共享和获取知识、算法和代码,开源社区的大力支持使得 ROS 系统得以快速成长。

7.3　Autoware

开源的自动驾驶框架——Autoware,最早是由名古屋大学研究小组在加藤伸平教授的领导下于 2015 年 8 月正式发布的。2015 年 12 月下旬,加藤伸平教授创立了 Tier Ⅳ,以维护 Autoware 并将其应用于真正的自动驾驶汽车。随着时间的流逝,Autoware 已成为公认的开源项目。Autoware 也是世界上第一个用于自动驾驶技术的"多合一"开源软件。

它基于 ROS1 操作系统,并在 Apache2.0（是一个非营利性组织,它为 Apache 社区的开源软件项目提供支持。）许可下使用。

1. Autoware 的基本框架

Autoware 主要包括感知、计算（感知、决策、规划）、执行等几个部分,如图 7-5 所示。

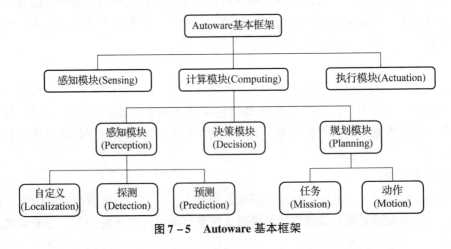

图 7-5　Autoware 基本框架

（1）感知模块

感知模块对应的是各类传感器对真实世界中各类数据的采样，例如相机采样图像、LiDAR 采样激光点云等。采样数据属于未处理的原始数据，需要输入计算模块进行计算处理。

（2）计算模块

计算模块主要是为了对传感器采样的原始数据进行加工处理，最后以为实现安全高效的导航为目的，将规划结果输出给执行模块。计算模块主要分为 3 个小模块：

①感知：这部分要处理定位（通过车辆当前采集传感器数据和已有地图进行自身定位，若无地图需要通过 SLAM 构建地图），然后探测模块负责检测周围与车辆有场景交互的非自身个体（车辆、行人等），预测模块会对检测出的物体进行未来预测估计，以便提前规划防止碰撞。

②决策：根据之前感知的结果，Autoware 决策一个由有限状态机表示的驾驶行为，以便可以选择适当的计划功能。当前的决策方法是基于规则的系统。

③规划：主要是根据决策和起始点及目标点，计算出一条运动动力学的路径。

（3）执行模块

执行模块指驱动器模块，如 YMC 驱动器等，接收规划模块出来的规划结果，经过驱动器实现驱动控制。

2. Autoware 的 ROS 节点

Autoware 各个模块都有对应不同的 ROS 节点，如图 7-6 所示。

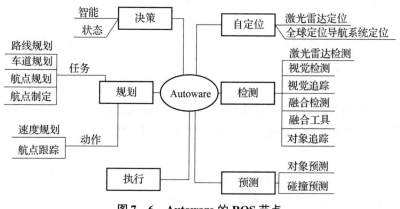

图 7-6　Autoware 的 ROS 节点

（1）自定位

①激光雷达定位使用来自激光雷达的扫描数据和预先安装的 3D 地图信息，计算车辆在全球坐标中的自我定位（x, y, z，侧倾，俯仰，偏航）位置。对于与 3D 地图匹配的激光雷达扫描，需要使用正态分布变换 NDT 算法，同时还支持 ICP 算法（ICP 算法是基于数据配准法，利用最近点搜索法，从而解决基于自由形态曲面的一种算法）。

②全球定位导航系统（GNSS）定位将 NMEA 消息从全球导航卫星系统接收器转换到（x, y, z，侧倾，俯仰，偏航）位置。该结果可以单独用作自我车辆的位置，也可以用于

初始化和补充全球定位系统的结果。

(2) 检测

①激光雷达检测从 3D 激光扫描仪读取点云数据，并提供基于激光雷达的物体检测功能。其基本性能来自欧几里得聚类算法，该算法在地面上方找到激光雷达扫描（点云）的聚类。为了对集群进行分类，还支持基于 DNN 的算法。

②视觉检测从相机读取图像数据，并提供基于图像的对象检测功能。其主要算法包括 R – CNN、SSD 和 Yolo，它们被设计为执行单个深度神经网络以实现实时性能。它支持多种检测类型，例如汽车和乘客。

③视觉追踪提供了对视觉检测器结果的跟踪功能。该算法基于 Beyond Pixels。投影图像平面上的跟踪结果，并通过融合工具将其与 3D 空间中的激光雷达检测器的结果组合在一起。

④融合检测可以从激光扫描仪读取点云数据，也可以从相机读取图像数据，并在 3D 空间中实现更精确的目标检测。激光扫描仪和相机的位置必须事先校准。当前的实现基于 MV3D 算法，与原始算法相比，该网络具有较小的扩展性。

⑤融合工具结合了激光雷达检测器和视觉追踪器的结果。由视觉检测器标识的类信息将添加到由激光雷达检测器检测到的点云集群中。

⑥对象追踪预测由以上程序包检测和识别的对象的运动。追踪的结果可以进一步用于物体行为的预测和物体速度的估计。追踪算法基于卡尔曼滤波器或粒子过滤器。

(3) 预测

①对象预测使用上述对象跟踪的结果来预测运动对象（例如汽车和乘客）的未来轨迹。

②碰撞预测使用对象预测器的结果来预测自我车辆是否与运动中的物体发生碰撞。除了对象跟踪的结果，还需要自我车辆的航路轨迹和速度信息作为输入数据。

(4) 决策

Autoware 的决策模块在感知和计划模块中间。根据感知的结果，Autoware 决策一个由有限状态机表示的驾驶行为，以便可以选择适当的计划功能。当前的决策方法是基于规则的系统。

①智能。决策制定订阅了大量与感知结果、地图信息和当前状态有关的主题，以便发布下一刻的状态。状态更改将激活适当的计划功能。

②状态。状态机预先定义的规则范围内改变状态，编排决策制定。

(5) 规划

Autoware 中的最后一个计算是规划模块。该模块的作用是根据感知和决策模块的结果制定全局任务和局部（时间）运动的规划。通常，在执行自我车辆起动或重新起动时确定全局任务，而根据状态变化更新局部运动。例如，如果将 Autoware 的状态设置为"停止"，则计划将自我车辆的速度设置为在具有安全裕度的物体前面或在停止线处变为零。另一个示例是，如果将自动软件的状态设置为"避免"，则计划自我车辆的轨迹绕过障碍物。

①任务：

a. 路线规划搜索到目的地的全局路线。路线由路网中的一组交叉路口表示。

b. 车道规划确定要使用哪些车道以及路线规划发布的路线。车道由一组路标表示，即多个路标（每个路标对应于一个车道）由此程序包发布。

c. 航点规划可以替代地用于生成到目的地的一组路标。该程序包与车道规划的不同之处在于，它发布的是单条路线的中间点，而不是中间点的数组。

d. 航点制定是保存和加载手工航点的实用工具。要将航路点保存到指定的文件，可以在激活定位后手动驾驶车辆，并且 Autoware 会使用速度信息记录行驶路径的航点，以后可以从指定的文件中加载已记录的航点，以使运动规划模块订阅它们以遵循该路径。

②动作：

a. 速度规划更新车辆速度信息。注意给定跟踪的航点里面是带有速度信息的，这个模块就是根据车辆的实际状态进一步修正速度信息，以便在停止线前面停止下来或者加减速等。

b. 航点跟踪实现了 Pure Pursuit 算法，该算法生成一组扭曲的速度和角速度（或正角度），以通过匀速圆周运动将自我车辆移动到给定航路点上的目标航点。该软件包应与速度规划结合使用。所发布的速度和角速度（或角度）的扭曲集合将由车辆控制器或线控界面读取，并且最终自动控制自主车辆。

3. Autoware 的实际应用

Livox 正式发布 Livox_autoware_driver 自动驾驶软件，Livox 全系列产品正式兼容 Autoware 开源平台。基于 Autoware 和 Livox_ros_driver，Livox 开发了 Livox_autoware_driver 自动驾驶软件；它将 Livox 激光雷达驱动 Livox_ros_driver 融合到 Autoware 平台中，使用户能方便地在 Autoware 内连接 Livox lidar 并进行多 lidar 间的时间同步。完成连接后，用户能基于 Livox lidar 扫描得到的点云数据，在 Autoware 中通过配置不同的模块来实现建图、定位、检测和路线规划等功能。此外，对于已经录制好的 rosbag 格式数据，通过 Livox_autoware_driver 只需导入外参、选取配置文件等简单操作，同样可实现上述功能。

7.4 Apollo

阿波罗（Apollo）是百度发布的面向汽车行业及自动驾驶领域的合作伙伴提供的软件平台，发布时间是 2017 年 4 月 19 日，旨在向汽车行业及自动驾驶领域的合作伙伴提供一个开放、完整、安全的软件平台。

Apollo 项目基于 ROS，但是对其进行了改造，主要包括以下三个方面：

一是通信性能优化。自动驾驶车辆中包含了大量的传感器，这些传感器可能以非常高频的速度产生数据，所以整个系统对于数据传输效率要求很高。在 ROS 系统中，从数据的发布到订阅节点之间需要进行数据的拷贝，在数据量很大的情况下，很显然这会影响数据的传输效率。所以 Apollo 项目对于 ROS 第一个改造就是将通过共享内存来减少数据拷贝，以提升通信性能。

二是去中心化网络拓扑。ROS 系统中包含了一个通信的主节点，所有其他节点都要借助于这个节点来进行通信。显然，假如这个节点发生了通信故障，就会影响整个系统的通信。并且，整个结构还缺乏异常恢复机制，所以 Apollo 项目对于 ROS 的第二个改造就是去除这种中心化的网络结构。Apollo 使用 RTPS（Real – Time Publish – Subscribe）服务发现协议实现完全的 P2P 网络拓扑。

三是数据兼容性扩展。Apollo 项目对于 ROS 最后一个较大的改进就是对于数据格式的调整。在 ROS 系统中，使用 msg 描述文件定义模块间的消息接口，接口升级之后不同版本的模块难以兼容。因此，Apollo 选择了 Google 的 Protocol Buffers 格式数据来解决这个问题。Protocol Buffers，是 Google 公司开发的一种数据描述语言，类似于 XML，能够将结构化数据序列化，可用于数据存储、通信协议等方面，它不依赖于语言和平台并且可扩展性极强。现阶段官方支持 C++、JAVA、Python 三种编程语言，但可以找到大量几乎涵盖所有语言的第三方拓展包。

1. Apollo 平台的特点

（1）开放能力

Apollo 是一个开放的、完整的、安全的平台，将帮助汽车行业及自动驾驶领域的合作伙伴结合车辆和硬件系统，快速搭建一套属于自己的自动驾驶系统。

（2）共享资源、加速创新

Apollo 开放平台，提供了技术领先、覆盖广、高自动化的高精地图服务；全球唯一开放，拥有海量数据的仿真引擎；全球开放数据海量，基于深度学习自动驾驶算法 End – to – End。

（3）突出合作

Apollo 开放平台可以更快地研发、测试和部署自动驾驶车辆；参与者越多，积累的行驶数据就越多；与封闭的系统相比，Apollo 能以更快的速度成熟。

2. 技术框架构成

Apollo 技术框架由四个层面组成，即参考车辆平台、参考硬件平台、开源软件平台、云服务平台。其中主要模块包括高精地图、定位、感知、预测、规划、控制等模块。

（1）高精地图

高精地图是 Apollo 平台的核心，许多无人驾驶车模块都依赖于高精地图。有了高精地图就需要在该地图上进行自定位，需要弄清车辆在地图上的位置，这就是定位无人驾驶车辆在地图上的确切位置。Apollo 高精地图专为无人车设计，里面包含了道路定义、交叉路口、交通信号、车道规则，及用于汽车导航的其他元素。Apollo 高精地图是生产率较高、覆盖面较广的高精地图。目前，Apollo 高精地图的自动化程度已经达到了 90%，准确识别率达到了95%以上。

高精地图有很多种格式，为了方便数据共享，Apollo高精地图采用Open Drive格式，这是一种行业制图标准。同时，Apollo也对Open Drive做出了改进，进而产生了Apollo Open Drive标准，以便更适合无人车。

高精地图的构建由五个过程组成：数据采集、数据处理、对象检测、手动验证和地图发布。数据采集是一项庞大的密集型任务，近300辆Apollo测试车辆负责收集用于制作地图的源数据，以便确保每次道路发生改变时，地图均会得到快速更新。测试车辆使用了多种传感器，如GPS、IMU、激光雷达、摄像机。Apollo定义了一个硬件框架，将这些传感器集成到单个自主系统中，通过支持多种类的传感器，Apollo收集各类数据将这些数据融合，最终生成高精地图。数据处理指的是Apollo如何对收集到的数据进行整理、分类和精简，以获得没有任何语义信息或注释的初始地图模板。对于对象检测，Apollo使用人工智能来检测静态对象并对其进行分类，其中包括车道线、交通标志、甚至是电线杆。手动验证可确保自动地图创建过程正确进行并及时发现问题。Apollo使手动验证团队能够高效标记和编辑地图，在经过数据采集、数据处理、对象检测、手动验证之后，高精地图才能发布。

（2）定位

定位的任务是确定车辆在高精地图上的位置。一般都使用GPS来进行定位，但是GPS对于无人车来说还不够精确，因此需要另一种方法来更准确地确定车辆在地图上的位置。最常用的方法是将汽车传感器所看到的内容与地图上所显示的内容进行比较。车辆传感器可以测量车辆与静态障碍物之间的距离。在汽车的坐标系中，汽车的前进方向始终向前，坐标系正方向始终与车头保持一致，但不一定与地图坐标系保持一致。当汽车传感器测量到地图上的物体，会将传感器的地标观测值与地标在地图上的位置匹配，转换到地图自带坐标系上，反之亦然，从而达到地图与车感数据的对比。

Apollo使用基于GPS、IMU、激光雷达的多传感器融合定位系统，这种方法利用了不同传感器的互补优势，也提高了稳定性和准确性。Apollo定位模块依赖于IMU、GPS、激光雷达、雷达、高精地图，这些传感器同时支持GNSS定位和LiDAR定位、GNSS定位输出位置和速度信息、LiDAR定位输出位置和行进方向信息。融合框架通过卡尔曼滤波将这些输出结合在一起。卡尔曼滤波建立在两步预测测量周期之上，在Apollo中，惯性导航解决方案用于卡尔曼滤波的预测步骤，GNSS和LiDAR定位用于卡尔曼滤波的测量结果更新步骤。

（3）感知

人类天生就配备多种传感器，眼睛可以看到周围的环境，耳朵可以用来听，鼻子可以用来嗅，也有触觉传感器，甚至还有内部传感器，可以测量肌肉的偏转。通过这些传感器，人类可以感知到周围的环境。大脑每分每秒都在进行数据处理，大脑的绝大部分都是用于感知。现在，无人驾驶车辆也在做这些事情，只不过汽车运用的是摄像头，还有雷达和激光雷达，可以帮忙测量原始距离，可以得到与周围环境物体的距离。对于每个无人驾驶汽车，它的核心竞争力之一是利用海量的传感器数据，来模仿人脑理解这个世界。

Apollo开放式软件栈可感知障碍物、交通信号灯、车道。对于三维对象检测，Apollo在高精地图上使用感兴趣区域ROI来重点关注相关对象。Apollo将ROI过滤器应用于点云和图像数据，以缩小搜索范围并加快感知。然后通过检测网络馈送已过滤的点云，输出用于构建围绕对象的三维边界框。最后使用被称为检测跟踪关联的算法来跨时间步识别单个对象，该算法先保留在每个时间步要跟踪的对象列表，然后在下一个时间步中找到每个对象的最佳匹配。对于交通信号灯的分类，Apollo先使用高精地图来确定前方是否存在交通信号灯。如果前方有交通信号灯，则高精地图会返回灯的位置。后续根据位置、摄像头搜索范围，在摄像头捕获到交通信号灯图像后，Apollo使用检测网络对图像中的灯进行定位，然后从较大的图像中提取交通信号灯。将裁剪的交通灯图像提供给分类网络以确定灯颜色，如果有许多灯则系统需要选择哪些灯与其车道相关。Apollo使用YOLO网络来检测车道线、动态物体，其中包括车辆、卡车、骑自行车的人、行人。在经过YOLO网络检测后，在线检测模块会并入来自其他传感器的数据对车道线预测进行调整，车道线最终被并入名为"虚拟车道"的单一数据结构中。同样也通过其他传感器的数据对YOLO网络所检测到的动态对象进行调整，以获得每个对象的类型、位置、速度、前进方向。虚拟通道和动态对象均被传递到规划与控制模块。

Apollo使用激光雷达和雷达来检测障碍物，用于融合输出的主要算法为卡尔曼滤波。卡尔曼滤波有两个步骤：第一步为预测状态，第二步是更新测量结果。设想正在跟踪一名行人，这里的状态表示行人的位置和速度，从已经掌握的行人状态开始，使用这些信息来执行卡尔曼滤波的第一步，即预测行人在将来的状态；下一步为误差结果更新，使用新的传感器来更新所认为的行人状态，卡尔曼滤波算法是预测和更新步骤的无限循环。实际上有两种测量结果更新步骤：同步和异步。同步融合同时更新来自不同传感器的测量结果，而异步融合则逐个更新所收到的传感器测量结果。传感器融合可提高感知性能，因为各传感器相辅相成，融合也可以减少跟踪误差。

(4) 预测

无人车是在许多物体间穿梭行驶，其中许多物体本身就是一直在移动的，比如像其他汽车、自行车、行人。无人车需要预测这些物体的行为，这样才能确保做出最佳决策。在环境中为所有其他的物体做出预测，这些共同形成了在一段时间内的预测路径，在每一个时间段内会为每一辆汽车重新计算预测它们新生成的路径，这些预测路径为无人车在规划阶段做出决策提供了必要信息。预测路径有实时性和准确性的要求。

预测方式有不同的种类，分别是基于模型的预测与数据驱动预测。

①基于模型的预测。基于模型的方法的优点在于它的直观，并且结合了现有的物理知识以及交通法规还有人类行为等多方面知识。假设无人车来到一个T形路口并且看到一辆车从左面行驶而来，此时还不清楚这辆车是要右转还是直行，用基于模型的方法可以为此场景构建两个候选的预测模型：一个模型描述了进行右转弯，另一个模型描述了继续直行。认为任意一种模式发生的概率都是相同的，所以有两个候选模型，每个模型都有自己的轨迹。继续观察移动车的运动，看它与哪一条轨迹更加匹配。如果看到汽车开始向左改变车道，大概率汽车最终会直行；如果看到汽车在右转弯车道保持前行，则更倾向于预测汽车

右转。这就是基于模型预测方法的工作原理。

②数据驱动预测。数据驱动预测使用机器学习算法，通过观察结果来训练模型，可以在现实世界中利用此模型做出预测。数据驱动方法的优点是训练数据越多，模型效果越好。

Apollo 提供了一种叫基于车道序列的方法，为了建立车道序列，首先将道路分成多个部分，每一部分都覆盖了一个易于描述车辆运动的区域，比如汽车在一个部分区域的十字路口时。为了预测，最重要的是汽车如何在这些区域内转换，而不是在某个区域内的具体行为。可以将汽车的行为划分为一组有限的模式组合并将这些模式组合描述为车道序列，例如直行汽车的运动可以描述为车道序列是 0 - 1 - 3 - 7。

现在所要做的就是选择汽车最有可能采取的车道顺序，可以通过计算每个车道序列的概率来进行选择。该模型将车辆状态和车道段作为输入，计算出车辆可能采用每个车道序列的概率。为了保证模型能够学习新的行为，应该使用观测数据对模型进行经验性训练，在训练中将真实的车辆行为提供给模型，不仅包括车道段和对象的状态，还包括对象最终选择哪条车道序列。随着记录随着时间的增加，模型可以自我迭代更新，精确度不断提升。每个记录将由观察对象跟随的车道段序列和对象的相关状态组成，在每个时间点，对象占用一段并具有特定的状态，整个记录由一系列车道段和对象的相关状态组成。

轨迹生成是预测的最后一步，一旦预测到物体的车道序列，就可以预测物体的轨迹。在任何两点 A 和 B 之间，物体的行进轨迹有无限的可能。

接下来将预测最有可能的汽车轨迹，可以先通过设置约束条件来去除大部分候选轨迹。首先假定汽车将与目标车道的中心对齐，继续去除汽车无法实际执行的轨迹。通过考虑汽车当前的速度和加速度从剩余的轨迹中进行选择。实际上并没有实际列出所有可能的轨迹并逐一去除它们，相反只是在数学理论上来应用这一想法。注意汽车在两点的位置和方位，这两个姿势表示运动模型的初始状态和最终状态，可以使用这两个条件来拟合一个多项式模型，在大多数情况下这种多项式足以进行预测。

(5) 规划

路径规划是指通过一定的规则，找到一条路径来达到目标位置。规划的第一步是路线导航，侧重于研究如何从地图上的 A 点前往 B 点。在路线导航时，将地图数据作为输入，并输出可行驶路径。手机导航系统是路线导航的一个示例。在 Apollo 中，可以通过路线规划模块处理该任务。一旦构建出高水平的路线，就会放大至轨迹规划。该轨迹由一系列点定义，每个点都有一个关联速度和一个指示何时应抵达那个点的时间戳。通过轨迹规划，汽车可以做出微妙的决策，以避开障碍物，并为乘客创造平稳的乘车体验。在 Apollo 中，汽车通过规划模块处理该任务。路线规划的目标是，找到从地图上的 A 前往 B 的最佳路径。轨迹规划的目标是找到避免碰撞和保持舒适度的可执行轨迹。

路径规划使用三个输入，第一个输入为地图，Apollo 提供的地图数据包括公路网和实时交通信息。第二个输入为汽车当前在地图上的位置。第三个输入为设置的目的地，目的地取决于车辆中的乘客。

(6) 控制

设计汽车的目标是使用可行的控制输入，最大限度地降低与目标轨迹的偏差、最大限度地提供乘客的舒适度。Apollo 采用了三种可用于实现这些目标的控制策略：比例积分微分控制（PID）、线性二次调节器（LQR）、模型预测控制（MPC）。

控制器预计有两种输入：目标轨迹与车辆状态。目标轨迹来自规划模块，在每个轨迹点，规划模块指定一个位置和参考速度。在每个时间戳都对轨迹进行更新。还需要了解车辆状态，车辆状态包括通过本地化模块来计算的车辆位置、从车辆内部传感器获取的数据（如速度、转向和加速度）。使用这两个输入来计算目标轨迹与实际行进轨迹之间的偏差。

控制器的输出是控制输入（转向、加速和制动）的值。当偏离目标轨迹时，汽车采取行动来纠正这种偏差。对于普通汽车，驾驶员控制方向盘控制行驶方向（即转向），使用油门加速，使用刹车减速（即制动），这也是无人驾驶汽车所做的。一旦将这三个值传递给汽车，汽车实际上已经开始无人驾驶了。

3. Apollo 的实际应用

(1) Apollo Robotaxi（无人驾驶出租）

2019 年 6 月，一汽红旗和百度共同推出了联合研发的"红旗 EV" Robotaxi 车队（自动驾驶出租车队），图 7-7 所示为 Robotaxi 汽车。长沙的自动驾驶测试开放道路，途经长沙市人工智能科技城、梅溪湖、洋湖、大王山、高新区等地段，全长达到 135 km，示范区面积达到 70 km^2。2020 年 9 月 10 日，百度宣布在北京正式开放自动驾驶出租服务。2021 年 5 月 2 日，百度 Apollo 无人驾驶 Robotaxi——中国首批"共享无人车"在北京首钢园正式开启常态化商业运营。5 月 2 日起，用户可通过 Apollo GO App 呼叫共享无人车，享受无人驾驶出行服务，标志中国即将进入无人驾驶商业化全新阶段。目前 Apollo Robotaxi 的自动驾驶等级是 L4 级，由有安全员监管的 L4 级自动驾驶迈向"完全自动驾驶"技术难点主要体现在车辆实时风险监控、接管进入安全状态、风险处理三个阶段。针对不同阶段，完全自动驾驶系统核心安全设计包含以下三个方面：对计算单元、传感器、车辆等进行了升级，完成全面冗余建设，并向车规级演进；依照功能安全规范，提升安全问题的自主检测覆盖度，完善独立进入安全状态的能力；全方位实时监控及预警，远程安全员提供决策，协助车辆快速脱困。

图 7-7 Robotaxi 汽车

Apollo Robotaxi 的三大技术亮点：

一是全栈冗余设计。针对四等级风险预警，依托全栈冗余设计可有效应对车辆底盘、硬件平台、软件平台三个层次单点故障或功能失效，为完全无人自动驾驶系统提供基础支撑。

二是远程控制系统。针对车辆运行过程中可能出现的交通阻塞等场景，完全自动驾驶系统基于 5G 及 V2X 技术，设计实现一整套的远程控制系统。其中最新的远程安全员平行驾驶控制技术，通过车端实时回传的车辆状态和 360°环视影响信息做出决策，可远程控制车辆，保证任何复杂场景下都可以快速脱困。

三是完全自动驾驶系统测试体系。通过不断的开发与测试，百度自动驾驶出行服务平台打造了基于安全性、可靠性、智能度为基础的完全自动驾驶系统测试体系，全面保证乘车用户安全。

(2) 百度无人巴士

Apollo Ⅱ是百度第二代多场景智能化自动驾驶小巴（如图 7-8 所示），具备 L4 级自动驾驶能力和车路协同能力；车内搭载百度先进的数字孪生、车载语音和数字人技术，打造沉浸式智能体验；运营配套设施完善，致力于拓展并赋能更加多元化的商业场景。

图 7-8　百度 Apollo 无人巴士

Apollo 汽车设计难点：无保护左转。左转难点在于路口情况的复杂程度＋行人＋交通标志，自动驾驶车辆来到路口左转就得把所有情况梳理清晰还得做出预判，这对自动驾驶汽车的环境感知与预测能力提出了极高的挑战。特斯拉提出的解决办法是，单一纯视觉传感器数据高效处理＋深度学习＋大量模拟训练，实现了 FSD 9.0 上的"无保护左转"。还有两种解决办法：单车智能路线，激光雷达、摄像头和毫米波雷达等传感器的数据收集＋算法，分析道路信息进行规划和决策。还有车路协同技术路线，实现车与车、车与道路等多方面的动态的实时信息交互。

【扩展阅读】

在广州开放道路上，印有"萝卜快跑"字样、头戴自动感知设备（帽子）的自动驾驶车队驶入街头，车辆在复杂道路环境中轻松完成变道、超车等一系列操作。

2021年7月，萝卜快跑自动驾驶出行服务就已经落地广州，用户可以通过App叫车体验自动驾驶出行服务，不过皆是在配备安全员的前提下进行的。据了解，广州此前颁发了《关于智能网联汽车道路测试有关工作的指导意见》，允许已取得远程测试资格的车辆在远程监控保障体系下，进行公开道路整车无人的自动驾驶测试，这也说明在自动驾驶的探索上，广州厚积薄发，领先其他一线城市。与此同时，自动驾驶企业在进行完全无人化测试时，会通过单车智能、监控冗余、平行驾驶三层安全体系来保障驾驶安全。

目前，广州正在通过分阶段分领域的方式逐步推动自动驾驶发展，试行不同混行环境下自动驾驶车辆在黄埔、南沙、番禺、花都、海珠等区域的应用示范工作，并探索开展高快速道路测试。通过多维度、综合性、大规模城市交通试验和示范运营，将优先在公交、出租等领域先行示范，探索形成广州市自动驾驶商业化服务新模式。

【知识小结】

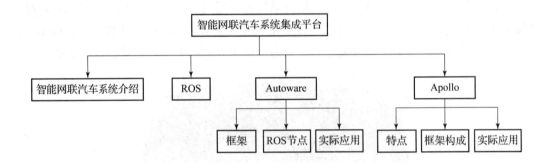

【复习题】

1. 先进辅助驾驶系统的分类。
2. ROS系统的三个系统分级。
3. Apollo平台的特点。

参 考 文 献

[1] 崔胜民. 智能网联汽车新技术 [M]. 北京：化学工业出版社，2016.
[2] 崔胜民，等. 智能网联汽车先进驾驶辅助系统关键技术 [M]. 北京：化学工业出版社，2019.
[3] 崔胜民，等. 智能网联汽车环境感知技术 [M]. 北京：人民邮电出版社，2020.
[4] 崔胜民. 智能网联汽车自动驾驶仿真技术 [M]. 北京：化学工业出版社，2020.
[5] 崔胜民. 智能网联汽车技术 [M]. 北京：机械工业出版社，2021.
[6] 王平，等. 车联网权威指南：标准、技术及应用 [M]. 北京：机械工业出版社，2018.
[7] 王泉. 从车联网到自动驾驶：汽车交通网联化、智能化之路 [M]. 北京：人民邮电出版社，2018.
[8] 王建，等. 自动驾驶技术概论 [M]. 北京：清华大学出版社，2019.
[9] 中国汽车技术研究中心有限公司. 智能网联汽车技术 [M]. 北京：社会科学文献出版社，2019.
[10] 李妙然，等. 智能网联汽车技术概论 [M]. 北京：机械工业出版社，2019.
[11] 李俨，等. 5G 与车联网：基于移动通信的车联网技术与智能网联汽车 [M]. 北京：电子工业出版社，2019.
[12] 李柏，等. 智能网联汽车协同决策与规划技术 [M]. 北京：机械工业出版社，2020.
[13] 王庞伟，等. 智能网联汽车协同控制技术 [M]. 北京：机械工业出版社，2020.
[14] 张靖，等. 车联网技术与应用项目实践 [M]. 武汉：华中科技大学出版社，2020.